● 苏州市社会科学基金项目（重大立项）"苏州民营企业社会责任履行现状与对策研究"（项目编号：Y2019ZD066）阶段性研究成果

Research on Corporate

Social Responsibility Governance

企业社会责任治理研究

包锋 ● 著

苏州大学出版社
Soochow University Press

图书在版编目(CIP)数据

企业社会责任治理研究/包锋著. --苏州:苏州大学出版社,2023.10
ISBN 978-7-5672-4247-0

Ⅰ.①企… Ⅱ.①包… Ⅲ.①企业责任-社会责任-研究 Ⅳ.①F272-05

中国国家版本馆 CIP 数据核字(2023)第 212184 号

Qiye Shehui Zeren Zhili Yanjiu

书　　名:	企业社会责任治理研究
著　　者:	包　锋
责任编辑:	杨　华
助理编辑:	黄　路
装帧设计:	刘　俊
出版发行:	苏州大学出版社(Soochow University Press)
社　　址:	苏州市十梓街1号 邮编:215006
印　　装:	江苏凤凰数码印务有限公司
网　　址:	www.sudapress.com
邮　　箱:	sdcbs@suda.edu.cn
邮购热线:	0512-67480030
销售热线:	0512-67481020
开　　本:	700 mm×1 000 mm　1/16　印张:14　字数:242千
版　　次:	2023年10月第1版
印　　次:	2023年10月第1次印刷
书　　号:	ISBN 978-7-5672-4247-0
定　　价:	58.00元

凡购本社图书发现印装错误,请与本社联系调换。服务热线:0512-67481020

前 言

企业是一种有限的、特定的、有意识的、具有功能性组织的人类活动形式,它的目的是通过生产和销售商品或服务来实现营利。与其他有组织的人类活动形式相比,企业具有营利的需求。在营利的过程中,它必须考虑与各种各样的利益相关者的关系。

根据当代组织理论,企业可以被视为一系列契约关系的组合,其中包括企业与各类利益相关者的契约,以及由它们所形成的动态关系和伙伴关系等。要实现营利,企业就必须平衡和满足利益相关者的需求和期望。现有研究认为,企业应具有以下特征:

(1) 企业应该是一个开放的、以营利为目的的社会实体。
(2) 企业应具备正确的价值观。
(3) 企业能够识别自身利益相关者及其需求和期望。
(4) 企业有一定的经营目标以满足利益相关者的需求和期望。
(5) 企业能够通过战略过程满足利益相关者的需求和期望。
(6) 企业能够形成有效的方法,在需求和期望发生变化和冲突的情况下,采取行动以应对变化和解决冲突。

企业与社会之间的相互联系是双向互动的。

一方面,成功的企业需要一个健康的社会。安全的产品和工作环境不仅能吸引客户,而且可以降低内部成本。对土地、水、能源和其他自然资源的有效利用使企业更具生产力。良好的政府、法治环境和产权制度对企业的效率和创新至关重要。强有力的监管标准不仅能保护消费者,而且能保护有竞争力的公司。一个健康的社会可以不断扩大对商业的需求。任何以牺牲当前环境和社会为代价实现营利目的的企业,即使成功也是短暂的。

另一方面,一个健康的社会也需要成功的企业。企业在正常的经营过程中会对社会产生影响。企业价值链中的每一项活动都会对周边环境、组织和个体产生积极或消极的影响,并因文化差异等因素而造成不同的结果。

企业在提供就业机会、创造财富和革新产业等方面具有绝对优势，并随着时间的推移对提高生活水平和改善社会条件做出贡献。如果政府、非政府组织和社会的其他参与者削弱了企业的有效运作能力，就会得不偿失。一旦企业竞争力减弱，就会造成工资停滞不增、工作岗位消失、税收减少，以及各种非营利捐款的减少，公共事业及各种慈善行为也会因经费的减少而受到影响。

企业与社会的关系是相互依赖的，无论是企业决策还是社会政策的制定，都必须遵循价值共享的原则，选择对双方都有利的策略。任何一个以牺牲对方利益为代价的策略，都可能将双方推向不归路。

在企业与社会的交界处，企业社会责任就此产生。

对于现代企业而言，要想实现可持续发展，就必须与内外部利益相关者建立牢固的关系。因此，许多企业开始采取一些旨在保护和改善整个社会环境的措施，即履行社会责任，使企业能够与政府、整个社区及其生存环境和谐共存，企业社会责任的议程和企业对该议程的反应就此形成。

企业社会责任运动的兴起源于人们对两者关系的认识发展。企业的外部环境对企业产生的需求和压力日益增加，但这些需求和压力并不是通过市场或企业长期依赖的传统政治过程而表现出来的。企业社会责任运动反映了企业在不断变化的社会中对其所发挥的作用和承担的责任的认识。因此，对企业社会责任的思考涉及对企业在社会中的地位的重新定义，而企业社会责任的实践关注点则是企业在当前和未来如何处理与企业内外参与者之间的关系。从根本上讲，如果从企业的角度来看，企业社会责任就是企业与其他社会参与者之间的联系或关系，参与制定和实施企业社会责任政策的企业不但要了解这些关系，还要参与对这些关系的重塑。

总之，企业社会责任将企业利益与社会利益结合起来。早期，企业承担社会责任并不具有强制性。如果企业承担了社会责任，那么企业就应该致力于提供真实和有用的信息，以便利益相关者能够自由地决定他们参与企业社会责任的程度。在现实中，不同的企业对企业社会责任的理解根据成熟度的不同而存在差异，在决定是否承担企业社会责任之前，应先考虑企业社会责任的利弊。行业的竞争程度、企业价值观的力量及对社会问题的敏感度集中在一起让企业意识到，企业要想在当今世界生存下去，就必须让人们看到它们的行为符合社会最大利益，即履行企业社会责任。

今天，市场、政府和社会之间的权力平衡已经发生了根本性的转变，企业在社会中的作用也在发生变化，政府与市场之间的传统鸿沟正在消失。

越来越多的企业认识到，一方面企业不能忽视社会和政府对其履行更大责任的要求，另一方面企业履行社会责任可能会使其从中受益。许多企业的社会责任政策也发生了变化：它们的责任不再止于企业门口，它们开始越来越重视其所经营的连锁店和网络，开始重视对员工权益的保障和发展，开始关注企业与生态的和谐发展，开始关心企业与社区关系的构建，等等。这些改变不仅因为有来自消费者组织和非政府组织的压力，还因为企业本身的价值观也正在发生变化——现代企业已经开始从一个政治和社会因素转变为一个政治和社会参与者。

目 录

第一章　绪论 / 1
　　第一节　研究背景 / 2
　　第二节　研究意义 / 5
　　第三节　研究的主要内容 / 7
　　第四节　研究方法和技术路线 / 9

第二章　企业社会责任研究综述 / 11
　　第一节　企业社会责任的兴起 / 12
　　第二节　企业社会责任的内容 / 13
　　第三节　企业社会责任治理的价值 / 16
　　第四节　企业社会责任治理的研究理论与研究方法 / 25
　　第五节　企业社会责任治理展望：全球治理 / 38

第三章　我国企业社会责任治理 / 43
　　第一节　我国企业承担社会责任的进程 / 44
　　第二节　企业对于履行企业社会责任的认识与困惑 / 45
　　第三节　企业履行社会责任问题成因分析 / 48
　　第四节　推动我国企业社会责任发展的影响因素 / 51

第四章　企业社会责任表现的测量 / 55
　　第一节　企业社会责任表现测量的方法 / 56
　　第二节　测量维度的确定 / 58
　　第三节　数据的收集与分析方法 / 61
　　第四节　实证分析 / 63

第五章　企业社会责任驱动机制分析 / 71
　　第一节　研究述评 / 72
　　第二节　研究假设 / 74

第三节　研究方法 / 80
   第四节　研究结果 / 83

第六章　企业社会责任内部治理 / 87
   第一节　提升企业管理者社会责任意识 / 88
   第二节　建立健全企业社会责任治理结构 / 96
   第三节　推动企业社会责任融入企业战略管理 / 100
   第四节　加强企业社会责任文化建设 / 107
   第五节　完善企业社会责任信息沟通 / 115

第七章　企业社会责任外部治理 / 119
   第一节　构建企业社会责任标准 / 120
   第二节　推进企业社会责任法治建设 / 124
   第三节　建立企业社会责任信息披露机制 / 132
   第四节　构建企业社会责任税收约束机制 / 139
   第五节　构建企业社会责任审计机制 / 146

第八章　企业社会责任治理指南与案例 / 149
   第一节　常见的规范性原则及指引 / 151
   第二节　加拿大商务社会责任协会的企业社会责任治理指南 / 154
   第三节　英国保险人协会的企业社会责任治理准则 / 161
   第四节　美国亚利桑那州推进中小企业社会责任建设 / 162
   第五节　华为技术有限公司企业社会责任治理 / 167
   第六节　物流企业社会责任建设 / 178

附录　中国中小企业社会责任指南 / 185

参考文献 / 205

第一章 绪论

第一节　研究背景

企业社会责任的概念和企业社会责任运动起源于20世纪的西方社会。伴随科技进步和企业规模的扩张，以自由放任经济思想为理论支撑的"股东利益至上"的企业治理模式，导致了严重的社会问题和环境问题，引发了社会公众极大的不满，学术界也质疑企业追求股东利益最大化的合理性，并从道德角度提出了企业社会责任的概念。进入后工业化社会后，西方发达国家消费结构不断升级，社会公众的维权意识、责任意识和环保意识不断增强，对无视员工权益、消费者权益和环境污染，一味追求利润最大化的企业行为表示出极大的不满。与此同时，国际劳工组织、人权组织、环保组织及消费者组织等非政府组织发起和推动的企业社会责任运动，不断对企业，尤其是对跨国公司施压，要求企业除对股东利益负责之外，也要兼顾劳工权益、消费者利益和环境保护。

20世纪80年代后，以现代信息技术为支撑，以各国逐渐市场化的经济体制为基础，以跨国公司为主体的经济全球化进程加速，包括资本、技术、资源、人员等在内的生产要素超越国界，逐渐在全球范围内流动。经济全球化和跨国公司的国际化经营，调动了全球更多的资源，从而提高了资源配置效率，推动了社会生产力的快速发展。但不可否认的是，以生产全球化、贸易全球化、金融全球化、科技全球化为主要特征的经济全球化，也导致与企业经营相关的社会问题和环境问题的全球扩散。雇佣童工、强迫性劳动、工伤和职业病问题频发、资源能源快速消耗、生态环境恶化等发达资本主义国家在发展早中期出现的社会和环境问题不断被复制，并迅速蔓延至更多的发展中国家，威胁人类的生存和发展。由于社会经济发展水平和居民收入水平相对较低，出于单纯的经济考量，在一定时期内发展中国家对劳工权益和环境的保护总体比较松懈，相关立法比较滞后，致使上述问题日趋严重，且得不到有效治理。我国作为世界上最大的发展中国家，亦是经济全球化的积极参与者和重要建设者，自然也不例外。

1978年，我国开始实行改革开放，恰逢经济全球化的快速推进时期。

经济全球化背景下，我国利用劳动力的比较优势，顺势承接了发达国家转移来的低端制造业，在出口导向型发展战略的指引下，通过加工贸易，将劳动力比较优势转化为国际竞争优势，从而推动了我国经济的快速增长，缩短了与世界发达国家的发展差距。与此同时，全球性的劳工权益受损问题等，引起了国际非政府组织的更多关注，在其推动下，企业社会责任运动在全球蓬勃兴起。以反"血汗工厂"运动为重要标志的企业社会责任运动，迫使跨国公司制定内部生产守则，以强化自身的社会责任管理，并逐渐把社会责任管理由企业内部扩展到整个供应链。1997年，针对劳工权益问题，民间组织"社会责任国际组织"（Social Accountability International，SAI）推出了 SA 8000 认证标准，一些跨国公司开始对其海外的代工厂、供应商等进行 SA 8000 标准认证审核，把通过审核作为与其合作的重要条件。21 世纪初，我国沿海发达省市的上千家出口企业因未通过审核，被迫中断与跨国公司的商业合作，造成了巨大的经济损失。

在企业社会责任运动的影响下，国际学术界从经济学、管理学、社会学、政治学、法学及伦理学等不同学科视角对企业社会责任进行了深入的研究，产生了利益相关者理论、企业伦理理论、企业公民理论和社会契约理论等企业社会责任理论，对企业为什么承担社会责任、对谁承担社会责任、怎样承担社会责任及在多大程度上承担社会责任等问题提供了理论解释。面对国内在发展中出现的社会和环境问题，以及国际企业社会责任运动给我国企业带来的压力，我国学术界借鉴国外企业社会责任理论，结合我国社会现实，开始针对我国的企业社会责任进行研究。与此同时，国家和政府也对企业社会责任问题做出了积极回应，2018 年 10 月修订的《中华人民共和国公司法》第五条规定："公司从事经营活动，必须遵守法律、行政法规，遵守社会公德、商业道德，诚实守信，接受政府和社会公众的监督，承担社会责任。"这有助于从立法层面上推动我国的企业社会责任实践。

但是，国内外的努力并未有效解决这些社会问题和环境问题，在某些领域或地区，有些问题甚至愈演愈烈。加入世界贸易组织（WTO）后，我国面临广阔的国际市场，又恰逢全球经济的上升期，我国迎来了持续近 20 年的经济高速增长期。但与高速增长的经济极不相称的是，有些企业对承担社会责任的轻视甚至无视，导致了一系列企业社会责任事故，对社会造成了一定的危害。

当然，我国企业在承担社会责任方面也取得了很大成就。例如，目前我国已有包括中石油、中石化、中国移动在内的多家企业加入联合国全球契约组织；中国纺织工业协会制定了中国纺织企业社会责任管理体系（CSC9000T），越来越多的企业开始把社会责任纳入战略管理，并定期发布企业社会责任报告。但总体而言，我国企业履行社会责任仍然处于起步阶段。

就趋势和必要性而言，企业应该更加重视社会责任。具体原因主要体现在以下几个方面。

首先，从国际层面看，企业承担社会责任的压力呈现逐渐增强的趋势。2015年为应对全球气候变化威胁的《巴黎协定》签署之后，各国承诺控制温室气体排放，从而对企业碳管理能力提出更高的要求；2016年由联合国发布生效的《2030年可持续发展议程》，要求各国政府必须通力合作，在15年内完成包括消除贫困，促进持久消费和可持续的经济增长，保护、恢复和可持续利用陆地生态系统等在内的17个可持续发展目标，也传递给企业更多社会责任的压力。贸易保护主义抬头和反全球化浪潮必将强化国际社会对劳工权益、环保问题的关注，推动规则趋同化的全球治理；美国、德国等发达国家的制造业回流和再工业化，将对全球生产格局和贸易格局产生新的冲击；等等。上述国际因素都会通过各种机制传递至企业，导致企业承担社会责任的压力增大。

其次，从我国宏观政策层面看，强化企业社会责任也是大势所趋。第一，面对资源枯竭、环境污染、生态系统退化的严峻形势，我国从战略布局高度提出了生态文明建设，以建设美丽中国，实现中华民族永续发展之后，又提出"创新、协调、绿色、开放、共享"的新发展理念，促使企业承担起对员工、消费者、环境等应有的社会责任。第二，为真正发挥环保部门的环境保护职能，国家从行政管理制度上进行了彻底改革，做出了精心的制度安排，对省级以下环保机构检测监察执法由水平管理改为垂直管理，而且提出制定和落实环保责任清单，强化了地方政府对生态环境的主体责任，"河长制"就是这方面的典型。第三，不断完善法律法规，针对企业生产经营中的环境污染行为出台了严厉的惩罚措施，如2014年修订的《中华人民共和国环境保护法》。针对我国企业海外投资的社会责任要求，商务部和环境保护部联合编制印发了《对外投资合作环境保护指南》。总之，我国从战略布局、发展理念、行政体制、法律法规等多方面强化了企业的社会责任约束。

再次，从我国微观市场层面看，伴随我国居民消费能力的提升和消费结构升级的加快，对个性化产品、高端产品及相关服务的需求逐渐增加。对此，我国政府提出，在适度扩大总需求的同时，着力加强供给侧结构性改革，着力提高供给体系的质量和效率。供给侧结构性改革的作用对象主要是生产者和销售者，即企业，这要求企业先要承担起对消费者的社会责任，通过管理创新、技术创新，严格遵守质量标准，生产和销售高质量、安全健康、价格合理的产品和服务，在满足消费者需求的同时，提高企业的市场竞争力和可持续发展能力。

最后，当前我国经济加快从速度规模型向质量效益型转变，面临多方面的转折和挑战，尤其是面临高质量发展的迫切转变。过去，个别企业违法乱纪，对员工、消费者和环境极不负责任，却依然能够生存、发展，这样的时代将一去不复返。主要原因在于以下几点。第一，"刘易斯转折点"的到来，结束了农村劳动力无限供给状态，支撑劳动力比较优势的人口红利消失。这将使普通劳动者的工资上涨成为趋势，依靠压低工资、加班加点等违反劳动法的用工方式将难以为继。第二，连续多年的经济粗放式增长，导致我国资源能源面临枯竭，生态环境恶化。资源和生态环境的约束，不仅难以支撑经济持续增长，而且需要花费巨额成本对破坏的生态环境进行修复，从而对企业消极承担社会责任形成新的制约。

综合上述分析可知，我国企业更好地承担营利之外的社会责任是理论和实践的发展规律的要求，是维持人类、社会和企业可持续发展的要求。更何况就我国企业而言，社会要求其履行社会责任的层次还停留在经济责任和法律责任等必尽责任层面，是要求企业做分内之事的"底线思维"，而不是忽视我国发展阶段和国情的"勉为其难"。因此，我国企业应该认清形势和趋势，挣脱发展方式和发展模式的路径依赖，变外部的"社会约束"为企业内部的"自我约束"，积极承担起对利益相关者的社会责任，以平衡企业利益和社会利益，推动企业和社会的可持续发展。

第二节 研究意义

当前，我国经济社会发展已经进入了一个新时期，加强企业社会责任治理研究、全面推进企业社会责任管理是必要的，且具有十分重要的意义。

一、提升企业核心竞争力迫切需要加强企业社会责任管理

利益相关者理论、社会契约理论、企业公民理论等都从各自的角度说

明了企业履行社会责任的必要性。而企业社会责任实践则证明了企业履行社会责任的可行性。实践证明，对多数企业而言，承担社会责任短期内可能增加企业成本，进而影响企业短期利益，但从长期来看，企业履行社会责任的程度与企业的财务价值呈高度的正相关性。企业履行社会责任可以促进经济社会的良性发展，从而为企业的进一步发展提供良好的宏观环境；企业在承担社会责任的过程中，会受到社会的普遍尊重和支持，从而提高企业的品牌价值，赢得忠实客户，提升核心竞争力。

二、有效推进资源节约、循环经济发展和生态文明建设

随着人口增长和工业化进程的加快，经济发展面临着越来越大的资源和环境压力，于是，建设生态文明成为我国建设布局的重要内容，"绿色"成为推动经济社会发展的重要理念。企业既是市场生产主体，也是资源消耗和环境污染的主体，因此，国际社会、各国政府和环保组织通过各种方式不断向企业施压，要求其重视资源节约和环境保护工作。面对多方压力，企业理性的选择不是回避，而是积极承担起包括资源和环境责任在内的全面的社会责任，以造福当代和子孙后代，维护自身和人类社会的可持续发展。

三、有利于我国发展国际政治经济关系和我国企业走向国际舞台

在国际政治经济关系方面，我国政府积极承担国际责任，获得了国际社会对我国负责任大国形象的认可，为我国的和平发展营造了良好的国际环境。但是，只有政府承担责任是远远不够的。在世界经济一体化的今天，我国企业在进入国际市场的同时，也必须遵守国际通行的准则和全球协定，因为企业的价值取向和发展诉求在一定程度上代表着国家的价值取向和发展诉求。承认国际社会责任，履行企业社会责任标准，代表并考验着我国企业及企业家的魄力和能力。此外，已经走出或即将走出国门的我国企业，带给世界的不仅是我国的产品、技术和劳务，更肩负着讲好中国故事、当好友谊使者，乃至推动国际合作的政治使命。在海外的我国企业，如果出现社会责任缺失的行为，不但会严重阻碍企业自身的发展，而且有可能将个别企业行为上升为国家行为，影响我国与世界的良性互动，进而影响我国的国际形象。

因此，实施企业社会责任的重要性和现实意义是显而易见的，也是多方面的。一方面，我国企业应克服短期困难，努力按照国际惯例承担起应

有的社会责任，减少贸易摩擦给企业发展带来的损失；另一方面，我国企业应该组织起来，积极参与制定包括企业社会责任在内的国际规则，制定符合我国具体国情和发展阶段的企业社会责任标准。

四、为企业社会责任治理的理论研究添砖加瓦

20 世纪 20 年代企业社会责任思想的提出，意味着企业社会责任研究的开始，但对其比较规范和系统的研究是从 20 世纪五六十年代才进行的，到 20 世纪 80 年代弗里曼（Freeman）建立利益相关者理论后，企业社会责任研究达到了一个新的高度。此后的企业社会责任研究主要沿着两个方向开展。一是在论证企业承担社会责任的必要性与合理性方面，基于利益相关者理论分析企业承担社会责任与企业治理方面的关系及相互影响；二是在实证研究方面，主要以企业社会责任行为与财务绩效的关系为研究对象。本书基于前人研究和梳理企业社会责任治理的相关理论，结合中国企业的特殊性，从企业外部约束和内部治理等方面研究企业社会责任的履行行为和影响机理，从而进一步了解和掌握企业社会责任履行的影响因素，实证检验驱动机理，为今后开展类似的研究提供新的思路与方法借鉴。

第三节 研究的主要内容

本书分八章对相关问题展开研究。

第一章，绪论。首先，基于企业社会责任履行的背景介绍本书研究的意义；其次，根据本书研究的总体目标提出本书研究的主要内容；最后，明确本书的研究方法与技术路线，确保研究方案可行。

第二章，企业社会责任研究综述。首先，从历史角度对企业社会责任的产生与发展进行梳理，并界定企业社会责任的概念和内涵；其次，从利益相关者的角度介绍企业社会责任的基本内容，探讨企业对政府、社会、员工、消费者、环境等各个利益相关者应履行的社会责任；再次，从战略性企业社会责任、声誉、竞争力、价值创造分析企业社会责任治理的价值；然后，对国内外企业社会责任治理的研究理论与研究方法进行梳理、归纳和总结；最后，从全球治理角度对企业社会责任治理进行展望，分析当前研究存在的不足，提出未来可能研究方向的建议。

第三章，我国企业社会责任治理。从我国企业社会责任的产生与发展

的背景、成就、问题、影响因素、未来展望等角度探讨我国企业社会责任发展。

第四章，企业社会责任表现的测量。首先，分析、比较国内外常用的测量方法，形成研究的理论概念模型及相关维度；然后，通过对已有的企业社会责任行为表现的测量题项进行梳理，与理论界和实业界各专家人士讨论。针对本项目的研究目的，对这些测量题项进行合理筛选形成测量量表，并开展实践。在获得相应的样本数据后，主要通过探索性因子分析，形成企业社会责任测量研究需要的企业社会责任表现的维度模型，并且通过验证性因子分析对概念模型的各维度进行检验修正。

第五章，企业社会责任驱动机制分析。在以往理论文献及研究成果的基础上，结合调研的数据，对影响企业社会责任水平的内外部驱动因素进行实证检验，识别各个企业社会责任的关键驱动因素，分析各个驱动因素与企业社会责任水平的真实关系，了解各个驱动因素对企业社会责任行为的实际影响。

第六章，企业社会责任内部治理。侧重于从企业内部管理视角，通过提高企业社会责任意识、制定企业社会责任战略、完善企业社会责任机制、构建企业社会责任文化等途径，将企业社会责任融入企业经营管理之中。

第七章，企业社会责任外部治理。侧重于从企业外部视角，即从供应链相关企业社会责任管理，企业社会责任信息披露管理，政府、社会组织及行业协会在推动企业社会责任管理中的作用等角度，分析企业在履行自身社会责任的前提下如何通过管理推动相关企业承担社会责任，以及如何与外部利益相关者进行沟通和互动，以实现企业经济利益和社会利益的平衡，推动企业和社会的可持续发展。

第八章，企业社会责任治理指南与案例。从多种企业社会责任国际标准中选出比较流行和权威的 SA 8000 标准及 ISO 26000 标准进行简单介绍，研究其对我国企业的影响，并提出解决之策。此外，还介绍了一些国内外比较典型的治理准则和案例，为我国开展企业社会责任治理提供借鉴。

第四节 研究方法和技术路线

一、研究方法

本书的研究方法如下。

（一）文献研究法

文献研究法是通过阅读、分析现有国内外研究文献，得出对主客观事物认识的研究方法。本书将通过文献研究法，对已有的相关研究成果进行梳理、总结，进而把握本书研究需要解决的关键问题和方向；同时，通过文献研究，进一步掌握企业社会责任相关理论、企业管理相关理论，以及心理学和行为学相关理论，为企业社会责任治理的研究做好理论基础储备。

（二）调查研究法

调查研究法是指通过了解客观情况直接获取有关材料，并对这些材料进行分析的研究方法。本书主要通过文献资料查阅、网络搜索功能，并运用统计学方法，对选取的样本开展数据收集、归纳及整理统计与分析工作，为本书开展理论与实证研究奠定基础。

（三）理论建模方法

理论建模方法是指运用数学思维将定性问题定量化。本书定量分析影响企业社会责任履行的相关变量因素，运用理论建模分析企业内外部影响因素对企业社会责任履行的影响，揭示各研究变量之间的关系。

（四）实证研究法

实证研究法是指研究者收集观察资料，为提出理论假设或检验理论假设而展开的研究。实证研究法具有鲜明的直接经验特征，实证研究包括数理实证研究和案例实证研究。本书将运用数理实证研究方法，以获取的相关变量数据资料为基础，采用多元回归分析方法，运用大样本数据对所提问题进行实证分析和验证。

（五）案例分析法

企业社会责任研究既有理论性，但更重要的是其实践性，中外大量的典型案例可以从正反两方面说明企业承担社会责任的利与弊，也可以从中借鉴企业社会责任治理的方法和准则。

二、技术路线

本书的研究技术路线如图 1-1 所示。

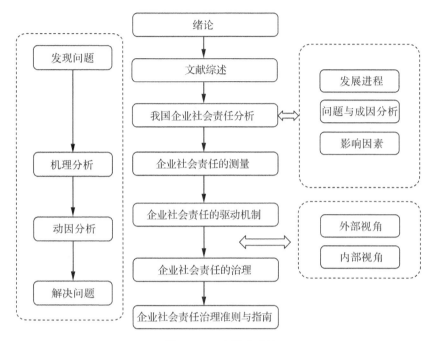

图 1-1 研究技术路线

第二章 企业社会责任研究综述

第一节　企业社会责任的兴起

企业社会责任（Corporate Social Responsibility，CSR）是指企业在发展过程中，超越把利润作为唯一目标的传统理念，强调对人的价值的关注，强调对社会、环境、员工、消费者等利益相关者的关注。诚信经营、促进就业、关爱员工、依法纳税、保护生态、节约资源、回馈社会……这些都是企业可持续发展的内在要求，也是企业履行社会责任的具体表现。

早在 19 世纪，以商人社会责任为主要形式的企业社会责任就已长期存在，但现代意义上的企业社会责任，其萌芽出现在 20 世纪初。1924 年，美国学者奥利弗·谢尔顿（Oliver Sheldon）提出企业不能单纯地追求经济利益，企业经营者应该承担满足产业内外各种相关者需要的社会责任。他把企业社会责任与企业满足产业内外人们需要的责任相联系，认为企业社会责任含有道德因素。1953 年，有"企业社会责任之父"之称的霍华德·R. 鲍恩（Howard R. Bowen）出版了《商人的社会责任》，这一著作使企业社会责任更加被世人所瞩目，书中第一次正式将企业和社会连接起来，指出企业在追求经济利益的同时，还应该承担应尽的社会责任和义务。20 世纪 50 年代，许多学者对企业社会责任理论进行了大量研究。约瑟夫·W. 麦克格雷（Joseph W. McGuire）的著作《企业与社会》、卡罗尔（Carroll）的金字塔理论和英国学者约翰·埃尔金顿（John Elkington）的三重底线理论都对企业社会责任进行了深入研究。20 世纪 80 年代，企业社会责任运动得到了联合国的大力推进，并在全球推出了《联合国全球协约》。1997 年，经社会责任国际组织发起，并联合欧美跨国公司和其他国际组织，制定了适用于企业实施的社会责任标准 SA 8000，由此企业社会责任成为一个普遍意义上的"国际话语"，甚至成为西方发达国家制约发展中国家的一个非技术性的"贸易屏障"。特别是，经过 6 年的研究起草，在 2010 年 11 月 1 日，国际标准化组织（ISO）在瑞士日内瓦国际会议中心举办了社会责任指南标准（ISO 26000）的发布仪式，该标准的正式出台标志着国际范围内首次形成对社会责任内涵的共识。西方社会对企业社会责任的研究已有半个多世纪的历史，如今研究的重点问题是如何履行企业社会责任，而不是是否应该履行企业社会责任。

随着经济全球化的深入发展，"企业社会责任"这一概念已经被世界各国广泛关注。企业为增进社会福利所做的贡献应该大于其法定义务，这种思想在欧盟和美国已被视为社会传统。在欧洲的一些国家，法律就企业对社会和自然环境的责任做出了明确规定。当前，在可持续发展思想的主导下，企业社会责任运动在全球盛行起来。然而，仅依靠政府的力量不能完全应对可持续发展面临的种种挑战，还需要所有社会成员尽最大努力为社会的可持续发展做出自己的贡献。因此，社会责任建设是一种可持续治理模式，它实际上是企业、社会和政府三个方面的功能整合。

第二节　企业社会责任的内容

企业社会责任指企业在其自主性行为对利益相关者、社会及环境造成或可能造成不利的影响时，应持有公正倾向和自省纠偏意识，从而承担该行为产生的后果。现代企业契约理论认为，企业是在契约的基础上结成的人与人之间的行为制约与利益调和的关系体，而契约理论的前提仍然是产权理论。在企业产权明晰的情况下，以物质资本所有者为轴心，以产权基础上的契约关系为纽带，以企业行为影响为判断标准，企业的自主性行为对契约关系和交易关系中各个利益主体及外界环境均会造成非平等性或非对等性影响。因此，从企业行为主体的角度和企业产权控制的特征来看，企业的社会责任表现为企业对股东、员工、环境、消费者、所在社区的社会责任，以及企业自主纳税、捐款的社会责任，等等。结合经济社会发展的规律，可以将企业社会责任的具体内容分为九个维度，即对股东的责任、对员工的责任、对消费者的责任、对债权人的责任、对环境保护的责任、对社区的道德责任、对社会公众的责任、对政府的责任、对供应商的责任（图2-1）。其中，股东与员工属于内部利益相关者，债权人、政府、社区、社会公众、供应商、消费者等属于外部利益相关者。

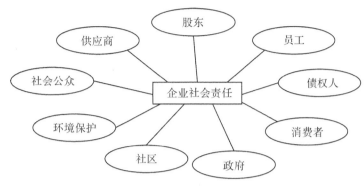

图 2-1　企业社会责任的内容

一、对股东的责任

这是企业最基本的社会责任。企业应为投资者提供较高的利润和企业资产的保值与增值,以确保投资者(尤其是中小股东)的利益,这是企业履行其社会责任的物质基础和条件。企业有责任向投资者提供有吸引力的投资回报,并将其财务表现准确、及时地报告给投资者,错报或假报财务记录都将危害与投资者之间的关系,任何欺骗投资者的行为都是市场经济法治所不容许的。

二、对员工的责任

员工作为企业的人力资源,是企业利益相关者体系的构成之一,企业应对员工的安全、福利、教育等方面承担义务,创造良好的工作环境,公平分配企业利润,保障员工的合法收入。首先,企业应对员工的工作环境和身体健康负责,并为其提供基本的生活保障。其次,企业应负担起对员工技能培养和素质提高的责任。最后,企业还应使员工在企业治理中享有充分的权利。充分尊重员工,发挥其积极性和创造性,包括听取并尊重员工的意见,加强民主管理,尽可能让员工参与决策过程,创造和谐的工作环境,对工作完成得好的员工予以奖励,等等。

三、对消费者的责任

消费者认可、购买企业产品,为企业创造了价值,所以消费者在企业利益相关者中扮演着重要角色。消费者主要关注产品的质量和价格,所以企业对消费者的责任主要体现为提高产品质量,为消费者提供满意的服务,尊重消费者的知情权和选择权。同时,消费者又是企业产品的接受者和使用者，其生活水平一定程度上受到企业所提供的产品的品种、质量、价格等因素的影响。对企业而言，消费者是企业的最大效益来源，吸引消费者也是出于企业追求利润的目的。因此，企业对消费者的责任是企业社会责任的一项重要内容。

四、对债权人的责任

债权人为企业提供了信贷资金，在利益相关者中也扮演着较为重要的角色，企业不得为了股东的利益而损害债权人的利益。国有企业对债权人的责任还表现为一种抽象的责任，即要求国有企业进行合法、善意、无过失的交易行为。强调国有企业的该项责任有利于解决改革中企业"三角债"及对银行的债务难题。

五、对环境保护的责任

企业的存续和发展离不开一定的自然环境，企业对环境造成一定的影响，所以企业应当对环境保护承担一定的责任。为了提高人们的生活质量，保障人类的生存和可持续发展，企业在生产活动中，应树立环境保护意识，加大对环境保护的投入，采取有效措施尽量控制和消除生产活动对生态环境的影响，积极研制、开发和生产绿色产品，从高碳模式转变为低碳模式，减少污染物排放和碳排放，提高资源的使用效能，实现经济、社会与环境的可持续发展，担当起保护环境、维护自然和谐的责任。

六、对社区的责任

企业总是存在于一定的社区中，从以往的经验来看，企业对其所在的社区经济有着很大的影响力，而周边治安、基础设施等方面的保障又反作用于企业发展。因此，企业应充分考虑社区的利益，协调好自身与社区的关系，积极参加社区活动，并资助社区公益事业和公共工程项目的建设，设立专门机构或指定专人协调企业与社区的关系，并为社区人员就业与安置做出贡献。但企业对社区的责任是一种道德上的参与和协助责任，社区经济发展主要是社区自身的责任。

七、对社会公众的责任

社会公众是企业潜在的投资者和消费者，为企业提供重要的关系资源，属于潜在的利益相关者，而在现代网络媒体发达、信息传播迅速的时代，一条不利于企业发展的负面新闻将可能导致企业陷入经营困境，因此，企业应树立良好的社会形象，赢得公众的认可。企业应该积极参与对慈善基金会、科研教育机构、养老院等的捐赠，该项责任应基于企业的自愿，作为一种道德义务，受到国家和社会的褒扬。

八、对政府的责任

政府为企业正常经营提供了积极的政策和稳定的环境，因此应按照政府有关法律、法规的规定，照章纳税和承担政府规定的其他责任义务，并接受政府的依法干预和监督，不得逃税、偷税、漏税和非法避税等。

九、对供应商的责任

供应商为企业提供原材料，为企业进行生产提供了物质基础和保证，同时材料成本的高低直接决定了企业利润的大小，所以供应商是企业重要的利益相关者之一。企业对供应商的责任主要体现在及时偿还所欠账款，正常履约。

第三节　企业社会责任治理的价值

亚当·斯密（Adam Smith）曾提及，我们所期待的晚餐，不是源于屠夫、酿酒商或面包师的仁慈，而是源于他们对个人利益的追求。这句话很好地诠释了企业对价值最大化的追求。如果企业不仅仅追求利润，同时也能满足消费者的需求，那么履行社会责任的价值何在呢？

追本溯源，企业社会责任的存在，源于企业与社会的冲突。当个体与社会的成本和效益相同时，竞争性市场是强大且有效的。在这种情况下，对企业最有利的行为也是对社会最有利的行为。一般来说，企业与社会之间的差异可以追溯到两个来源：一是个体与社会的成本和效益之间的差异，二是对公平的不同看法。例如，环境问题就是典型的因"个体与社会"的成本效益差异而产生的。

企业社会责任的价值就在于，当个体与社会成本存在差异时，企业社会责任的履行可以实现差异的减少或补偿。例如，1997年，英国石油公司认可政府间气候变化专门委员会（IPCC）的科学预测，以及其对减少温室气体排放的适宜性所提出的质疑。英国石油公司在全公司范围内限制温室气体排放，并开始建立企业排放交易体系，排放量得以提前减少。英国石油公司声称，这不但没有增加成本，实际上还增加了大约 6 亿美元的净收入。从经济学的角度看，英国石油公司承认其运营成本（个体成本）低于其社会成本，并采取措施使两者协调一致，这不仅可以有效地帮助企业避免可能的环境冲突，而且有可能使企业从中获利。

在个体成本和社会成本差异导致市场失灵的情况下，企业社会责任具有资源分配的作用。在个体成本和社会成本大致相当的领域，企业社会责任的资源分配作用并不明显。但在个体成本和社会成本差异较大的行业，企业社会责任就会发挥作用、产生社会效益。很明显，企业社会责任可以成为企业的盈利要素，增加企业在消费者和供应商之间的知名度，提高员工士气和生产力，降低研发和广告成本等，从而有利于进行风险管理，维持长期盈利能力。

一、战略性企业社会责任

目前，社会在一定程度上会根据企业的社会责任履行状况对其进行评价。迫于利益相关者的压力，企业社会责任正转向企业战略责任，即企业在其社会责任行动中进行战略投资。战略性企业社会责任（Strategic Corporate Social Responsibility，SCSR），已经成为企业战略和运营中不可缺少的重要组成部分。新的欧盟企业社会责任战略认为，要提高企业竞争力，企业社会责任的战略方针日益重要。这可以在风险管理、节约成本、获得资金、客户关系、人力资源、资源管理和创新能力等方面带来好处。

许多企业曾尝试通过做大量的工作来改善其对社会和环境带来的负面影响，但效果甚微。究其原因，发现企业在以下两个方面存在问题：其一，企业往往在追求目标最大化的同时将企业与社会视为对立面，而两者在本质上应该是相互依存的关系；其二，大部分企业并未将社会责任提高到企业战略的高度，并从战略的角度实施行为。

因此，企业社会责任必须被"锚定"，并完全融入企业的战略，以有效地为企业竞争力创造积极的影响。波特（Porter）和克莱默（Kramer）认为，企业可以通过创造社会价值来创造经济价值，这暗示了适当的社会责任作为一种竞争优势的重要性。

作为企业战略的新要素之一，企业社会责任在这个竞争日益激烈的市场中，是社会所期望的一种责任。自麦克威廉斯（McWilliams）、西格尔（Siegel）和莱特（Wright）在提出企业社会责任的企业理论以来，战略性企业社会责任的经济理论不断发展。战略性企业社会责任将那些以社会福利进步为主要目标的管理理念、政策、程序和行动视为其主要目标的重要组成部分。这些责任的履行不仅是为了企业的利益，而且是为了整个社会的利益。这意味着，企业的存在本身可以被看作签订了一项社会契约，该契约要求企业在决策时考虑社会的利益，企业有义务采取行动来保护和改善整个社会的福利，维护自身的利益。战略性的慈善和企业捐赠被视为很可能成为竞争优势来源的支出。波特和克莱默认为，企业可以通过创造社会价值来创造经济价值，这再次暗示了适当的社会责任作为一种竞争优势的重要性。

伯克（Burke）和洛格斯登（Logsdon）确定了战略性企业社会责任的五个维度，并将其视为实现商业目标和价值创造的关键：第一，中心性，代表企业社会责任与企业使命和目标的紧密程度或契合程度；第二，专用性，表示为企业获取特定利益的能力；第三，主动性，即能够根据社会趋势制定政策；第四，自愿性，即不受外部合规要求影响的自主决策过程；第五，可见性，即内部和外部利益相关者可观察和可识别的企业社会责任的相关性。

伯克和洛格斯登认为，通过这五个维度履行战略性企业社会责任，将会转化为价值创造的战略成果，这种价值创造可以被识别和衡量，但仅限于为企业带来经济效益。

战略性企业社会责任的目标是：在创造切实可行的商业利益的同时，实现财务上的自给自足，减少因股东财富浪费而引发的不满。在制定和履行企业社会责任以应对经济和社会全球化中出现的问题时，所有企业都是被动的。所有的企业都是通过他们的管理者，对他们的经历做出反应。自资本主义时代开始以来，企业一直在寻求更负责任的经营方式，其涉及领域扩展到对环境资源的利用，以及企业与自然系统的关系。企业责任从来没有像现在这样受到如此多的关注，现在它已经成为一个战略问题。

研究表明，战略性企业社会责任作为一项社会运动和企业实践，是企业将其运营战略和社会地位复杂融合的过程。这一过程将资本所有者、高级管理人员和所有其他雇员聚集在一起，以寻求与他们所属的经济、社会和环境系统中的其他人建立高质量的关系，企业社会责任的最终挑战是在确保盈利的同时培育这种关系。

麦克威廉斯和西格尔利用资源基础理论框架构建了企业社会责任利润最大化的形式化模型。他们的模型假设有两家企业生产相同的产品，其中只有一家企业为产品提供了额外的社会属性，一些消费者重视这种社会属性，其他利益相关者也是如此。该模型还假设管理者进行成本、收益分析，以确定用于企业社会活动的资源级别。因此，他们将企业社会责任作为企业产品和业务创新战略的一部分。

学会承担社会责任也是一个需要根本性变革的战略过程。虽然企业承担社会责任所需的能力最终建立在个人行为的基础上，但其学习过程仍需要集体能力，因为：第一，企业社会责任依赖于特定的组织身份；第二，为了变得更负责任，组织单位必须合作；第三，个人必须意识到他们的行为构成了组织行为；第四，企业社会责任要求组织作为一个集体实体，愿意承担企业社会责任。

企业社会责任的战略功能可以帮助企业实现对商业利益的追求。企业履行社会责任，就是要成为优秀的企业公民，与利益相关者与时俱进，尽可能承担好相应的责任，减少可能带来的负面影响。

通过战略性企业社会责任，企业将带来重大的社会影响，并获得较大的商业利益。这就需要企业首先响应企业社会责任。这就意味着企业要成为一个良好的企业公民，适应利益相关者不断变化的社会关注，以及减轻商业活动现有或预期的负面影响。良好的公民素质是企业承担社会责任的必要条件，企业必须做好这一点。其次，尽可能在生产运营中减轻企业价值链活动带来的危害。由于每一个业务单元都会对价值链产生影响，因此许多企业往往采用标准化的社会和环境风险清单对其企业社会责任的履行情况进行评价。在全球报告倡议组织（Global Reporting Initiative，GRI）发布的《可持续发展报告指南》中，列举了100多项企业社会责任问题，同时也对不同行业的辅助清单进行了补充。

管理风险是许多企业战略的核心部分，因为花费数十年时间建立起来的企业声誉，可能会在数小时内因腐败丑闻、环境事故或不履行社会责任等事件毁于一旦。这些事件还可能引起监管机构、法院、政府和媒体的关注。因此，在公司内部建立一种正确行事的文化可以抵销这些风险。履行企业社会责任需要企业重新定位，重新审视组织的核心，以便形成新的关系，定义新的价值，制定新的战略。

根据战略性企业社会责任的观点，股东认为他们对企业资产的长期财务主张是由企业社会责任行动增强的。詹森（Jensen）认为，虽然价值最大化应该是企业的首要目标，但企业社会责任不应该被视为实现这一目标的障碍，因为它可能是实现股东财富最大化的一种方式。艾伦（Allen）等人提出，以股东或利益相关者为导向的公司治理安排会影响其在产品市场上的竞争行为和结果，进而影响其价值。在他们的模型预测中，在行业成本结构存在不确定性的情况下，利益相关者导向的公司比股东导向的公司表现得更好。

埃克勒斯（Eccles）和塞拉费姆（Serafeim）认为企业社会责任的战略重要性是一个动态过程。他们认为，只有企业内部的新产品、商业模式或流程出现足够多的创新，良好的企业社会责任实践才能持续。在他们看来，为了有效应对即将到来的挑战并实施可持续的商业战略，量化每一个企业社会责任的维度是至关重要的。

还有学者对企业社会责任需求的概念进行拓展，以便帮助企业制定社会责任战略并保持竞争优势。一些经济学家，如巴尼奥利（Bagnoli）和瓦特（Watts）、贝斯利（Besley）和加塔克（Gathak）、科琴（Kotchen）等人都认为企业社会责任是企业对当地公共产品的私人提供。公共产品的私人提供这一概念是战略性企业社会责任的重要延伸。麦克威廉斯、范·弗里特（Van Fleet）和科里（Cory）认为企业可以将政治影响力与企业社会责任战略捆绑在一起，以提高监管壁垒，阻止外国竞争对手使用替代技术。

钱德勒（Chandler）和韦尔泰（Werther）于2013年将战略性企业社会责任定义为：将企业社会责任的整体视角纳入企业的战略规划和核心运营中，使企业在管理中符合广泛的利益相关者的利益，从而在中长期内实现最大的经济和社会价值。2016年，钱德勒又特别强调，要将企业社会责任的整体视角纳入企业的战略规划和核心运营中，从而使企业在中长期管理中为利益相关者实现利益最大化。钱德勒认为战略性企业社会责任具体包括以下五个主要部分：第一，将企业社会责任的观点完全融入公司的战略规划过程和企业文化；第二，认识到企业的一切行动都与核心业务直接相关；第三，企业试图理解并响应其利益相关者的需求，这意味着整合利益相关者的视角是一种战略需要；第四，企业从短期过渡到一个中期和长期的规划和管理过程，包括企业的主要利益相关者；第五，企业的目标是优化所创造的价值。

二、声誉提升

声誉是企业的一个普遍属性，反映了股东所认为的企业好或不坏的程度。声誉是企业的一个至关重要的无形资源，有助于企业提升竞争优势。因此，好的声誉往往意味着企业受到高度尊重或好评。

布朗（Brown）和洛格斯登认为，声誉是外部人员对组织是什么、组织在多大程度上履行其承诺并符合利益相关者的期望，以及组织的整体绩效如何有效地与其社会政治环境相适应地评估。维斯（Weiss）等人将企业声誉定义为一个组织受到高度尊重或尊重程度的全球认知。丰布兰（Fombrun）和尚利（Shanley）认为，声誉是信息的聚合，形成集体判断，并在组织领域中形成企业声誉秩序。这一定义首先包含了声誉的全球感知，尽管一个组织在其活动的不同方面会有不同的子声誉（如营利能力、产品或服务的质量），观察员往往会对该组织的声誉进行净评估。净评估包括工具性和规范性问题。因此，尽管不同的利益相关者可能对一个组织的声誉持有不同的看法，但他们仍然是一个整体。

企业声誉或品牌创造的资产很容易受到损害，甚至失去。对于那些品牌价值取决于声誉的企业来说，情况尤其如此。声誉是建立在诸如信任、可靠性、质量、一致性、信誉、关系和透明度等无形资产，以及诸如人力、多样性和环境投资等有形资产之上的。企业参与或不参与企业社会责任活动的决定会增强或破坏企业声誉，因此，有效履行社会责任是企业建立良好声誉的重要手段。巴塔查里亚（Bhattacharya）和森（Sen）（2003）提出，企业社会责任可以建立一个商誉库，让企业在危机时期可以利用。同样，麦克威廉斯和西格尔提出，企业社会责任创造了一个企业可靠和诚实的声誉。可见，具有独特道德价值和精心设计的福利项目的组织能够有效地赢得市场竞争，消费者倾向于对那些在运营中保持诚信、治理良好和实践最佳的企业保证忠诚。

加德伯格（Gardberg）和丰布兰于2002年提出，企业声誉是公司过去行为和结果的集中表现，他们描述了公司向多个利益相关者交付有价值成果的能力，它包含不同的维度，如产品质量、创新、投资价值、人员管理和企业社会责任。丰布兰和尚利于1990年提出，声誉关系企业社会责任沟通的有效性，因为声誉往往是一个预先存在的模式，利益相关者依赖于这个模式来解释关于企业的模糊信息。

早期的声誉，源于企业经营许可的追求。经营许可，即每个企业都需要政府、其他企业和众多其他利益相关者的默许或明确许可才能开展业务。因此，许多企业积极履行社会责任，因为社会责任对于改善企业形象、增强品牌价值、鼓舞士气，甚至提高股价，有着积极的意义。

企业社会责任虽然与产品和服务无直接关系，但它确实对公众购买行为、投资决策和在该公司的就业意愿产生直接影响，而这些都会直接影响企业的声誉。

贝莱德集团（BlackRock）董事长兼首席执行官拉里·芬克（Larry Fink）在一封题为"使命感"（"A Sense of Purpose"）的公开信中，为同事们提供了企业长期增长的建议：公共和私人企业都要为社会服务。随着时间的推移，要想繁荣昌盛，每家企业不仅必须提供财务业绩，而且必须表明它对社会做出了积极的贡献。

对企业而言，失去声誉会对企业财务具有极强的破坏性。而好的声誉，可以在经济上有所回报，甚至吸引更多人才，销售更多产品，并获得更高的股价估值。声誉能带来战略上的优势。以消费者为导向的企业，为了获得声誉优势，往往会高调地进行公益营销活动。而在化工、能源等易造成环境污染、生态破坏的行业，企业则可能会通过履行社会责任的方式，提高社会声誉，希望能在出现危机时缓和公众的批评和不满。

布罗姆利（Bromley）于2000年提出，组织很可能在不同的利益相关者群体中有不同的声誉。利益相关者用来判断组织声誉的标准将根据特定利益相关者对组织角色的期望而有所不同。例如，消费者可能期望公司提供高质量的产品，投资者可能期望他们的投资获得高回报，而环保组织可能期望可持续的环境实践。因此，组织在每个利益相关者群体中会有不同的声誉，并且可能在每个利益相关者成员中也会有不同的声誉。此外，利益相关者对组织行为的期望是动态的，很可能随着时间而改变，随着组织声誉的提高，利益相关者的期望也会提高。

三、竞争力提升

在竞争激烈的市场中，企业都在努力寻找一种独特的销售方式，将自己与消费者心目中的竞争对手区分开来。企业社会责任通过建立独特的道德价值观获得客户的青睐。"客户社会责任"的出现，促使企业开始不断拓展社会责任的领域。企业社会责任同样可以通过品牌差异化获得竞争优势。对许多现代企业来说，品牌是一个难以估量却至关重要的概念。由于竞争激烈，现有产品在技术上的差异又很小，产品的口碑或形象可能对客户的消费行为至关重要。消费者对企业社会责任的立场是敏感的，其购买行为会受到企业社会责任履行状况的影响。消费者会歧视那些不负责任的企业，拒绝购买其产品，转而青睐社会责任口碑较好的企业的产品。可见，企业社会责任政策是可以通过消费者行为来影响企业品牌价值的。

广义上说，竞争环境涉及四个方面：可投入的人力资源的数量和质量，参与竞争的规则和激励措施，地方需求的规模和复杂程度，服务提供者和配套产业在当地的可得性。

企业与社会的相互依存关系可以用分析竞争地位和制定战略的相同工具来衡量。通过这种方式，企业可以将其特定的企业社会责任活动达到最佳效果。企业可以制定积极的企业社会责任议程，为企业创造最大的社会效益和收益，而不是仅仅依靠员工的主观能动性或对外界压力的反应。

早在1990年，波特就由外向内深入分析了社会维度对竞争力的影响，研究了有效的企业社会责任如何在竞争环境中，通过社会维度由外向内影响其提高生产力和执行战略的能力。例如，图2-2显示了企业的地理位置、交通基础设施和严格执行监管政策等社会维度对其竞争力的影响。

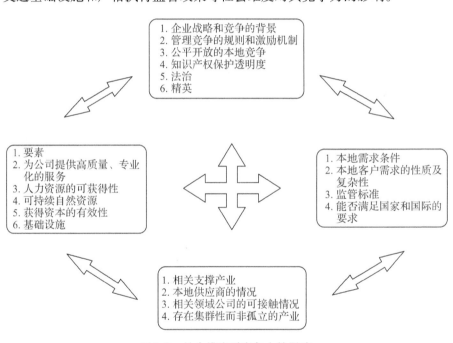

图 2-2　社会维度对竞争力的影响

四、企业价值创造

企业社会责任实践发现，减少与利益相关者的冲突可以提高企业价值。大多数相关文献都支持这一观点。现有研究认为，企业社会责任的重要贡献，就在于其可以避免或减少冲突。一般来说，企业履行社会责任对企业的价值创造包括：降低风险，减少浪费，改善与监管机构的关系，创造品牌价值，改善人际关系，提高员工工作效率，降低资本成本。

坚持企业社会责任对组织到底有什么好处呢？2010年，卡罗尔和谢巴纳（Shabana）通过研究，得出了以下结论：

第一，企业履行社会责任有助于避免过度剥削劳动力、贿赂和腐败；

第二，公司会知道社会对他们的期望，同时促进形成公平的竞争环境；

第三，企业履行社会责任行为可以为企业带来竞争优势（如声誉、人力资源、品牌和法律等方面），这有助于提高盈利能力、增长和可持续性；

第四，可以帮助维护公司和员工之间的平衡；

第五，不履行社会责任的企业将很难生存；

第六，随着企业着手解决世界各地发展不足的关键问题，社区将从中受益。

特别是当面临巨大风险时，企业往往会通过企业社会责任战术来降低其风险。当企业和环境与所在社区能和平相处时，潜在冲突造成的浪费就会被消除，企业也就有了正确的心态，会专注于如何为众多利益相关者（尤其是股东）创造价值。可见，避免或减少冲突确实是企业社会责任的主要贡献。杰弗里·赫尔（Geoffrey Heal）在其著作《企业社会责任——一个经济和金融框架》中总结出履行企业社会责任的价值：降低公司的风险，减少浪费，改善与监管机构的关系，创造品牌价值，改善人际关系和员工生产力，降低资本成本。

赫尔在研究中断言，企业如果不好好履行社会责任，会导致声誉和商誉的丧失，从而为此付出沉重代价。这就意味着，把企业社会责任作为企业战略的一部分，制定好实施企业社会责任战略的方案，可以有效地推进企业社会责任战略的实施，企业就会享有较高的声誉，并积累较高的声誉资产。他指出，企业社会责任可能受社会责任投资影响，从而使企业降低其资本成本。社会责任投资意味着企业的社会责任政策与其在资本市场中的地位可能存在关联。从长远来看，企业社会责任可以通过降低风险、减少浪费、改善与监管机构的关系、创造品牌价值、改善人际关系和员工生产率、降低资本成本等来提高利润。

2009年，劳拉·波迪（Laura Poddi）和塞尔吉奥·维加利（Sergio Vergalli）在《企业社会责任是否影响企业绩效》中指出，企业社会责任履行好的企业，道德水平越高，长期绩效越好。而且，尽管这些企业可能在初期因履行社会责任承担一些初始成本，但他们仍然能够因较好的声誉获得较高的销售额和利润，实现长期成本的降低。由于主张绿色消费的消费者对产品的需求减少，政府对不符合污染标准的处罚增加，以及对受害者的赔偿，可能会导致利润损失。在这种情况下，企业的股票可能会在资本市场上贬值，而企业良好的环境表现可能会导致其股票价值上升。

波特（1985）通过价值链对价值由内而外进行了阐释。价值链描述了一家公司在经营过程中所从事的所有活动。它可以作为一个框架来确定这些活动的积极的社会影响。这些由内而外的联系可能包括从雇佣和裁员政策到温室气体排放。

第四节　企业社会责任治理的研究理论与研究方法

企业社会责任的理论和方法存在很大的异质性，主要集中在经济、政治、社会整合和伦理方面。2004年，伊丽莎白·加里加（Elisabet Garriga）和多梅内克·梅勒（Domenec Mele）对企业社会责任理论和相关研究方法进行了汇总说明，他们将企业社会责任理论划分为四种类型，并对每种类型进行了详尽的阐释。这四种理论类型分别是：(1) 工具理论，(2) 政治理论，(3) 整合理论，(4) 伦理理论。企业社会责任的概念和方法确实存在一些相似之处，2008年，梅勒在《企业社会责任：必要实践的四种理论》（*CSR: Four Theories for a Necessary Practice*）中，将企业社会责任描述为一个随着时间的推移而发展、变化或转变的概念，因为随着社会的发展，企业也需要与时俱进改善与社会及其需求者的关系。梅勒认为，在众多企业社会责任理论中，股东价值理论、利益相关者理论、企业社会绩效理论和企业公民理论是最重要的四个理论。本节将基于加里加和梅勒的研究展开讨论。

一、工具理论

工具理论认为，企业是创造财富的工具，只有创造财富才是企业的社会责任。因此，只要能进行财富创造，企业就可以进行任何社会活动。之所以称其为工具理论，是因为该理论把企业社会责任作为一种追求利润的工具，即企业社会责任是实现企业经济目标和创造财富的战略工具。

（一）股东价值最大化——股东价值理论

20世纪后半叶，创造股东价值的论点在美国开始流行，加上投资机构的兴起，高管们彻底改变了企业的核心商业战略，从关注多样化和扩张转向关注股东价值，股东价值论已经成为美国和英国企业治理的一项原则。

企业是为股东服务的,除非法律明确规范,否则任何不能为企业和股东创造价值的行为都是没有必要的。1999年,经济合作与发展组织(OECD)发布的企业治理原则强调,企业应该首先保障股东的利益。

新古典主义理论认为,只有完成了股东价值最大化的任务,企业才能发挥最大的作用;企业财务理论也认为,企业是投资的联合体,其收益必须最大化。因此,追求个人利益最大化的股东是企业的所有者,而企业是所有契约关系的纽带,企业的目的就是使股东价值最大化,即企业的主要责任是为股东创造利润,并努力提高股票价值。企业经理人和股东之间形成代理关系,经理人是股东的代理人,他们作为委托人,为股东寻求投资回报。股东价值最大化将企业产生的任何剩余收入(利润)描述为对股东履行的关键经济职能的回报,没有这些职能,这些剩余收入就不可能存在。一方面,股东回报被视为对股东承担风险的激励;另一方面,股东回报被视为对经理人进行监督的奖励。

企业只有一种社会责任——利用其资源,从事旨在增加利润的活动,在国家的法律框架和道德习俗范围内使股东的利润最大化。(Milton Friedman,1970)此外,2001年,麦克威廉斯和西格尔提出,为了利润,适当的慈善和社会活动也是可以接受的。

(二)竞争优势战略

2000年,赫斯特德(Husted)和艾伦提出,竞争优势战略侧重如何分配资源以实现长期的社会目标并创造竞争优势。其包括三方面内容:竞争性环境中的社会投资、企业及其动态能力的自然资源基础观和经济"金字塔"底层的战略。

1. 竞争环境下的社会投资

根据社会投资论坛(Social Investment Forum,2005),在美国,几乎每10美元中就有1美元是根据社会责任原则进行投资的。社会责任投资起源于20世纪40年代,由于越南战争、城市冲突、环境恶化和种族隔离等重大社会动荡,这种以价值为基础的投资在20世纪70年代经历了快速扩张,促使越来越多的投资者把社会责任融入投资决策中。亚历山大(Alexander)和布霍尔茨(Bucholtz)(1978)发现,投资者可能认为社会责任感较低的企业是风险较高的投资。

对企业而言,投资慈善活动可能是改善企业竞争优势环境的唯一途径,即集群成员的慈善投资,无论是单独的还是集体的,都会对集群竞争力和集群内各成员企业的绩效产生巨大的影响。(Porter and Kramer,2002)

2. 企业及其动态能力的自然资源基础观

以资源为基础的企业观认为，企业的竞争优势取决于人力、组织和物质资源之间相互作用的能力。传统上，最有可能带来竞争优势的资源需要满足四个条件：有价值、稀缺性、不易得到的、需要通过资源配置实现最优。该观点体现了资源的动态性，它关注的是资源的创造、演化和重新组合成竞争优势的新来源背后的驱动因素。因此，动态能力是管理者获取资源、修改资源、整合资源、重组资源以产生新的价值创造的战略。（Elisabet Garriga and Domenec Mele，2004）

早在1959年，美国经济学家艾迪斯·潘罗斯（Edith Penrose）就提出，企业不仅仅是一个行政管理单位，企业更重要的存在形式是生产资源的集合。行政单位的角色和作用是，通过其行政决策来决定这些资源在不同使用者、不同时间的配置。从这个角度来审视私人公司和评断其规模时，最好的标准是他们所操控的生产资源。现代企业资源观之父杰伊·巴尼（Jay Barney，1991）认为，在企业之间可能存在着异质或差异，这些差异使一部分企业保持着竞争优势。因此，企业资源观理论强调战略选择，认为企业管理的战略任务就是找出、发展和配置这些与众不同的关键资源，以谋求最大化的经营回报。

哈特（Hart，1995）提出了一个更完整的企业资源观模型。他认为，推动新资源和能力开发的最重要因素将是自然生物物理环境带来的限制和挑战，对某些产业及企业来讲，用在环境投资上的社会责任可以构成企业持续竞争力中的一种重要资源或者能力。哈特构建并发展了三个主要相互联系的战略能力框架：污染预防、产品管理和可持续发展，并认为持续改进、利益相关者整合和共享愿景是关键资源。

3. 经济"金字塔"底层战略

在经济"金字塔"的底部，有数十亿的人口。经济"金字塔"底层战略就是把低收入人群当作目标市场，通过一定的策略，在为其提供产品和服务的同时也能为企业带来丰厚的利润。颠覆性创新是其中比较常见的一种策略。颠覆性创新指的是产品或服务不具备与主流市场客户使用的产品或服务相同的能力和条件，它们只能用于要求较低的非传统客户。颠覆性创新可以改善经济"金字塔"底层的社会和经济条件，同时为其他行业的公司创造竞争优势。

（三）事业关联营销

事业关联营销，也称为善因营销或高尚目标市场推广运动，是企业在承担一定社会责任（如为慈善机构捐款、保护环境、建立希望小学、扶贫）的同时，借助新闻舆论影响和广告宣传，来提升企业形象、品牌知名度和顾客忠诚度，最终增加销售额的营销形式。事业关联营销是近年来出现的一种新的企业慈善形式，其基本原理是基于利润驱动的捐赠。企业对社会福利的参与最初是对社会问题的自愿反应，后来演变成强制性的企业参与，现在又演变成企业把社会责任视为一种投资。早期的慈善事业和社会响应是由具有公益精神的企业自愿承担的。但在美国，早期的企业捐赠是受法律限制的，只有在符合股东利益的情况下才可以捐赠。1954年，新泽西州最高法院的一项裁决确立了一个原则，即上市公司可以向不为公司股东创造利润的非营利实体提供资金。后来越来越多的企业开始意识到，为了生存和提高竞争优势，它们必须从做好事发展到做得更好。因此，社会责任被视为一种改善组织长期绩效的投资。

企业不断地寻找竞争优势，通过为目标市场的产品和服务增加感知价值来区分自己。越来越多的证据表明，品牌的亲和力与功能性正在激发消费者的偏好，在某些情况下可以占到品牌资产的98%。随着消费者的情感和理性参与变得更加重要，事业关联营销开始体现出竞争优势。

消费者通常认为可靠和诚实的企业生产的产品质量好，而事业关联营销可以帮助企业获得良好的声誉。事业关联营销其实是一种营销计划，它被视为一种横向的合作式销售促进，是企业慈善事业和销售促进的一种结合。通过将为公益事业筹集资金与购买企业的产品或服务联系起来，旨在达到两个目的——提高企业业绩和帮助有价值的事业。企业长期以来一直试图提高它们的企业形象，在消费者心中培养良好的口碑，并通过突出宣传它们的慈善行为和有价值的事业赞助来实现销售收益的增加。

履行社会责任是企业获得竞争优势的一种手段，企业在从事慈善行为、履行社会责任的同时也会获得巨大的经济利益。事业关联营销体现社会营销观念，是最高层次的营销观念，它不仅注重营销的效率和效果，还考虑社会与道德问题，并已经发展成为企业营销战略的重要组成部分。

二、政治理论

政治理论认为企业的社会责任源于企业所拥有的社会财富，企业被理解为是一个具有一定社会参与的公民。企业社会责任的政治权力的起源是基于戴维斯（Davis，1960）的观点，他提出企业是一个社会机构，它必须负责任地使用权力。他还指出，产生社会权力的原因来自企业内部和外部。

后来他进一步认为，企业选择采取企业社会责任行动的战略部分取决于国内的政治制度结构。

政治理论强调企业社会权力群体，特别强调企业与社会的关系，以及企业在与这种权力相关的政治舞台上的责任。政治理论证明了企业所感受到的经济全球化带来的压力、企业所在的国内政治结构和企业社会责任政策之间的联系，这导致企业承担社会责任，或参与一定的社会合作。这类理论和方法关注企业与社会的互动和联系，关注企业的权力和地位及其内在责任。对企业社会责任的探讨既包括政治考虑，也包括政治分析。虽然有多种方法，但主要涉及三种理论：公司宪制论、综合社会契约理论和企业公民理论。

（一）公司宪制论

完全竞争经济理论认为，除创造财富之外，企业不能参与社会活动。但戴维斯认为，企业具有影响市场均衡的能力，因此价格不是完全反映市场参与者的帕累托最优。产生企业社会力量的原因不仅有来自企业内部的，也有来自企业外部的。它们的地位是不稳定的，而且不断从经济层面转移到社会层面，又转移到政治层面，反之亦然。加里加和梅勒（2004）认为戴维斯是较早探索商业权力在社会中的作用和影响的学者，他们的研究提出，商业是一种社会制度，企业必须负责任地使用其商业权力。对商业权力进行管理，需要遵循以下两条原则：社会权力方程原理和责任铁律。

社会权力方程原理认为商人的社会责任源于他们所拥有的社会权力的多少，社会权力责任的等式必须通过企业和管理者的职能角色来理解。

责任铁律是指不使用权力的消极后果，即谁不负责任地使用他的社会权力，谁就会失去它。从长远来看，那些不以社会所认为的负责任的方式使用权力的人往往会失去权力，因为其他群体最终会介入承担这些责任。因此，如果一家企业不使用它的社会力量，它将失去其社会地位，因为其他团体将会占据它，特别是当社会要求企业承担责任时。

戴维斯反对企业负全部责任的观点，但他也反对激进的自由市场思想，即企业不承担任何责任。功能权力的限制来自不同选民群体的压力。这就像治理心智结构一样，重新确立了组织权力。选民群体不会破坏权力。相反，他们定义了企业履行责任的条件。他们以支持的方式引导组织权力，保护其他利益免于遭受不合理的组织权力的侵害。因此，戴维斯的理论被称为"公司宪制论"。

(二) 综合社会契约理论

综合社会契约理论来源于社会契约论。卢梭（Rousseau）在其《社会契约论》中提出社会中的所有人都是自由的，因为每个人都只服从于通过社会的共同意志而自我强加的法治。卢梭强调自愿的集体维度，主张直接民主而非代表民主。霍布斯（Hobbes）在其著作《利维坦》中提出人们的动机是物质上的富足和对死亡的恐惧，即通过一种社会契约来创建一个政治社会。企业社会责任源于契约，这些学者假定了两个层面的契约：宏观社会契约和微观社会契约。理性的个体将同意一个假设的社会契约，即宏观社会契约，这将为个体经济社会保留重要的道德自由空间，通过实际的微观社会契约形成自己的经济行为规范。

综合社会契约论的目标是在保持跨文化规范的同时保持文化敏感性，而这又取决于综合社会契约论平衡明显冲突的特殊需求和一般需求的能力。唐纳森和邓菲（Donaldson and Dunfee，1995）认为，首先，每个社区的人必须同意一套由当地文化产生的规范，即微观社会契约。这些契约认识到，理性受到其成员的生活环境和有限能力的制约，也就是说，他们认识到理性是有限的。唐纳森和邓菲称这些文化决定的规范为真正的规范。其次，真正的规范只有在不与超规范相抵触时才是合法的规范。超规范是人们对深层次道德价值固定的、最普遍的理解，是超越了一切文化差异的人类共同遵守的道德规范。这些超规范在道德自由空间中设置了边界，文化产生的规范在其中发挥作用。最后，规范的第三个组成部分是一组优先规则，这些规则源于假设的宏观社会契约，并决定如何识别、分类和实施相互冲突的地方规范。每一个组成部分的目标都引导个人和团体做出道德决定，理论上的宏观社会契约吸引着所有理性的契约者。宏观社会契约为社会契约提供了规则，这些规则即超规范，它们应该优先于其他合同。这些超规范是基础，在宗教、政治和哲学思想的融合中都能看到它们。微观社会契约显示出在一个确定的组织内具有约束力的显性或隐性协议，无论这个社区是行业、公司还是经济体系。这些产生真实规范的微观社会契约是建立在规范生成共同体成员的态度和行为基础上的，要满足法律要求就必须符合超规范。

(三) 企业公民理论

企业社会责任包含四个层次，其中第四个层次为慈善责任，就是指成为一个优秀的企业公民。（卡罗尔，1991）企业公民意识只有发展到一定程度，企业才会积极推动新的全球治理框架，并使其制度化，从而有效保障公民的市场行为。

企业公民理论将企业定义为积极为社会甚至整个世界做出贡献的公民。在这里，组织被视为公民，它们不仅应履行其法律职责，还应参与社会福利活动，甚至整个世界的福利活动。其内涵涉及对社会福利做出贡献的所有企业行为，而可持续发展和企业社会责任的相关概念也包含其中。企业公民的历史与企业权力的历史是相辅相成的。例如，北美公司最初是在18世纪被设想为服务于公众利益的实体，但在过去200年里，它们系统性地削弱了州和联邦政府监管或管理其活动的权力。这里的立法没有要求企业为公众利益服务，因此开启了艾伦·格林斯潘（Alan Greenspan）所说的更多通向贪婪的道路。任何对企业公民或企业责任的分析都必须从企业滥用权力的角度来看，正如米切尔（Mitchel）1989年所指出的，企业公民和社会责任的论述代表了一种旨在使大企业权力合法化的企业意识形态。这些论述将商业社会关系建立在企业利益的基础上，而不是社会利益的基础上。

有些学者认为企业公民和企业社会责任是同义词。有些学者则认为，企业公民关注的是企业内部的组织价值观，而企业社会责任关注的是与企业行为相关的外部性价值观。还有学者认为，这两种概念的根源不同：企业公民是一种更以实践者为基础的方法，而关于企业社会责任的概念产生于学术界。2003年，马特（Matten）等人总结了有关企业公民概念的三种观点：（1）有限的观点，（2）等同于企业社会责任的观点，（3）企业公民的扩展观点。

在有限的观点中，企业公民在某种意义上非常接近企业慈善、社会投资或对当地社区承担的某些责任。卡罗尔（1999）认为企业公民是对企业在社会中作用的一种新概念，根据企业公民的定义，这一概念在很大程度上与其他论述企业在社会中责任的理论重叠。在企业公民的扩展视野中，企业在政府保护失败时进入公民领域。这一观点的产生是由于一些企业逐渐取代了传统公民概念中最强大的机构，即政府。

关于企业公民的角色和范畴的争论源于企业理论的两个不同假设。从企业的角度看，企业更看重其经济层面的问题，关注效率，以最大限度地实现寻租机会。从社会学的角度来看，企业是一个社会实体，更关注合法性问题。这种二分法存在的问题是：合法性从属于效率，而合法性通常由效率标准来定义。对相关文献的研究表明，这一论述背后的理论基础和假设是：（1）企业应该超越赚钱的思维，关注社会和环境问题；（2）企业应遵守道德，并尽可能实现商业行为的完整性和透明度；（3）对企业所在的社区而言，企业应通过慈善事业或其他方式加强社会福利和提供社会支持。

随着全球化的发展，全球企业公民的思想随之产生。蒂希（Tichy）等人认为，企业的全球公民身份有五个基石：理解、价值观、承诺、行动和合作。要广泛理解包括人力资本、社会问题、文化差异、环境问题和生态问题；需要价值观来优化人力资本的潜力，保护世界环境；承诺包括相信并关心这些价值观和长期投资；采取一定的行动，公司内部制度化奖励员工，并且需要与人、与政府、与社会合作。

三、整合理论

整合理论认为，商业应该与社会道德相整合。商业依赖于社会的连续性，甚至依赖于商业本身的存在。这一理论着眼于商业如何影响社会需求，并认为商业的存在、持续和增长依赖于社会。社会需求通常被视为社会与企业互动的方式，并赋予企业一定的合法性和威望。企业管理作为一个整体，应该考虑社会需求，并将其整合，使企业的经营符合社会价值观。因此，企业责任的内容是特定的空间和时间所依赖的社会价值观，并通过企业的职能角色体现出来。从根本上说，这一理论关注的是对社会需求的发现、扫描和响应，旨在实现社会合法性，获得更大的社会接受度和声望。

（一）问题管理

问题管理又称战略问题管理，是通过市场和公共政策过程对组织和社区资源共同管理，通过与利益相关者的合作平衡来创建和制订促进组织利益和权利的计划。问题管理包含组织成功所需要的主要功能，它的范围和目标需要整合战略管理或规划、问题监控，并通过企业社会责任获得合法性。问题管理关注的是对问题反应的设计，而不是简单的检测和评估。

随着研究的发展，问题管理研究发展出若干思想流派，比较常见的有两个研究方向。第一个研究方向是从企业沟通或公共事务视角，关注企业预期、监控和管理与那些塑造企业运营和环境的社会与政治环境力量之间关系的过程；第二个研究方向是组织行为学，主要关注组织内部由外部事务管理而引发的过程，即研究影响个人和群体行为的因素。企业越早发现潜在的威胁或机会，并制定适当的行动方案，就越有可能影响问题的发展，或至少在这个问题上比直接竞争对手获得相对有利的地位。（Johnson, 1983）大多数对问题管理感兴趣的学者将战略问题管理过程分为三个阶段：（1）扫描；（2）监控；（3）响应。

扫描指的是一种类似雷达的活动，通过这种活动，企业试图发现和识别其战略中不可预见的障碍。扫描包括前瞻性模式和回顾性模式。前瞻性扫描的重点是识别潜在环境变化和问题的前兆或指标。回顾性扫描被动地收集和传递关于"惊喜"的信息，这些"惊喜"是之前未被注意到的战略问题，需要组织立即采取行动。扫描的目的是识别组织环境中可能影响组织有效性的关键趋势、变化和事件。监控的目的是评估战略问题影响的重要性和紧迫性，确保对扫描过程中产生的微弱信号的直觉和直觉判断进行跟踪，以便确认、修改和验证。响应开发活动的主要目标是消除预期差距，组织对问题的响应首先必须与问题所代表的差距类型一致。

沃蒂克和路德（Wartick and Rude, 1986）认为问题管理贯穿于企业识别、评估和应对那些可能对其产生重大影响的社会和政治问题的过程中。问题管理试图通过作为潜在环境威胁和机遇的早期预警系统，将伴随社会和政治变革的"意外"最小化。此外，它通过作为企业内部的协调和整合力量，对特定问题做出更系统和更有效的反应。由于问题管理研究被视为特殊的战略问题，因此，问题管理研究一直受到战略领域的影响。这导致了与问题相关的主题（识别、评估和分类）的研究。其他要考虑的因素还包括企业对媒体曝光、利益集团压力和商业危机的反应，以及组织规模、高层管理承诺等。

（二）利益相关者管理

利益相关者管理方法提供了一种与主流的股东管理方法截然不同的管理企业的方法。利益相关者管理的研究始于20世纪70年代末。1978年，埃姆肖夫（Emshoff）和弗里曼开创性地提出了两个关于利益相关者管理的基本原则：第一，利益相关者管理的核心目标是实现整个利益相关者群体体系与企业目标之间最大限度地整体合作；第二，管理利益相关者关系的最有效策略就是尽最大的努力去处理协调利益相关者之间的关系。利益相关者管理试图将拥有企业股份的集团整合到管理决策中。大量的实证研究发现，利益相关者管理在很多方面都有重要的意义。例如，如何确定企业利益相关者关系中的最佳实践、利益相关者网络结构关系的影响、利益相关者对管理者的重要性、利益相关者管理对财务绩效的影响，以及管理者如何成功平衡各利益相关者群体的竞争需求。随着企业受到非政府组织、活动人士、社区、政府、媒体和其他机构力量的压力日趋增大，一些企业开始通过与广泛的利益相关者建立对话，寻求企业对社会需求的回应，这种对话不仅增强了企业对其环境的敏感性，而且增加了企业对所面临困境的理解。

如果一个企业能够与其所有利益相关者建立并保持可持续的、持久的关系,那么这个企业就可以继续维持下去。这些关系是管理者必须管理的基本资产,也是组织财富的最终来源。

(三) 企业社会绩效理论

企业社会绩效理论是由企业社会责任和企业社会回应的概念演变而来的,这两个概念是针对组织的社会责任及这些社会责任应该如何实施的问题而提出的。企业的社会绩效不仅包括企业的社会责任,还包括企业的社会响应过程和企业行为结果。

企业绩效模型包括三个要素:基本的社会责任的定义、社会责任存在的问题清单和对社会问题做出的反应。卡罗尔认为,社会责任的定义必须包含经济、法律、伦理和可自由裁量的企业绩效类别,它完全涉及企业对社会承担的全部义务。后来,他将这个分类纳入"企业社会责任金字塔"(Carroll,1991)。之后,施瓦茨(Schwartz)和卡罗尔于2003年提出了一种基于三个核心领域(经济、法律和伦理责任)和Venn模型框架的替代方法。1991年,伍德(Wood)借鉴之前的观点,提出了企业社会绩效的原则、过程和结果框架。因此,企业社会绩效的定义为:企业组织基于社会关系而在组织中对社会责任的原则、社会反应过程、政策、计划和可观察结果的配置。伍德对企业社会责任做出反应所需的进程进行了概述,认为整个进程需要扫描和分析社会、法律、政治、经济和技术环境,了解哪些利益相关者,识别社会问题和应对管理。基于社会责任和反应的需要,这一理论认为企业和社会是共生关系,每一方都在互动中履行自己的义务。企业在社会中运作,社会给企业提供生存空间和便利。作为回报,企业必须通过创造财富、为社会需要做出贡献及履行社会义务来服务社会。当企业遵守这种共生关系时,就会赢得良好的声誉,而声誉对企业而言是一种无价的资产。该理论的局限性在于:企业试图赋予资本主义人性,而较少强调其商业行为的伦理。

四、伦理理论

伦理理论认为,企业与社会之间的关系与伦理价值观息息相关。这就引出了企业社会责任的伦理视角。因此,企业应该把社会责任作为一项道德义务,而不是其他任何考虑。该理论侧重于巩固企业与社会之间关系的伦理要求。它们所依据的原则是,做正确的事情是实现企业与社会良好关系的必要条件。规范利益相关者理论、可持续发展、公共利益方法等都属于伦理理论的范畴。

（一）规范利益相关者理论

利益相关者理论是现代企业伦理的重要组成部分，有工具性和规范性两个方法。许多学者主张对利益相关者理论采用规范性而非工具性的方法。康德（Kant）的定言令式是构建企业利益相关者理论的中心支柱，也有学者以公共利益理论或公平原则为基础。简而言之，基于伦理理论的利益相关者方法对企业社会责任提出了一个不同的视角，其核心则是伦理。

规范利益相关者理论最早源于商业伦理学家的直觉感知，他们认为管理者必须对与企业相关的其他人承担道德责任，而不仅仅是对股东负责。1984年，弗里曼撰写了《战略管理：利益相关者方法》（*Strategic Management: A Stakeholder Approach*），自此利益相关者管理成为一种基于伦理的理论。在这本书中，他以管理者与利益相关者之间存在的信托关系为出发点，打破了对股东负有完全信托责任的传统观点，将那些与企业有利害关系的团体理解为利益相关者。

1995年，唐纳森和普雷斯顿（Preston）对利益相关者理论中的描述性、工具性和规范性方法进行了区分。描述性方法试图确定企业是否考虑了利益相关者的利益；工具性方法着眼于利益相关者管理对企业绩效的影响；规范性方法关注的则是为什么要考虑利益相关者的利益。唐纳森和普雷斯顿认为利益相关者理论必须建立在规范性方面，他们将规范性方法表述为管理者应该承认不同利益相关者利益的有效性，并尝试在一个相互支持的框架内对其做出回应，因为这是管理职能的道德要求。他们将研究细化后认为，利益相关者理论有一个规范的核心，该核心基于两个主要观点：（1）利益相关者是在企业拥有合法利益的个人或团体，无论企业关心与否，利益相关者都根据其在企业的利益进行识别；（2）所有利益相关者的利益都具有内在价值，这种内在价值源于每个利益相关者群体对自身利益的考量。

根据这一理论，具有社会责任感的企业不能只关心股东的利益，他们不但要关注所有利益相关者的合法利益，还必须对这些利益进行平衡。仅仅对利益相关者理论进行一般性表述是不够的。要想解释企业应该如何治理，管理者应该如何行动，就需要一个规范的伦理原则核心。（Freeman, 1994）弗里曼等人主张对利益相关者理论提出一个比公共政策辩论中所考虑的更为苛刻的版本。首先，他们将诉求延伸到企业的所有利益相关者，而不仅仅是公共政策环境中通常涉及的两种诉求（雇员和社会）。其次，他们认为企业及其管理者不仅应该考虑这些利益相关者的利益,而且应该让他们参与企业的决策过程。

达里尔·里德(Darryl Reed,2002)认为规范利益相关者理论包括三种不同形式的义务。伦理上,尊重公共自治行为的责任,即使没有通过正式的民主程序使之合法化;道德上,履行其他行动者(如政府)未履行义务的责任;合法性上,确定历史不公问题的责任。他认为所有公民都有共同的利益,即他们的政治平等得到了保证。里德进一步提出了他的观点,所有人都有必要保护自己的物质和物质生活。他认为任何经济体系都必须具备惠及所有人的能力。因此,每个人都必须有公平的经济机会。既然企业有破坏这种公平的机会,那么就应该设定企业活动的合法权益。在此基础上,里德提出了一个非常普遍的利益相关者关系观点:我们都与我们所属社区的所有成员有利害关系,按照我们共同认同的准则和价值观生活。

此外,有学者有不同的看法,并提出了各自的规范伦理理论。弗里曼提出了公平契约学说,将自由意志主义的概念与公平契约学说相结合,又提出了利益相关者理论的六个指导原则等。菲利普(Phillips)根据罗尔斯公平竞争原则的六个特点,提出引入公平竞争的原则:互惠、公平、合作、牺牲、"搭便车"的可能性和自愿接受合作方案的利益。

(二)可持续发展

在西方,可持续发展的基本思想已经存在了几个世纪。早在17世纪的德国,为了保证能够对森林进行可持续砍伐,就通过立法对砍伐行为进行约束。但直到20世纪80年代,可持续发展的概念才开始出现,其目的是探讨发展与环境之间的关系。1987年,世界环境与发展委员会(WCED)发表一份名为《我们共同的未来》("Our Common Future"),即《布伦特兰报告》("Brundtland Report"),将可持续发展定义为"既满足当代人的需要又不损害后代人满足其需要和愿望的能力的发展",之后该界定被广泛引用。该报告指出,可持续发展是一个变化的过程,在这个过程中,资源的开发、投资的方向、技术的发展和体制的变化符合目前和未来的需要。随着可持续发展理念的不断扩大与发展,可持续发展的内涵与外延得到不断扩充,与发展不可分割的社会因素等都被纳入进来,但该报告并没有详细阐述人类需求和欲望的概念(Redclift,1987),对后代的关注也存在问题。根据世界可持续发展工商理事会(WBCSD)2000年的报告,可持续发展需要综合考虑社会、环境和经济因素,才能做出长期的平衡判断。

可持续发展是一个以价值为基础的概念。虽然可持续发展具有一定的宏观特征，但它的实现需要所有企业参与并做出相应的贡献。当企业必须制定流程和实施策略来应对企业可持续发展的共同挑战时，问题就出现了。惠勒（Wheeler）等人（2003）提出，可持续发展是一种企业和社会共同不断奋斗努力创造价值的理念，与社会、环境和经济维度协调发展相一致。在微观层面，范·马芮威耶克和沃尔（Van Marrewijk and Were，2003）提出，企业可持续发展是一个定制的过程，每个组织都应该制定和选择适合自己的可持续发展目标和方案，该方案应符合本组织的目标和意图，并与本组织的战略保持一致，作为对本组织所处环境的一种反应机制。

当前，可持续发展所面临的挑战是寻找新技术和扩大市场在分配环境资源方面的作用，并假定对自然环境定价是保护它的唯一办法。可持续发展不是重塑市场和生产以适应自然过程，而是利用市场和资本主义积累来决定自然的未来。

可持续发展是对传统的以经济增长为单一衡量指标的发展观的一种扬弃，它并非排斥经济的发展，而是主张经济、社会、生态的和谐发展，反对把经济发展看作一个孤立的过程，反对以资源的掠夺性开发和转嫁生态危机的方式来发展经济。

可持续发展将企业生态化和企业的可持续经营与人类社会的可持续发展联系了起来。企业生态化是一种能辨识、预期及符合消费者与社会需求，并可带来利润及可持续经营的管理过程。根据可持续发展的观点，企业不再与生态对立，而是与生态形成统一的整体。企业履行相应的生态责任，对于环境保护、生态平衡有着重要的意义，同时也为自身的发展提供有利的自然条件。履行生态责任还可以有效提高企业的声誉，对企业无形资产价值的提高、企业战略的实施有着积极的影响。

（三）公共利益方法

公共利益方法是从社会的共同利益角度出发，探讨企业社会责任的价值。"共同利益"一词具有悠久的哲学渊源，安东尼奥（Antonio，1998）认为，它是社会生活的整体条件，让不同的群体及其成员更充分、更容易地实现自己的完美。史密斯（Smith，1999）认为，公共利益是一个植根于亚里士多德传统的经典概念。在自然法传统中，共同利益是建立在人类渴望善的观念之上的。这种方法认为，企业和社会上的任何其他社会团体或个人一样，作为社会的一部分，必须为公共利益做出贡献。任何社会的共同利益都是由该社会成员建立的，也是在这个社会中实现的，并由社会成员共享。首先，人类的欲望是多样化的，人类的发展是在组织环境中进行的，在这种环境中，个人的利益被认为与社区的利益有着内在的联系。因为人类要生存，就需要通过组织生产来实现，并通过管理技术提高效率和生产力。其次，作为社会人，人类需要通过公平分配利益和责任、参与贡献社会等来表达对共同体的美好愿望。最后，成功的组织能够通过创造条件整合各种欲望，并通过实践朝着人类发展的方向有序迈进。

  企业既不应有害于社会，也不应寄生于社会，而应作为社会福祉的积极贡献者。企业可以通过创造财富、公平有效地提供商品和服务、尊重个体的尊严和人权等方式为公共利益做出贡献。无论是过去、现在还是未来，企业都应该在公正、和平与友好的条件下为社会福利和社会和谐做出贡献。企业公共利益目标在于创造条件使其成员能够实现他们的个人目标。然而，这种公共利益本身就是一种利益：它是企业的目标，因此可以与企业成员的目标区分开来。与利益相关者及可持续发展理论相比，公共利益方法在一定程度上与前者有很多共性。公共利益方法中基于人性及其内涵的解释就显得尤为可靠。

  总之，根据相关理论与研究的发展不难发现，企业社会责任是在动态发展中的，其内涵的广度和深度都在不断深化，且企业社会责任的边界具有模糊性。

第五节 企业社会责任治理展望：全球治理

  从 20 世纪到 21 世纪，经济全球化浪潮日益加剧，从国家工业社会进入全球知识社会，从国家商业逻辑迈向全球商业逻辑。商业、政府和社会间的经济稳定性、经济发展及社会契约都在其影响下发生了巨大变化。经济和社会转型一直都是发展的主题，而新的社会结构则在经济的发展变革中形成。政治格局的变化、企业经营压力的多元化和生态环境的恶化将企业对其社会角色的思考推向了一个新的分水岭。

  随着全球化的发展，全球治理成为新的趋势，规则的制定和执行已经开始超越某个政府的职权范畴，许多跨国企业和民间社会团体都积极参与进来，并呈现出全球化特征。其涉及的政策领域也愈加广泛，如人权保护、执行标准、环境保护等。对公司的监管从以国家为中心的模式开始转向新的多边无国界模式，而民间组织和非政府组织开始成为主要参与者。

  从本质上讲，企业社会责任是在更广泛的社会背景下所有企业的权利和责任。企业社会责任要求企业关注其对社会的参与及贡献程度。随着全球化发展,企业社会责任治理从地区治理走向全球治理,而原有的传统既定商业惯例也开始受到质疑。企业社会责任作为一个比较敏感的领域,所涉及的领域及要素较为复杂,它既要考虑企业的内部组织状况,也要充分认识外部环境的影响,而且要通过有效的治理机制设计,在解决生产运营过程中涉及的所有社会和环境问题的同时,还要实现传统意义上的企业成功运作。毫无疑问,这需要企业有一个创新的视野,能超越传统的管理思维,将愿景科学地嵌入企业运营的系统、结构、流程和文化,甚至员工的日常活动。

一、全球治理的产生与提出

企业运行在一个由利益相关者组成的网络中,并受到来自这些利益相关者直接或间接的影响。传统上的利益相关者,如供应商、股东、雇员、政府组织和客户等对企业的影响具有个性和差异性。随着商业环境全球化发展,新的利益相关者正在进入舞台,如当地社区、非政府组织、跨国非政府组织、各种社会运动等。科技进步同样也促进了全球化发展。技术革命把人们带入了网络信息时代,世界市场的逐步自由化,加速推动了经济全球化进程。经济全球化有利于全球财富增加,但也造成了世界各国及地区间的相互依赖。(Elkington,1998)

无论是传统的利益相关者,还是新兴的利益相关者,他们权利的本质是一样的——有权发表言论,依法处理与企业间的矛盾。新的环境下,企业和其利益相关者矛盾的区域也不断扩大,从原材料的使用到人权,从对当地社区的投资到消费品的来源,从使用童工到转基因成分等。企业必须对社会责任进行管理,并通过媒介力求有效地减少与外部信息的不对称。蒂希等人(1997)明确提出,随着我们进入21世纪,全球企业将发现自己越来越多地与全球、政治、社会和环境问题交织在一起,这些问题将迫使它们重新定义自己作为世界一体化的强大力量的角色。这种力量加上迅速增长的世界人口所施加的压力,决定了成为全球公民的必要性。

一个国家只能在其领土上实现国家监管,但跨国公司的涌现使其商业行为活动扩展到了国界之外。与此同时,具有跨国性的新的社会和环境挑战也相继出现,任何一个国家都无法单方面加以管制或管理。由于一些国家或地区的政府无力解决日益增多的全球性问题或超出了这些政府的监测及控制能力,非政府组织开始出现并强劲增长。这些非政府组织在全球治理进程中发挥了关键作用。

根据波特和克莱默（2006）的研究，在政府机构、维权股东和媒体的监督下，企业社会责任已经成为"每个国家商业领袖不可避免的首要任务"。治理的广泛概念已经超出了企业与外部机构、规则和标准的范畴。企业的日常生产、研究和营销实践等都对环境、劳动力市场实践、收入分配等方面发挥着至关重要的作用。企业社会责任的概念在当今全球商业环境中越来越重要，企业社会责任正日益成为一种全球实践。为了更好地通过国际化竞争实现经济增长，不同国家的企业开始将政治、监管、金融体系、文化、历史和资源等进行组合。

然而，目前关于企业社会责任的理论建立在相对较为完善的监管框架的假设之上，在这个框架中，国家法律部门和社会团体根据其价值观和期望对企业行为进行了规范，并明确了公司的责任。（Carroll，1991）这个政治框架是由政府部门定义的，但在全球化背景下，这个假设已经不成立了，因此有必要对企业社会责任进行范式转换。全球规则框架是脆弱和不完整的，因此，企业对全球治理的发展和正确运作负有额外的政治责任。现代社会的多元化和全球化造成了文化的非同质性，并对国家治理环境产生影响。

全球治理，指的是全球范围内的规则制定和执行，不再是政府单独的职权范围。（Braithwaite and Drahos，2000）今天，跨国企业和民间社会团体参与制定和执行曾经被认为国家机构唯一责任的政策领域的规章。这些政策领域包括保护人权、执行社会标准、保护环境、打击腐败和生产公共产品。这一发展表明，全球商业监管正从以国家为中心的模式转向新的多边非本土模式，其中包括私营和非政府机构作为主要参与者。钱德勒和马兹利什（Chandler and Mazlish，2005）甚至称跨国企业为我们这个时代的新"巨兽"。

鲁姆（2000）认为经济全球化是一个相当狭隘的全球化概念。他认为，全球化描述了一种复杂的现象，在这种现象中，通过世界各地之间的相互依赖和相互联系，人类的力量产生了这些现象。全球化的主要驱动力可分为三类：技术，如互联网和快速、廉价的交通；组织机构，如跨国企业的跨度、贸易和供应链，以及世界贸易组织等国际组织的做法；一些概念（如进步和发展的普遍模式）或描述经济体系的词汇（如开放的全球产品和服务市场）。例如，当企业基于自己的技术、利用自由贸易的论点或世界贸易组织等全球机构的支持，在全球范围内扩张业务时，这些类别可能会交叉重叠。鲁姆还认为我们现在正经历着这些全球化浪潮之间的碰撞和融合。

支持或实现愿景的想法可以从许多方面获得：技术、组织和文化。这些可以单独使用，也可以组合使用。创意可以在内部产生，也可以通过向公司注入新资源来产生，如雇佣新员工、聘请顾问或与非政府组织进行磋商。在制定和执行一个最初的设想或克服实现这一设想的障碍时，必须有想法。随着时间的推移，思想的结合可以转化为一个单一的概念，为战略和组织发展提供基础，并作为一个强有力的沟通符号。无论企业社会责任方法及其内容是由上层指导的，还是由外部思想移植的，或是由组织内部促进和指导的，都有必要对内容进行沟通，并在整个组织中灌输对方法的理解。组织规模越大，企业社会责任创新内容的开发和传播就越有可能通过网络或递归流程进行沟通，这些流程影响所有部门、正式结构和系统。无论这些网络是非正式的还是制度化的，就像正式的知识管理系统一样，它们都需要具有网络技能或设计信息和通信系统以连接其他系统能力的管理人员。

愿景规划、想法生成和连接角色是制定和实现企业社会责任方法过程的一部分。显然，提供企业社会责任的愿景和想法在组织内得到促进或指导，如若处理得当，这个过程将支持承诺和共享理解的发展，并开始在组织内开发企业社会责任网络。参与也是员工集体开始检验企业社会责任概念和实践意义的思想源泉和基础，使其成为实践中的理论。这种参与的方法也符合这样一种观点，即企业社会责任是建立在一个组织内及在其业务上下游中与其他组织之间建立紧密的参与和信任关系的基础上的。

当今世界，跨国企业比比皆是，跨国企业在不同的环境下运行，要面对不同的监管要求和执行机制，难度与日俱增。全球化正在侵蚀政治和经济领域之间劳动分工的既定观念，它要求对企业在社会中的作用有一个新的认识。因此，开始有学者建议在全球范围内重新界定责任的意义，这将对政府、企业和民间社会行为者之间的权力平衡和相互作用产生一定的影响。

二、全球治理的发展

世界上的经济体系是在制衡的基础上发展起来的，而这种制衡通常是建立在国家经济概念的基础上的。也就是说，从世界经济史的早期开始，社会就以贸易平衡制度为基础进行商品交换。这种观点认为资源是稀缺的，一个国家获益意味着另一个国家的损失。因此，带有商业主义和帝国主义思想的国家经济通过殖民主义剥削外国资源，并通过贸易壁垒、关税和其他反补贴措施来保护新生的和本土的工业。

全球企业社会责任是以跨国问题和危机为代表的，而这些问题和危机是各个国家实体历史成熟的产物。对这些全球性的伦理、道德和物质问题的有效反应需要最具社会性的人做出反应，需要各个国家、众多非政府组织、跨国公司共同解决。

越来越多的非政府组织和跨国企业已经意识到这一点并积极参与到变革中来。《联合国全球契约》是最突出的自我监管全球治理倡议，被视为国际组织、民间团体和私营企业之间对话的机会，目的是在全球道德标准上达成广泛的共识。越来越多的企业和组织签署了《联合国全球契约》，并自愿承诺在其影响范围内支持人权，遵守社会和环境标准，打击腐败。显然，这不仅仅是偶然现象，而是一种普遍趋势。

企业作为社会变革的推动者，其作用是毋庸置疑的，这是世界各地的经验现实，这也正在成为一个政治现实。显然，跨国企业在日益复杂和不稳定的全球环境中摸索着前进，并开始在跨国企业制定和实施治理政策的努力中发挥更积极的作用。在实践中，一些企业已经承担了曾经被认为属于政府的责任，他们从事公共卫生项目、教育和人权保护，同时在一些国家开展业务，帮助解决诸如艾滋病、营养不良、无家可归和文盲等社会问题。他们能够自我监管，以填补法律法规的空白，促进社会和平与稳定。因此，一些企业不仅仅是在法律和道德层面遵守社会标准，他们还致力于在一个不断变化的全球化世界中重新定义这些标准。

2015年，《巴黎协定》《2030年可持续发展议程》的启动，以及17项可持续发展目标的通过，体现了人类的共同愿景和世界领导人与人民之间的社会契约。参与的国家必须制定具体的政策和法规，而这些政策和法规将转化为企业实施新业务或改进现有业务的压力，从气候变化到消除贫困和饥饿，再到促进创新和可持续发展等都将是其涉及的领域。

全球化进一步加强了企业社会责任在企业运营中的重要性。全球化带来了新的挑战和机遇，这些挑战和机遇来自企业在社会、政治、经济和环境方面的作用之间日益增强的联系。因此，企业在全球动态环境中面临着新的风险。这意味着企业需要盈利，并相应地对新兴的社会预期做出积极反应。

第三章 我国企业社会责任治理

第一节 我国企业承担社会责任的进程

我国企业经历了从计划经济到市场经济的转型,而企业社会责任的演变与我国企业的成长密切相关。改革开放以前,我国实行的是计划经济体制。虽然我国有很多大型生产性组织——国有企业,但是企业生产什么、生产多少和怎样生产则完全按照国家计划和行政指令进行,企业缺少决策自主权。这时的企业又叫作工厂,工厂注资人是政府,如何运作主要听从政府指令,工厂只重视年初的预算和年终的决算,工厂的成本和盈利多是行政含义,工厂对职工负全责。在计划经济阶段,我国企业在一个高度集中和封闭的体系内运行,企业要服从于社会主义生产目的——满足人们日益增长的物质和文化生活需要,形成了典型的"企业办社会"和"企业就是社会"的现象,企业缺少自主决策经营权,其结果就是企业社会责任问题没有研究基础。经济责任几乎不被计划经济时期的我国企业所考虑,而环境责任等在这个年代也很少被提及。

改革开放以后,我国逐步建立了社会主义市场经济体制。在市场经济条件下,我国的国有企业开始政企分开,私营企业、合资企业等蓬勃发展,企业的资本结构逐渐实现了多元化,企业充分体验到市场竞争的利弊。在市场经济起步阶段,我国企业大多追求的是暂时的生存而不是长期的发展,无论是当时的宏观环境、市场秩序还是企业家素质,都使得企业表现出较强的短期性和脆弱性。这一时期的企业注重股东责任,忽视甚至逃避政府责任、社会责任和环境责任等。

经过几十年的经济体制改革,随着现代企业制度的逐渐建立,企业的角色逐渐明晰,企业社会责任的范围得以确认。特别是加入世界贸易组织(WTO)以后,我国企业进入国际竞争的领域,企业社会责任的范围进一步延伸,劳工关怀、企业绩效、市场责任等逐步进入人们的视野,西方企业社会责任理念更是对我国企业社会责任的理论和实践产生深远的影响。在这个时期,政府开始积极倡导社会责任。2001年,第九届全国人大常委会第二十次会议决定批准我国政府于1997年10月27日签署的《经济、社会及文化权利国际公约》。2002年，《中华人民共和国安全生产法》开始实施。2008年，国资委制定印发了《关于中央企业履行社会责任的指导意见》，推动中央企业认真履行好社会责任，实现企业与社会、环境的全面协调和可持续发展。2011年，中央及地方政府开始采取有效措施，确保社会责任建设在全国稳步、有序地开展。2013年，《中共中央关于全面深化改革若干重大问题的决定》指出，国有企业需要进一步深化改革，承担社会责任与规范经营决策、资产保值增值、公平参与竞争、提高企业效率、增强企业活力成为六大重点改革内容。这是"社会责任"首次出现在中央文件中，而且将其提到深化国有企业改革、完善国有企业现代企业制度的战略高度和深度，具有里程碑意义，对于国有企业社会责任工作有极大的推动作用。但是由于种种原因，我国某些企业的社会责任观从这一时期开始产生混乱。某品牌毒奶粉事件使得公众开始全面审视我国的企业社会责任发展状况，越来越多违背社会责任的企业行为浮出水面。从现状上看，企业纷纷响应政府号召，积极履行企业社会责任的承诺与实践。但从整体上看，还有少数企业对社会责任的认识和实践不足，我国企业与国际企业还存在着差距。总的来说，经过这一阶段的社会责任整合，我国企业将对企业社会责任达成共识，逐渐与国际水平接轨。

如今我国在世界上具有重要的影响力，经济发展水平和增长速度是世界各国关注的重点。我国企业在全球经济产业分工中扮演着日益重要的角色，企业社会责任治理问题受到国内外政府的广泛关注。同时，我国也在经受产业转型、社会快速发展带来的挑战，企业社会责任与许多社会问题相联系。因此，推进企业社会责任建设的相关研究具有重要的现实意义和理论价值。

第二节 企业对于履行企业社会责任的认识与困惑

市场经济的深入发展、社会责任理念的积极推动和政府部门的大力支持，使我国企业也越来越重视社会责任问题。企业在摸索发展的过程中，围绕生态文明建设与精准脱贫攻坚等中心任务，将履行企业社会责任进行演绎。无论是坚守家国情怀、力行实业兴邦，还是"走出去"、打造世界知名品牌，抑或是坚持安全绿色、创新驱动、社会责任、造福员工，还是共建共享、助力乡村振兴……许多企业和企业家秉持高度的社会责任感，积极履行社会责任，通过参与环保事业、公益慈善事业、精准扶贫行动等，在构建和谐劳动关系、保护环境、可持续发展、职工关爱等方面发挥了重要作用，涌现出一大批具有企业社会责任示范效应的企业。然而，在经济和制度转型过程中，有些企业家的视野、胸怀和认知还在相当程度上有一定局限性，他们注重短期经济利益，忽视环境效益，注重与政府部门的关系，忽视企业潜在利益相关者的诉求，等等。如何通过社会责任的实践升华企业家的价值观、推进企业经营管理朝着可持续发展更加迈进一大步，是关乎全社会未来经济发展必须直面的问题。

一、企业对社会责任的认知现状

其一，认知差异大。企业经营的目标是获取利润，首先需要解决的是生存问题。由于企业在所处行业、经营状况、经济实力及所处生命周期等方面不同，因此他们在履行企业社会责任中有较大的认知差异。有些传统制造企业，在追求经济效益与保护资源环境的问题上会出现顾此失彼的情况，企业标榜自己承担了社会责任，为社会做出了贡献，但在面对经济利益的时候并无意愿改变粗放的生产方式，对污染排放、工人职业伤害等问题重视不够。一些经营状况良好、身处成熟期的企业相对来说更加重视履行企业社会责任，其高层管理者在对待企业社会责任的态度上较为积极，尽力兼顾企业经济效益与社会责任的统一，能主动履行社会责任。

其二，企业决策者的视野和价值观直接影响着企业履行社会责任工作推进。每个组织中，决策者对组织行为有至关重要的影响，相比国有企业，民营企业这一现象更为明显。企业家个人的价值观和行为表率会直接对高层管理者及其下属产生影响，或起到模范带头作用从而产生正面和积极的影响，或言行不一从而遭到员工的抵触和反感。尽管目前企业普遍开始重视并实践企业社会责任，但是，部分企业在快速成长和发展过程中，企业家个人的素质和境界在一定程度上仍然存在较大的局限。

其三，部分企业将履行社会责任作为获取资源的途径。一部分企业较为积极承担社会责任，参加政府推行、组织的企业社会责任联盟，能结合企业所处行业特点，较为清晰地开展一些具有良好社会效益的活动，积极履行企业社会责任，对员工、客户、供应商等利益相关者能给予较多的关注。而另外有一些企业在履行社会责任方面，则存有基于不同目的而开展社会责任工作的情况，或是为了沟通政府渠道，或是为了积累商业资源，不一而足。

其四，认知与行动不一致。在调查中，尽管我们发现企业将环境与可持续发展作为企业社会公益方面的主要工作点，重要性排序前列，但是，我们并没有发现企业的决策者和高层管理者谈及可持续发展与企业经营的关系，也没有在企业所履行的企业社会责任具体工作中体现出对环境和可持续发展的关注。这也许反映出企业管理者在认知和行动上存在的矛盾。

二、企业对社会责任的困惑

总体来说，我国企业开展企业社会责任运动的时间不长，无论是从积极实践社会责任的企业数量还是各企业所开展的履责活动的内容上来说，都反映出企业在寻求经济利益与社会效益、短期利益与长期利益、企业家个人利益与社会整体利益间所存在的困惑和矛盾。

（一）政策体系困惑

一方面，在承担和履行企业社会责任过程中，政府缺少政策体系的顶层设计；即使有相关政策，也缺少宣传引导。一些企业对于政府的政策理解不到位，比如企业购买实物进行捐赠后却不能获得税务部门给予税收抵扣的认可。类似这样的情况在一定程度上影响了企业履行社会责任的积极性。另一方面，企业缺乏成熟、完善、高效的社会责任管理体系，相比较而言，我国企业的社会责任履责体系尚不完善，缺乏专业和有效的管理，在实际工作中往往呈现出表面化、模式化，存在为履行社会责任而不是基于企业战略层面考虑开展社会责任活动的情况。

（二）认知理念困惑

很多企业将履行企业社会责任等同于公益捐款和做好人好事，在实践中主要参与形式是公益和捐赠。受多种因素影响，很多企业家在经营理念上对企业与社会关系的本质没有清晰的认识，将企业经营与社会发展的联系割裂开来，对企业社会责任、企业声誉和社会绩效三者间的关系还存在很多疑问，对于如何既实现企业发展又承担企业社会责任还有不少困惑。这些企业没有根据市场环境对利益关联者需求进行分析，也没有结合行业发展和现有资源统筹规划，有效开展更有利于创造社会价值的活动。

企业能否较好地处理企业效益和履行社会责任之间的关系，受价值观、企业经营状况、发展规模和阶段等因素的影响，仍有不少企业不能很好地处理企业发展与履行企业社会责任的关系。一方面，一些已经开展企业社会责任实践的企业，在履行过程中比较盲目，缺少计划性，或是随波逐流开展工作。大多数企业中没有专职负责企业社会责任事务的工作人员，他们在开展社会责任工作时比较被动，仅仅是按照企业决策者的指示去做，更不能对企业管理者的想法产生影响。另一方面，这些工作人员缺少专业培训，自身认知程度有限，这也对企业社会责任工作产生影响。企业社会责任工作的有效开展与工作方法紧密相关。

（三）组织保障困惑

在组织保障方面，依据调研统计结果，绝大多数的企业都没有设立专职部门负责企业社会责任工作，在落实企业社会责任工作方面一般都是由总经理办公室、工会、妇联等部门的人员兼职去完成。由于这些人员在企业社会责任的理论素养方面的不足，加之企业决策者对承担企业社会责任的认识局限，不少企业对于社会责任的理解和实践停留在社会公益层面，且由于缺乏有力的制度保障和创新的工作机制，不少企业履行社会责任只能通过一些惯例的、传统的方式得以体现，比如在重阳节慰问空巢老人，在抗震救灾中捐资捐物，时间节点上的象征意义和形象意义大于对承担社会责任的承诺。

企业在履行企业社会责任时会出于一种功利性，对某些企业而言，企业社会责任的开展和落实，其实是为企业争取利益的一种策略行为，是出于广告宣传、提高企业声誉和形象及产品营销、维护社会关系等目的而开展的。在战略层面上，如何将企业社会责任与企业持续竞争力的培育相融合，仍然是很多企业努力的方向。

第三节　企业履行社会责任问题成因分析

越来越多的企业响应社会呼唤，开始关注企业社会责任，但在实践过程中仍然存在一些突出的问题，诸如认知不清、责任缺失现象较为严重等，于是，企业决策者们开始对企业未来发展道路和企业的持续发展进行思考和反思。个体和组织行为都是主观意愿和外在环境综合作用的结果，对于履行企业社会责任也是如此。企业能否积极主动履行社会责任，一方面取决于企业承担社会责任是否与企业经营目标一致，能够提供内在动力；另一方面在于外界环境对企业行为引导和约束的程度。因此，企业履行社会责任时遇到的种种困难，其原因既有企业自主性动力不足，也有外部约束引导缺位，以及其他因素。

一、企业自主性动力不足

首先,企业的目标是获取利润,利润是企业生存的前提,也是生产经营活动的动力源泉。因此,企业在做每一件事情时都会考虑成本和收益的情况,对于履行社会责任也不例外。企业开展社会责任工作时需要投入一定的人、财、物等资源,短期内又无法得到经济利益上的回报,长此以往,出于追逐利润最大化的目标,企业自然缺乏足够的意愿开展社会责任方面的实践。

其次,企业在追逐利润的同时也会展现出社会人的特征,企业会像自然人一样具备一定的道德观和价值观,在社会上也需要承担道德责任。企业在社会人特征上受到企业决策者价值观的强烈影响。市场经济发展至今,一些企业家将赚钱当作最重要的事情,无暇或较少顾及企业形象、社会影响,这是一种短视行为。他们将金钱凌驾于道德和责任之上,为了获得利润可以放弃原则甚至违法。也有企业家不具备良好的教育和道德修养,社会道德观念薄弱,责任缺失也就无法避免了。

二、外部约束引导缺位

企业身处市场经济之中,它的行为必然会受到外界环境的影响,无法脱离外部制度约束和利益相关者的博弈。当逃避社会责任造成的损失超过承担责任的付出时,企业就会改变逃避行为。政府应通过完善政策法规、法律制度给予企业激励和惩罚。假如没有外部环境约束企业行为,企业在追逐利益的过程中就可能会不择手段地扩大自身利益,破坏环境、偷税漏税等逃避社会责任的行为就在所难免。

相比较而言,政府更加重视企业在经济税收、财政收入方面的贡献。当一些规模型企业向政府相关部门传递产业信息时,如果上级部门没有明确要求,那么相关部门就可能采取"睁一只眼闭一只眼"的做法,降低对企业履行社会责任的要求,其直接表现就是政府忽视对企业履行社会责任的监管,从而出现监管缺位、错位和越位现象。

市场经济中政府应转变职能,通过完善政策法规、健全法律制度等做好公共服务。虽然政府颁布了一些企业社会责任方面的政策法规,但是这些政策法规还不完善,在约束企业社会责任行为方面操作还不够细化,存在不少漏洞,这给企业规避社会责任提供可乘之机。现有相关法律制度,对于企业社会责任的规定也过于笼统,缺乏专业人士解读和具体细致的操作指南，使得企业在履行社会责任过程中找不到法律依据，开展工作时产生困惑、不知所措。同时，在我国，商会协会等社会组织发展还不够健全，缺乏独立性，无法像欧美国家的组织那样发挥作用，无法对企业行为产生有效的制约。

三、企业履行社会责任实现机制：自主性动力和外部约束有机结合

企业行为是企业自主性动力和外部约束引导相结合的结果，两者是相互作用和相互制约的。自主性动力是企业履行社会责任的根本原因，而外部约束则通过作用于自主性动力对企业履行社会责任产生重大影响。因此，为了使企业有效履行社会责任，需要充分发挥企业内外因素结合的作用，构建内外因联动机制，实现自主性动力与外部约束的有效结合，形成内外综合机制。

在自主性动力方面，从成本—收益视角分析企业社会责任的经济内涵，企业履行社会责任的决策取决于收益和成本的关系。在市场活动中，企业的经济动机发挥着最直接的作用，履行社会责任也受到经济动机驱动。在此动机驱使下，企业会利用履行社会责任作为获得更长期报酬的一种战略性手段，比如通过提高员工福利达到减少交易费用，通过提供优质产品和服务提升企业声誉获得消费者信赖，从而获得竞争优势。企业履行社会责任确实需要支出一定成本，同时也能取得收益，特别是能够促进企业长期利润的提升。但企业履行社会责任也不是越多越好，而应该在一个合理的范围内进行，才能实现企业长期利润最大化。

外部约束对企业履行社会责任有重要影响，主要是通过政策及法律法规对企业行为进行引导和限制。企业社会责任利益相关方涉及企业股东、员工、客户、供应商、社区、环境等多方面，这些利益相关方也会关注企业的行为。置身于社会环境之中，企业面临的制度压力不同，其履行社会责任的主观意愿也会有所不同。一般来说，制度压力越大、越集中，企业就越倾向于主动履行社会责任行为；反之，则会怠于履行。仅仅依靠自主性动力并不能保证企业一定能够履行社会责任，因为履行社会责任要付出一定的额外成本。一方面，外部约束通过奖惩机制和舆论监督引导来改变企业的成本—收益关系，从而促使企业的经济动机与社会责任相容；另一方面，企业家的责任意识、企业的价值观无不受着制度环境的影响。因此，通过外部约束引导企业的认知，能够潜移默化地塑造和影响企业的道德人格。首先，外在制度约束可以助力企业发展。国家可以通过政策扶持，对

那些积极履行社会责任的企业给予税收优惠、融资支持、荣誉表彰等；社会媒体行业组织对履行社会责任企业的宣扬，能够提升和扩大企业的社会声誉，吸引消费者对其的信任和依赖，从而增加企业的销售额，进而提高企业价值。通过激励机制的传递，企业的个体利益与社会利益趋于一致。其次，外在制度约束具有惩戒作用。外在制度约束可以对不履行社会责任的企业进行惩戒。惩戒的存在有助于提高企业履行社会责任的可能性，从功利角度来看，企业行为短期内取决于履责收益与履责成本的比较。如果履责的预期利益大于履责的成本，企业会主动履行社会责任，但是企业履行社会责任的收益要长期才能显现，在短期内收益是无法弥补成本的。因此，惩戒力度必须大于企业履责的成本，使得履责成为有利的行为。惩戒机制的实现需要法律制度和社会监督机制的完善。

第四节 推动我国企业社会责任发展的影响因素

一、推进我国企业社会责任发展的积极因素

目前，推动我国企业社会责任发展的积极因素不断增多。随着社会公众、新闻媒体、政府部门、消费者、企业员工、非政府组织、投资者、研究人员、行业协会等企业利益相关者社会责任意识的普遍增强，针对企业在追逐利润过程中的违法和败德行为，他们纷纷向企业施压，要求其全面承担和履行应有的社会责任。利益相关方已经形成一股强大的推动力，积极影响着企业社会责任运动在我国的发展。

（一）政府

政府主要是通过立法和执法等形式，迫使企业关注环境资源和社会问题。迄今为止，由中央和地方政府及相关部门围绕企业社会责任制定的法律法规已渐成体系，有力地推动了我国的企业社会责任的发展。

不仅如此，我国政府特别关注我国企业在海外履行企业社会责任的状况。比如，我国政府会关注和敦促我国企业履行自身的社会责任，在绿色及低碳方面加强与海外的合作，要求企业遵守其他国家和地区的环保法律法规，严厉打击违法行为。

（二）消费者

消费者是促进企业履行社会责任的最积极、最活跃的影响因素。随着

消费者自我保护意识的增强和消费者权益保护运动的深入发展，消费者对生产、销售企业和各种新型服务企业有了更高的要求，促使企业必须更好地履行社会责任。

（三）环境保护运动

自然资源的消耗和自然环境的污染是当今国际社会、政府和环保组织关注的焦点，他们通过各种方式敦促企业重视环保，减少污染。我国从中央到地方各级政府出台了一系列重要政策措施，比如2014年，被称为史上最严的《环境保护法》（修订）的出台为企业履行环境责任提供了法律依据。因此，全球性的环保运动已经并将继续推动我国企业更好地履行环保责任。

（四）员工力量

企业履行员工相关社会责任直接关系员工切身利益。在企业内部，员工主要通过工会组织与企业进行集体谈判和平等协商等形式，督促企业遵守劳动法等法律法规，签订集体合同，以此推动企业履行社会责任，保护员工利益。这样能有效避免劳动关系的无序行为，有利于稳定劳资关系，有利于企业内部的和谐。

（五）媒体监督和责任评价

作为重要的舆论监督力量，新闻媒体以其广泛的影响力，通过宣扬诚信守法企业，或曝光违法违规企业，监督企业履行社会责任，发挥了无可替代的重要作用，推动了企业社会责任的发展。"事情一报道，世人都知道，问题一曝光，企业就发慌"应该是对其作用的形象形容。国内外各类机构的责任调查和评价活动，也给企业履行社会责任施加了压力或起到了监督作用。

除此之外，社会责任投资、行业协会和企业组织、商业伙伴、社会责任研究者等也以各自的途径和方式推动着企业社会责任的发展。

二、影响我国企业社会责任发展的消极因素

与发达国家相比，我国企业社会责任发展还处在初级阶段。阻碍企业社会责任发展的不利因素导致我国的企业社会责任运动进展缓慢。概括起来，这些不利因素主要有以下三个方面。

（一）认识上有误区和偏差

有些企业认为企业社会责任没有实质性内容，是在"作秀"、搞"花

架子",对企业社会责任的认识存在种种误区和偏差。有些企业以此为借口拒绝承担企业社会责任;有些企业认为企业社会责任就是参与公益活动,参加捐赠和公益活动就万事大吉了;有些企业认为企业的唯一责任是赚钱,是利润最大化,承担除此之外的其他责任会危害企业的生存发展;有些企业把企业权利,即把自主权和效益与企业社会责任对立起来,认为承担社会责任就削弱了自己的权利;有些企业简单地认为只要纳税就是尽责了;有些企业认为社会责任是一种额外负担……这些认识误区和偏差从思想源头上就已经阻碍了企业社会责任的发展。

(二)法律法规不到位和执法不严

虽然已有法律法规渐成体系,且或多或少都有与社会责任相关的规定和要求,但有的只是笼统规定,还很不具体,执行起来有难度。有的虽有一些具体目标要求,但行政执法又不严格。这是企业社会责任相关工作进展不快的一个重要原因。目前最急需的是对企业社会责任专门立法,这样才可能保证我国企业社会责任运动得以顺利推进。

(三)地方保护主义对企业社会责任的消极影响

长期受污染而得不到有效治理的地方,往往有地方保护主义存在。在这些地方,企业社会责任很难有所作为,行政执法往往是形同虚设。不仅在环境污染方面有地方保护主义,在矿产资源开发中,重大责任事故频发而又长期得不到有效治理等方面,地方保护主义或多或少地存在着。

三、我国企业社会责任发展展望

综上所述,我国企业社会责任发展虽然取得了很大成就,但整体还处在初级阶段,与发达国家的差距还很大。但展望未来,我们应当对我国企业社会责任运动的美好前景充满希望。根据趋同论原理,差距意味着发展和进步的空间。只要我们认清趋势,正视存在的问题,努力克服阻力,企业社会责任运动定会获得快速发展。原因主要有以下几方面。

(一)企业社会责任意识的不断增强

分析企业社会责任在我国发展比较滞后的宏观背景可以发现,我国参与全球竞争的比较优势、我国的发展阶段和国内生产总值(GDP)增长理念等是重要原因。伴随传统比较优势的逐步丧失,我国进入工业化中后期和收入增长的中高阶段,以及环境承载力的下降,原有的发展理念和发展模式已经难以为继。党的十九届五中全会提出的"创新、协调、绿色、开放、共享"新发展理念是发展观的升华,也是一大理论创新。最重要的是,"创新、协调、绿色、开放、共享"的新发展理念与企业社会责任的要求完全契合,这必将引领我国企业更加关注、重视其应该承担的社会责任,从而推动企业社会责任运动在我国的发展。

(二)我国政府治国理政的能力不断提升,经验更加丰富

经过改革开放40多年的发展,我国综合国力不断增强的同时,我国政府治国理政的能力不断提升,经验更加丰富。因此,政府一定会推动我国企业社会责任赶上时代潮流,且逐渐成为企业社会责任运动的全球支持者、引领者。

(三)我国的优良传统

重伦理、讲道义、反对见利忘义的义利观和"达则兼济天下""己所不欲,勿施于人"等优良传统,一直在影响着一代又一代中国人。在高度重视传统文化的今天,在"光大生长于中华文化沃土的道德光辉"的倡导下,这些优秀的文化和道德传统必将被社会、企业、个人进一步挖掘和继承,从而推动符合全人类道德习俗的企业社会责任运动在我国的发展。

(四)法律法规的进一步建立和完善

全面依法治国是"四个全面"战略布局的重要组成部分,在此指引下,全国人大常委会和各级地方政府加紧了包括涉及企业社会责任在内的立法步伐,法律法规体系不断完善,这将为企业全面履行社会责任提供更有力的法律保障。随着全社会遵法、学法、守法、用法意识的提高和执法力度的进一步加强,企业依法履行社会责任也将变被动为主动。与此同时,伴随政府职能的转变、中央政府与地方政府财权和事权的理顺、地方政府收入体系的重构等改革的推进,一些地方保护主义会逐渐减少甚至消失,从而减少我国企业社会责任运动的阻力,推动其顺利发展。

上述优势,加之国际潮流的推动,我们有理由相信,企业社会责任运动在我国将蓬勃发展。届时,人与社会、人与自然、人与人、人与自身的和谐将出现一个崭新的局面。

第四章

企业社会责任表现的测量

第一节 企业社会责任表现测量的方法

由于企业社会责任表现概念内涵缺乏一致性，所涉层面宽泛，表现形式多样，因此，如何测量企业的社会责任表现一直困扰着研究者们。学者们站在各自的立场，采用各自的理论框架，开发了许多测量工具与方法。迄今为止，比较常用的测量方法主要有内容分析法、声誉指数法、TRI 法与公司慈善法、KLD 指数法及问卷调查法。

一、内容分析法

内容分析法是指通过收集企业公开的各种报告与文件，分析其中所包含的企业社会责任方面的信息，确定每一种信息的分值，据此评价该企业的企业社会责任表现。首次采用内容分析法衡量企业社会责任表现的是鲍曼（Bowman）与海尔（Haire），他们收集并分析了 82 家食品加工企业 1973 年的年度报告，以报告中阐述企业社会责任活动的文字篇幅作为衡量指标。国内也有不少学者尝试采用这种方法对企业社会责任表现进行测量，如李正收集了我国上海证券交易所 2003 年 521 家上市公司的年度报告，分析报告中涉及企业社会责任的内容。内容分析法的优点在于：一旦确定了指标或标准，评价较为客观。此方法可用于较大样本的评价。缺点在于：选择指标或标准较为简单和主观；评价依据主要是企业自己的表述而不是真实的行动；大部分企业报告或文件都不是特地针对企业社会责任的，往往将企业社会责任信息与其他信息混杂在一起，筛选企业社会责任信息的成本较高。

二、声誉指数法

声誉指数法是指向被调查人发放调查表，请求他们对不同企业进行评价，被调查者对问卷中所列企业声誉的各个维度逐一评分，最后计算总分。这种方法是以企业声誉作为社会责任表现的测量指标，以被调查者的定性评价作为企业社会责任表现的一种测量方式。声誉指数法最大的缺点在于评价的主观性，不管是排序还是打分，都是评价者在一定基础上对企业社会责任表现的主观评价。

三、TRI 法与公司慈善法

TRI 是有毒物体排放量（Toxics Release Inventory）的英文缩写，是以企业对环境保护的努力程度为指标测量企业社会责任的一种方法。而公司慈善法则是根据企业的捐款总额占税前净利润的百分比对企业进行评价。显然，这两种测量方法依赖于专业的数据库对企业的社会责任进行定量评价。TRI 法与公司慈善法最大的优点在于通过相对客观的数据来评价企业社会责任表现，克服凭主观印象来评价的缺陷，但它们评价的内容毕竟只是企业社会责任某一方面的表现，难以全面反映企业的社会责任行为。

四、KLD 指数法

KLD 指数是 KLD 公司（Kinder, Lydenberg & Domini Co.）所设计的一种评价企业与利益相关者之间关系的评价标准。KLD 公司是美国的一家投资咨询机构，它们定量评价企业的社会责任表现，并向投资者提供相关资讯。KLD 指数从多个方面来评价企业与利益相关者之间的关系，主要包括社区关系、员工关系、环境保护、产品安全、女性与少数民族问题、军备、原子能及南非问题等方面。评价尺度采用李克特的五分制积分方法。KLD 对列入标准普尔 500 指数和多米尼 400 社会指数的公司，从各种渠道收集相关信息，建成了质量很高的数据库，现已成为衡量企业社会责任表现最好的测量指标体系之一。KLD 指标存在的问题是各指标权重相同，不能体现不同指标的重要性，而且 KLD 评价的企业是有限的，只针对特定的一些企业。

五、问卷调查法

问卷调查法根据企业社会责任相关理论模型，将企业社会责任划分维度并加以操作化，为每一维度设计指标，并为每一指标设计题项，制成测量工具。使用这样的量表或问卷对企业的社会责任行为进行调查的方法即为问卷调查法。其中以奥佩尔（Aupperle）、哈特菲尔德（Hatfield）和卡罗尔依据卡罗尔的四层次企业责任模型所设计开发的企业社会责任导向（Corporate Social Responsibility Orientation，CSRO）量表最为有名。问卷调查法存在的最大问题在于被调查者往往是企业内部的人员，存在夸大企业社会责任表现的动机。

总的来说，有很多种针对企业社会责任表现的测量方法，且现有的测量工具也不少，但这些测量方法各有优缺点。内容分析法的优点在于研究对象的反应性小，一旦确定了企业社会责任的指标以后，对企业社会责任的评分过程很客观，但确定指标的过程是主观的。这一研究方法对我们的研究来说并不适用，因为我国企业的公开信息较少，只有上市公司的有关信息才会披露，且企业年度报告上的信息真实性存疑，受法律法规的影响大，因此不适用于我们的研究。声誉指数法要求被调查者对相关企业的声誉做出评价，这就限制了被评价企业的数量，不可能一次性对太多的企业进行评价，且调查结果易受企业规模、企业年龄、企业暴露度、媒体曝光度、被调查者的经历等因素的影响。TRI法与公司慈善法克服了企业社会责任评价主观性的缺点，力图将企业社会责任的评价定量化，但最大缺点是它们都只反映了企业社会责任的某一方面，因而其指标难以体现企业社会责任的全貌。企业社会责任是一个多维度的概念，不仅包含环境保护和慈善行为方面的内容，还包含诚信、安全生产、遵守法律法规等许多方面的内容，所以使用TRI法与公司慈善法测量企业社会责任并不能准确地反映企业的社会责任水平。KLD指数法以其客观性和公正性深受好评，但其部分评价指标是否合适一直存在争论，如很多学者认为KLD指数中涉及军备、南非问题与核能类指标没有存在的必要，事实上许多学者都主动忽略掉了这三个方面的问题。另外，KLD指数法的使用依赖于专业评估机构的专业数据库，但现在国内还没有这样的专业机构，也没有这样的数据库，使用这一测量方法也不现实。

因此，我国研究者在一定的理论基础上，参考已开发的问卷，再结合我国企业的特点，加以修正完善，以期获得一套科学的、客观的、能真正反映企业社会责任状况的评价指标体系。

第二节　测量维度的确定

基于对企业社会责任内涵认识的深入，以及社会环境和社会期望的不断变化，学者们致力于构建一个系统的、可操作的企业社会责任测量框架，企业社会责任测量已经成为研究企业社会责任不可回避的重要问题。企业作为社会的一个基本元素，在谋求股东利益最大化的同时，肩负着对利益相关者及社会所做出的利己与利他行为。参考国内外学者的研究成果，以《社会责任指南》（GB/T 36000—2015）为规范，参考其在社会责任各项工作开展中的基本思想和约束条款，参照《社会责任指南》（*Guidance on Social Responsibility*）（ISO 26000：2010）的执行策略，结合我国现状推进社会责任管理。实践过程中，在国内相关法律法规缺失的情况下，应努力遵循国际指南规范；当企业在国外或从事国际经贸活动时，应尽可能地尊重国际标准规范。在社会责任调查研究成果和研究经验的基础上，企业社会责任的测量维度有以下几个。

1. 创新发展与质量保证

把创新摆在企业发展战略的核心位置，完善创新机制，加大创新投入，建立创新平台，全方位整合资源，实施政产学研协同攻关，突破制约创新发展的关键技术，加快创新成果产业化进程，强化基于智能制造的管理创新与变革，锻造精益求精的工匠精神，提升制造装备和互联网化发展水平，着力打造有自主知识产权、有自主核心技术的品牌产品，提升产品的可靠性、附加值和社会认可度，积极维护顾客和消费者权益，更加注重高质量、高效益和可持续发展。

2. 协调发展与和谐关系

坚持以人为本，更加注重均衡、协调、全面发展。支持党组织和工会、共青团、妇联等群团组织建设并充分发挥其作用。依法保障职工权益，确保工资工时、休息休假、劳动安全卫生、保险福利等。履行为职工提供社会保护的义务。推动建立健全以职工代表大会制度为基本形式的企业民主管理制度，有效保障职工民主决策、民主管理、民主监督权利。改善工作环境，加强劳动保护，做好职业病防治，保障职工职业健康。加强职工职业技能培训，帮助职工成长进步，构建和谐劳动关系。

3. 绿色发展与安全环保

以绿色低碳为价值取向，完善落实安全生产责任和管理制度，健全预警应急机制，推行生态管理和责任管理，加快低碳节能技术改造，实施智能制造和清洁生产，采取有利于环境保护、高效率、低排放的节约型生产方式，创建能源节约型、环境友好型、本质安全型企业，坚决杜绝重大安全生产事故。落实淘汰落后产能、治理环境污染和推进节能减排的政策措施，注重对生态系统和生物多样性的保护。

4. 开放发展与诚信共赢

积极融入国家建设和战略，主动参与全球产业链分工，重合同守信用，秉持守法经营，自觉履行法律法规规定的各项义务和责任，依法履行法院生效裁判，维护利益相关方的合法权益，依法防范风险，化解矛盾冲突。坚守社会公德和商业道德，加强内部信用管理，公平交易，诚信经营，反对不正当竞争。强化廉洁从业意识，自觉抵制商业贿赂，营造良好的行业环境，在开放合作、诚信共赢中提升竞争力。

5. 共享发展与公益慈善

主动营造公平正义、良性互动氛围，与经营所在地建立良好伙伴关系，支持公共事业发展，为所在地经济社会发展贡献力量。积极创造更多岗位，开展技能培训，吸纳大学生及农村失地、下岗失业、残障等人员就业，将发展成果惠及广大人民群众。树立慈善公益意识，力所能及地帮助公益设施建设，开展慈善捐助，参与扶贫济困，感恩回馈社会。

测量以创新发展与质量保证、协调发展与和谐关系、绿色发展与安全环保、开放发展与诚信共赢、共享发展与公益慈善五个方面为维度，以组织治理、人权、劳工实践、环境、公平运行实践、消费者问题、社区参与和发展等为核心主题。在实践操作和评价时，可根据企业所在的区域经济、社会和环境发展水平，结合企业所属的产业行业、自身特点和发展阶段及利益相关方期望，在满足适用法律法规要求的基础上，识别确定每项社会责任主题中的具体社会责任相关指标。企业社会责任所包含的主题和具体内容随着社会的发展和时代的进步不断发展变化。

在确定了企业社会责任的概念模型和测量维度后，根据科学和可操作性原则，测量工作充分考虑企业自身的发展阶段及利益相关方的期望，识别、确认社会责任主题中的具体社会责任事项。各指标项之间有一定的逻辑关系，构成一个有机统一体，从不同维度反映出企业社会责任的表现情况。各行业、企业在统一的评价体系下有所区别，便于分类指导和服务管理。本研究使用问卷调查的形式进行企业社会责任行为表现的测量。遵循所采用的测量指标尽量与测量模型相匹配的研究思路，参考有关学者关于测量量表编制的建议，本研究采用以下步骤编制企业社会责任测量量表，确保量表的内容效度：第一步，通过文献研究，对国内外学者和学术机构关于企业社会责任测量的研究成果进行汇总，根据相关课题对企业社会责任调研的资料，结合本研究的实际情况，从已有研究成果中提取相应测量题项，形成第一套量表。第二步，邀请专家对第一套量表进行修正。请他们根据自己的知识结构和经验进行开放式讨论，对可能遗漏的问题进行增补，同时，剔除内容重合性大及与本研究不合的题项，修正表意不准确的题项。由于从事工作和研究方向的不同，邀请对象可能对量表某些题项的修改意见不一致，对于这些存在争议性的问题，我们根据研究的适用性和可操作性进行取舍。在这一步骤中，我们还对题项的内容进行归类，形成了本研究的第二套问卷。第三步，进行试调查。通过各种渠道发放问卷并回收。在问卷发放和回收过程中认真听取填答者提出的一些问题，作为修改量表的依据，剔除一些代表性不强的和难以获得答案的题项；对一些难以获得又十分重要的题项，采用变换表达方式、客观选项改为主观选项、设定选项范围等方法修改量表，再根据填答者的习惯对量表进行排版，尽量使问卷便于填答，形成企业社会责任研究的最终问卷。

第三节 数据的收集与分析方法

一、问卷发放与回收

本研究调查问卷的发放主要通过现场发放和回收，以及电子邮件发放和回收的方式。对于省内调查对象，研究者不能亲自参与现场发放和回收的问卷，安排了合适的人员进行发放和回收。对于外省调查对象，研究者主要采用电子邮件的方式发放和回收问卷。由于基层员工对企业的社会责任情况了解有限，因此，本次调查量表的发放对象主要是中高层管理者。

本次调查向江苏、湖北、辽宁、北京、浙江、福建、广东、贵州等省市发放调查问卷 325 份，调查各类企业 162 家，剔除无效的调查问卷（包括问卷关键数据缺失、问卷填写明显呈规律性、数据极端化或循环化等），得到有效调查问卷 207 份，获得 135 家企业的有效信息。对样本企业数据进行了偏差方面的检验。在有效问卷中，由高层管理者来填写的问卷占 58%，其余问卷均由中层管理者填写，占 42%。针对高层管理者和中层管理者填写的部分题项进行了独立样本检验，未发现显著性差异。因此，在下文分析中，两类问卷合并使用。

二、数据的处理方法

（一）描述性统计分析

描述性统计分析包括问卷的回收情况和样本的分布情况。问卷回收情况主要说明实际发放问卷、回收问卷、无效问卷和有效问卷的份数及所占的比例。在实证研究过程中,对调查的样本进行描述性统计分析,其目的主要是直观地对样本的各种基本特征进行刻画,研究样本的代表性。

(二) 因子分析

因子分析是一种数据化简和降维的方法,目的是抓住问题的本质所在,用少数随机变量来描述许多便利所体现的基本结构。该方法分为探索性因子分析(EFA)和验证性因子分析(CFA)两类。在本研究中运用因子分析来检验自制量表和模型的结构效度。统计学上要求,进行探索性因子分析之前,需要比较变量中的偏相关系数和简单相关系数,即对样本进行测度。如果偏相关系数的平方和远大于简单相关系数的平方和,那么表示变量间的相关性弱,不适合做因子分析;如果偏相关系数的平方和远小于简单相关系数的平方和,那么表示变量间的相关性强,表明原有变量适合做因子分析。

除KMO(Kaiser-Meyer-Olkin)检验统计量外,还要对样本进行巴特利特球形检验,即检验各个变量是否为单位矩阵,分析各个变量是否各自独立。如果检验的 P 值显著,则拒绝原假设,说明因子之间是相关的,可以进行因子分析;反之,则不能进行因子分析。

(三) 探索性因子分析和验证性因子分析

在确定变量可以进行因子分析的前提下,实证研究的下一步一般是进行探索性因子分析,即让数据"自己说话",按照一定的标准通过探索性因子分析得出测度项和因子关系。

探索性因子分析不能细致地描述测度项与因子之间的关系,因此,探索性因子分析的一个被测试模型往往不是研究中的确切的模型。而验证性因子分析恰恰可以弥补探索性因子分析的不足,它允许研究者描述理论模型的细节,以结构方程模式(SEM)对模型进行验证而非探索,通过对掌握的数据或资料的分析来检验预先设想的模型是否成立,经由收集到的资料来验证研究原先想象的因素结构是否正确。

(四) 结构方程模型

验证性因子分析一般是通过结构方程建模来实现的。结构方程模型是一种建立、估计和检验因果关系模型的方法。该方法能够同时处理多个因变量,容许自变量和因变量测量误差存在,可以同时估计因子结构和因子关系,容许更大弹性的测量模型,可以估计整个模型的拟合程度,有助于提高研究的准确性。

第四节　实证分析

一、样本的基本情况

从样本的描述性统计分析中可以看出，本次研究调查的企业主要以中小型企业为主，通过员工人数指标可以看出，员工1 000人以下的企业占样本总数的86%。民营企业占样本总数的57%左右。调查涵盖了东部、中部和西部企业，行业涵盖了制造、金融、房地产、贸易、通信和物流业等。

二、样本数据分析

（一）样本正态分布检验

本研究选用结构方程模型对企业社会责任测量模型进行检验。首先对调查数据的分布情况进行分析。从表4-1统计结果中可以看出所有数据的偏度绝对值均低于参考值3，偏度标准差均低于2，所有数据的峰度绝对值均低于参考值10，峰度标准差绝对值均低于2。这表明：问卷测量项目的值符合正态分布，可以进行结构方程模型分析。

表4-1　样本检验

测量维度	题项	样本容量	偏度系数 统计值	偏度系数 标准差	峰度系数 统计值	峰度系数 标准差	均值
创新发展与质量保证	CF1	125	−0.921	0.415	−0.762	0.569	3.756
	CF2	125	−0.726	0.415	−0.964	0.569	4.012
	CF3	125	−1.025	0.415	0.922	0.569	4.124
	CF4	125	0.546	0.415	0.832	0.569	3.863
	CF5	125	0.679	0.415	0.984	0.569	4.043
	CF6	125	0.861	0.415	0.658	0.569	3.844
	CF7	125	−0.974	0.415	0.846	0.569	4.110
协调发展与和谐关系	XH1	125	−0.703	0.415	0.941	0.569	3.743
	XH2	125	−0.849	0.415	−0.857	0.569	3.798
	XH3	125	0.264	0.415	1.019	0.569	3.961
	XH4	125	0.428	0.415	0.627	0.569	4.022

续表

测量维度	题项	样本容量	偏度系数 统计值	偏度系数 标准差	峰度系数 统计值	峰度系数 标准差	均值
协调发展与和谐关系	XH5	125	0.766	0.415	0.426	0.569	4.201
	XH6	125	0.556	0.415	0.467	0.569	3.689
	XH7	125	-0.984	0.415	-0.861	0.569	4.098
绿色发展与安全环保	LA1	125	0.673	0.415	1.110	0.569	4.004
	LA2	125	-1.003	0.415	-0.612	0.569	3.987
	LA3	125	-0.975	0.415	-0.543	0.569	3.675
	LA4	125	-0.813	0.415	0.728	0.569	3.766
	LA5	125	0.654	0.415	0.753	0.569	3.872
开放发展与诚信共赢	KC1	125	0.876	0.415	0.368	0.569	3.992
	KC2	125	-0.578	0.415	-0.851	0.569	4.158
	KC3	125	0.753	0.415	0.438	0.569	3.776
	KC4	125	-1.150	0.415	-0.917	0.569	3.609
	KC5	125	-0.644	0.415	-0.527	0.569	4.164
共享发展与公益慈善	GG1	125	0.784	0.415	0.963	0.569	4.078
	GG2	125	0.862	0.415	-0.649	0.569	3.981
	GG3	125	0.857	0.415	0.485	0.569	3.756
	GG4	125	-0.842	0.415	0.738	0.569	4.201
	GG5	125	0.992	0.415	-0.851	0.569	3.881

（二）多重共线性检验

通过容忍度、观察特征值及方差膨胀因子分析共线性问题。具体分析结果见表4-2所示,变量的容忍度处于0.35和0.55之间,均大于参考界限0.1。方差膨胀因子在1.7和3.5之间,也在常规界限10之内,均属于可接受的范围。

表4-2 共线性诊断

变量	容忍度(Tolerance)	方差膨胀因子(VIF)
协调发展与和谐关系	0.531	1.789
绿色发展与安全环保	0.545	1.821
创新发展与质量保证	0.524	1.827
开放发展与诚信共赢	0.502	1.949
共享发展与公益慈善	0.497	2.452

(三) 信度分析

运用 SPSS 软件对问卷各题项进行探索性因子分析，采用克朗巴哈系数（Cronbach's α）进行信度检验。根据统计学研究结论，系数下限值为 0.7，同时，如果删除某题项后，变量的内部一致性得到显著提高，那么该测试题项应该删除。删除后运用纠正项目的总体相关系数 CITC 进行检验，若 CITC 值小于 0.5，则这一测试题项可以删除。我们对测试的五个维度相关题项进行信度检验，结果表明 29 个题项均符合要求，具有很好的信度。

通过检验分析，样本的 KMO 值为 0.897，适合做因子分析；巴特利特球形检验的卡方值（χ^2）为 739.273（自由度为 119），显著度为 0.000 < 0.001，达到非常显著的水平，见表 4-3，这说明相关矩阵不是同一单位矩阵。上述检验结果表明研究样本适合进行探索性因子分析。

表 4-3　企业社会责任测量的 KMO 和巴特利特球形检验

项目		值
KMO 采样充分性检验		0.863
KMO 和巴特利特球形检验	卡方值	739.273
	自由度	119
	显著度	0.000

（四）探索性因子分析

在进行因子分析时，将通过多重共线性和信度检验的因子采用最大方差法进行正交旋转。旋转后的因子负荷以大于 0.5 为基准，对因子进行纯化，同时对负载大于 0.4 的因子，提取特征根值大于 1 的因子。经过统计分析，最终保留 26 个企业社会责任项目，并对这 26 个项目进行分析，如表 4-4 所示，所有题项的系数最小值均大于 0.6，并且所有题项汇聚为 5 个企业社会责任因子，可以分别确定为创新发展与质量保证、协调发展与和谐关系、绿色发展与安全环保、开放发展与诚信共赢、共享发展与公益慈善，且因子累计解释变异差达近 68.3%。

表 4-4　旋转后企业社会责任因子载荷矩阵

题项	成分				
	1	2	3	4	5
CF1	0.682				
CF2	0.716				
CF3	0.675				
CF4	0.612				

续表

题项	成分				
	1	2	3	4	5
CF5	0.653				
CF6	0.712				
CF7	0.705				
XH1		0.781			
XH2		0.689			
XH3		0.755			
XH4		0.806			
XH5		0.761			
XH6		0.772			
XH7		0.754			
LA1			0.685		
LA2			0.764		
LA3			0.724		
LA5			0.768		
KC1				0.692	
KC3				0.706	
KC4				0.769	
KC5				0.778	
GG1					0.782
GG2					0.753
GG3					0.797
GG4					0.765
因素提取	创新发展与质量保证	协调发展与和谐关系	绿色发展与安全环保	开放发展与诚信共赢	共享发展与公益慈善
方差解释比例	15.325%	17.648%	13.457%	11.121%	10.785%
总方差解释比例	68.336%				

三、实证分析结果

(一) 验证性因子分析

探索性因子分析通常是在理论概念模型尚未证实的情况下,根据样本数据所表现的数据形态来决定因子个数和因子指向，因此可以用来构建适合研究需要的适当的理论和因子结构。但是，通过这种方法所得到的因子结构，还需要进一步验证后才能用于下一步的研究。

对企业社会责任行为表现各维度的测量题项进行验证性因子分析，检验测量模型的拟合程度。本研究在进行验证性因子分析时，主要参考绝对拟合指标如 χ^2 值、近似误差均方根（RMSEA）、拟合优度指标（GFI）和调整自由度的拟合优度指标（AGFI）等。

测量相对拟合指标的目的是用来对不同理论模型进行比较，用于评价整体拟合的相对拟合指标主要包括规范适配指标（NFI）和比较拟合指标（CFI）。NFI 用以测量独立模型和设定模型之间 χ^2 值的缩小比例。一般认为 NFI 大于 0.9 的模型拟合较好。CFI 是为了克服 NFI 在嵌套模型上所产生的缺失。在实际应用中，CFI 值介于 0~1，且该值越接近于 1，表明模型拟合程度越好。

对模型修正指数进行识别比较，删除某个影响较大的指数，然后观察拟合指数是否达到理想要求。通过对 5 个因素模型进行逐步修正，修正后的企业社会责任模型的 χ^2/df、GFI、AGFI 和 NFI 等拟合指标研究设计要求，具体分析结果如表 4-5 所示。

表 4-5 修正后的模型拟合指标

模型	修正后的结果	参考值
χ^2/df	3.004	<3
GFI	0.962	>0.9
AGFI	0.856	>0.8
NFI	0.932	>0.9
CFI	0.927	>0.9
RMSEA	0.069	0.05~0.08

通过以上分析，本研究所构建的企业社会责任测量模型分为：创新发展与质量保证、协调发展与和谐关系、绿色发展与安全环保、开放发展与诚信共赢及共享发展与公益慈善维度，测量模型的总体拟合理想。

（二）效度分析

从对测量模型的测量题项信度、潜在变量的组成信度及潜在变量的平均变异抽取量等指标的检验可知，测量模型具有良好的信度和效度，各测量题项能够较好地反映和测量企业社会责任。

对修正后的模型进行效度分析。首先，从内容效度来看，问卷的设计是经过文献研究和专家讨论，并经过试调查而形成的，通过因子分析的方法进行了降维、纯化，因此，对企业社会责任内容取样的适当程度较好，具有比较好的内容效度。其次，从结构效度来看，主要检验聚合效度和区分效度两个主要指标。按照统计学研究结果，通过判断测量项目的信度（用 Cronbach's α 值衡量其内部一致性）、组成信度（CR）及平均变异抽取量（AVE）三个指标的情况来分析实际调查是否检测到了构造的企业社会责任模型，即调查的结构效度。分析后结果显示：企业社会责任修正模型后所剩下的 26 个题项所属的 5 个因子克朗巴哈系数数值均在 0.8 以上，说明测量模型内部一致性比较高，各测量项目能够比较稳定地测量其潜在变量。各因子的 CR 值均大于 0.9，符合统计检验的理想要求，说明通过统计分析提取的企业社会责任测量模型测量题项代表性好，涵盖的内容能够较好地反映调查中所涉及的所有题项。从分析结构中可以看出，各个潜变量平均变异抽取量均在 0.75 以上。综上所述，通过修正后得到的企业社会责任测量量表聚合效度好，代表性强。

测量修正后的企业社会责任量表的区分效度测量，目的是检验其潜在变量之间的相关程度是否小于潜在变量内的关系。可以利用企业社会责任 5 个因子之间的相关系数矩阵来进行检验。潜在变量的平均变异抽取量的平方根应该大于其他不同变量之间的相关系数，这样测量量表才具有良好的区分效度。通过计算，显示因子之间的相关系数均小于其对应的变量的平均变异抽取量的平方根，说明各个变量之间具有良好的区分效度。本研究构建的企业社会责任 5 个维度总体拟合度符合理想要求。实证验证后得到的企业社会责任量表，如表 4-6 所示。

表 4-6　企业社会责任量表

测量维度		测量题项	内容
创新发展与质量保证	CF1	创新能力	企业研发中心建设、参与科技开放项目数量、合作的科研院所数量、研发投入占销售收入的比重
	CF2	"互联网+"应用	企业制造装备提升和互联网化提升项目实施情况
	CF3	知识产权	自主知识产权拥有情况
	CF4	自主品牌	自主品牌拥有情况、品牌知名度情况
	CF5	消费者权益	客户关系管理体系建设、消费者投诉处理效果、消费者满意度调查等情况

续表

测量维度	测量题项		内容
创新发展与质量保证	CF6	产品质量	产品质量保障体系建设、ISO 9000 认证、测量管理体系认证、质量市场反馈调查、重大质量安全事故记录
	CF7	发展效益	总资产报酬率、业绩能力、销售利润率、经营场所的所属权、与上游及下游客户的合作关系
协调发展与和谐关系	XH1	公司治理责任	实际控制人和管理层的责任力表现、社会责任制度的制定和执行情况
	XH2	群团组织和文化建设	党组织、工会、共青团、妇联等群团组织与文化建设及工作开展情况
	XH3	劳动用工和劳动报酬	劳动合同签订、劳务派遣工使用情况，执行最低工资标准、按时足额发放工资和津贴情况
	XH4	集体合同和职业培训	独立或参与区域、行业集体协商签订集体合同情况，开展人均培训时长、培训覆盖员工范围等培训工作情况
	XH5	工作时间	周最多工作时数、周最少休息日数
	XH6	保险福利	员工办理保险情况、近三个月员工社保缴纳情况
	XH7	安全卫生	安全生产管理制度建设和执行情况、员工工作及生活条件、重大安全事故发生率
绿色发展与安全环保	LA1	环境预警应急机制	环境预警应急机制建设及执行情况
	LA2	节能技术	低碳节能技术改造、智能制造、清洁生产等情况
	LA3	生态环保	排放污染及废物资质、再循环利用及执行情况，落实淘汰落后产能、推进节能减排的政策措施情况
	LA5	环保体系认证	ISO 14000 环境管理系列认证及年度复核
开放发展与诚信共赢	KC1	国家建设战略参与	"一带一路"、长江经济带、全球产业链等国家、地区建设战略参与情况
	KC3	信用管理	信用管理制度及执行情况
	KC4	诚信经营	企业及主要经营管理人员失信记录、判决未执行记录、纳税信用等级 A 级纳税人、重合同守信用记录
	KC5	反商业贿赂	反商业贿赂体系建设相关情况

续表

测量维度	测量题项		内容
共享发展与公益慈善	GG1	行业参与	行业互动情况，参与行业标准编制情况
	GG2	创造就业	年度员工招聘数量及岗位提供情况
	GG3	纳税情况	企业年纳税总额，是否发生欠税
	GG4	公益捐赠	公益设施建设、开展慈善捐助、参与扶贫济困、感恩回馈社会情况

　　本章主要是对企业社会责任表现进行测量。在以往理论文献及研究成果的基础上，首先形成本研究的理论概念模型及相关维度。然后通过对已有的企业社会责任行为表现的测量题项进行梳理，并且通过与理论界和实业界各专家人士进行讨论，针对本研究的研究目的，对这些测量题项合理筛选形成测量量表，进行正式测量。在获得相应的样本数据后，主要通过探索性因子分析，形成企业社会责任测量研究需要的企业社会责任表现的五维度模型，并且通过验证性因子分析对概念模型的各维度进行检验修正。最后得到了包含 26 个测量题项，由创新发展与质量保证、协调发展与和谐关系、绿色发展与安全环保、开放发展与诚信共赢及共享发展与公益慈善因子维度构成的测量模型，并进一步对该测量模型的信度和效度进行检验，验证并通过了测量模型。

　　建立企业社会责任测量机制至关重要。通过建立和公布明确和科学的社会责任指标体系，企业履行社会责任时会有明确的方向，全社会也可以通过指标进行充分的监督和评价，降低了外部监督的门槛。在测量和实际操作中，各地区可根据企业所在的区域特点、经济社会和环境发展水平，结合产业行业、企业特点和发展阶段及利益相关方期望，在满足适用法律法规要求的基础上，识别确定五项社会责任主题中的具体评价指标。企业社会责任所包含的主题和具体内容会随着社会发展和时代进步不断调整改进。

第五章 企业社会责任驱动机制分析

每个企业都身处在一定的社会网络中,其行动影响着各利益相关者及社会环境的利益,同时其行动也会受到各利益相关者和社会环境的制约与影响。企业社会责任治理的推进是内外部多种因素共同作用的结果,那些引导和推动企业社会责任治理的因素,构成了企业社会责任行为的驱动力。企业社会责任治理的内部驱动力,是指企业从事社会责任活动的推动力,它涉及企业履行社会责任的内生动力、强度及持续性。企业履行社会责任的内部动因是企业自身发展的需求。企业社会责任的外部压力,是指来自企业外部的利益相关者的压力。企业社会责任治理驱动机制分析对于提升企业的社会责任水平和增强企业的长期竞争能力具有重要意义。识别关键驱动因素有助于企业明确社会责任的方向和重点。通过了解内部和外部的关键因素,企业可以针对性地制定社会责任战略,确保资源投入与实际需求相匹配,提高履行社会责任的效率。企业社会责任是企业竞争力的重要组成部分。通过积极履行社会责任,企业可以提升品牌形象、增强消费者信任,从而在市场上获得更大的竞争优势。识别关键驱动因素有助于企业更好地把握市场机遇,制定有针对性的社会责任策略,以增强企业的长期竞争力。企业社会责任的核心是可持续发展,通过驱动机制的分析,企业可以关注环境保护、社会公益等重要议题,进而推动企业的可持续发展。这不仅有助于企业实现经济、社会和环境的综合效益,而且有助于企业在未来发展中保持竞争优势。

第一节　　研究述评

企业社会责任治理驱动机制是企业社会责任实践的重要影响因素。国内外学者对企业社会责任治理驱动机制的研究主要集中在消费者、员工、投资者和政府四个方面。随着社会对企业社会责任的关注度不断提高,越来越多的学者开始对企业社会责任治理驱动机制进行分析和研究。虽然大多数企业今天实施这样或那样的一些企业社会责任,但对哪种因素驱动企业去承担相应的社会责任，或者承担更多的社会责任一直是学者们争论不休的话题。企业社会责任治理驱动机制是指推动企业履行社会责任的各种因素和力量。这些因素包括内部因素和外部因素。内部因素主要包括企业的价值观、企业文化、组织结构和管理方式等；外部因素主要包括政府干预、法制环境、市场竞争水平、消费者压力等。根据不同的分类标准，企业社会责任治理驱动机制可以分为多种类型。根据驱动力的来源，可以分为内部驱动和外部驱动；根据驱动力的性质，可以分为经济驱动、社会驱动和环境驱动等。首先，这些机制可以激发企业的内驱力，使企业更加积极地履行社会责任。其次，这些机制可以促进企业与利益相关者的沟通和合作，提高企业的社会声誉和品牌价值。最后，这些机制还可以帮助企业识别和应对潜在的风险和挑战，保障企业的长期稳定发展。

学者们对企业社会责任治理驱动机制的研究方法主要包括案例研究、问卷调查、实地调研等。通过对不同行业、不同类型企业的研究，学者们取得了一系列重要的研究成果。例如，一些研究表明，企业的价值观和文化对社会责任的发展有着深远影响；另一些研究表明，政府干预和法制环境对企业履行社会责任具有重要影响；还有一些研究表明，市场竞争水平和消费者压力也可以促使企业更加关注产品质量和消费者需求，以及关注环保和社会责任等问题。

当前对企业社会责任治理驱动机制的研究已经取得了一定的成果，但仍存在一些问题和不足。例如，一些研究方法可能存在主观性和局限性，对于不同行业、不同类型企业的研究还不够深入和全面。因此，本章试图进一步改进研究方法和拓展研究范围，全面系统地探讨中国企业社会责任的真实动因，不仅探讨政府监管与法制环境等制度因素的影响，也探讨消费者、市场竞争者、供应链、员工、社区、非政府组织等利益相关者对企业社会责任行为的驱动力度，以全面系统地厘清企业社会责任的驱动机制，了解企业社会责任治理驱动机制的影响因素和作用机理，以期为企业社会责任实践提供参考。同时，政府、企业和利益相关者也应该共同努力，推动企业社会责任的发展和完善。

第二节　研究假设

根据前面的研究，我们将企业社会责任的驱动因素归纳为内部和外部两方面。企业承担社会责任，既要考虑自身的利润目标、价值观念，也要考虑外部驱动因素，如员工、社区、非政府组织、供应链、市场竞争水平、政府干预、法制环境等。

一、内部因素与企业社会责任的关系

影响企业社会责任的驱动因素很多，首先是企业的内部驱动因素，具体来说，可以分为以下方面。

（一）企业经济动机对企业社会责任的影响研究

企业作为理性的经济人，利润最大化是企业一切行为的出发点，也是作为营利性经济组织的本质属性，企业社会责任行为亦不例外。马克思主义经济学也不排斥理性经济人假设。马克思在《资本论》中指出，分析经济形式，既不能用显微镜，也不能用化学试剂。二者都必须用抽象力代替。实际上，理性经济人只是复杂人的一个抽象，把利他的因素、感情的因素抽象掉了，不然无法分析经济问题。利润是企业的永恒追求，它是企业生存和发展的基础，剥夺企业赢利的权利，就不能保证其他利益相关者的权利。倡导自由企业精神的学者哈耶克（Hayek）也认为，企业应该通过提高效率，向社会提供低廉的商品来获利，这是企业的职责。若企业失去了获利的能力则损害了股东和其他利益相关者的利益。

《史记·货殖列传》说："天下熙熙，皆为利来；天下攘攘，皆为利往。"可见，利益是企业实践活动的动机与目的。

企业履行社会责任的行为具有声誉效益，能够为企业获得长久的利益。然而，承认企业社会责任的利益驱动，并不是否定企业的道德行为。在实践中，企业的合法逐利行为是受到鼓励的，把自身经济利益的追求和社会利益结合起来，改变传统观念中两者对立的认识，改变对企业成本与收益的狭隘理解，赋予企业经营管理新的理念和新的资源观，是企业履行社会责任的重要任务。因此，我们假定：

H1，企业经济动机对企业社会责任行为具有正向影响。

(二) 管理者责任认知对企业社会责任行为的驱动

价值观是人们对各种事物感知及影响和指导人们行动选择的一种主观判断。根据态度和行为理论，价值观决定了个人对政策和决策的理解。研究表明个人对于某具体事件行动的特定态度，会对行动产生影响。赵慧娟对于个人价值观的研究发现，个人价值观和态度通过道德教化社会化到个体中，是某种情绪的表达，而且通常被用来支持情绪反应，这里的个体情绪反应可以理解为个体对于某项行为所表现出的态度倾向，它对具体行动产生作用。在企业社会责任方面，企业管理者的社会责任观念与其所在企业具体的社会责任行动实施有紧密的关系。

企业的社会责任不应该成为企业利润最大化的工具，真正的社会责任要求企业管理者具有道德良知、行为示范、无私付出、长期投入和一致性的行动，而不是纯粹的利益交换。有学者指出，如果没有管理层价值观的有力支持，企业就无法对社会责任形成强有力的承诺，企业也不会有真正的社会责任，即便企业对社会责任进行投入，也会被外界看成虚伪的、不真诚的，从而会为企业带来不利的影响。在对英国1 700家中小企业的调查中发现，92%的企业认为他们的企业对社会与环境是负责的，负责行为的主要动机来自企业人的观点与信仰。该研究对英国中小企业的调查研究表明，中小企业参与社会责任活动主要是为企业高管的价值观所驱动，而不是为了外部回报。因此，我们假定：

H2，管理者责任认知对企业社会责任行为具有正向影响。

(三) 管理者责任行为对企业社会责任的驱动

管理者以某些方式拥有影响正式和非正式组织行为的资源和权力。这些资源和权力的运用，会直接影响该行动的表现水平。有学者提出，管理者可以通过对某项组织行动进行战略规划或组织资源配置等方式来建立组织行动机制，来实现他们和其他成员对于该行动的期待。应该将企业利益相关者权益的维护融入企业的行动规划过程。管理者在企业管理过程中，对于涉及利益相关者权益的责任行为问题的参与支持至关重要。也有其他学者认为，管理者可以用上面所提出的这种方式在企业各个层次范围指导企业行为的伦理道德导向和规范性承诺。研究发现，管理者可以构建相应的制度作用于企业的社会责任行动。

有学者认为，在制定和执行企业社会责任具体行动中，企业内部的管理者将起到基础核心作用。管理者可以通过制订企业行动计划，为企业各种行动分配资源等，来直接影响企业社会责任的实施。管理者拥有相应为企业参与社会责任行动的权力和资源,对于具体行动的参与能够使企业社会责任行动与企业其他活动相匹配,这样可以减少企业某些成员和部门对社会责任行为的抵触情绪。管理者对于企业社会责任总体行为负有很重要的影响作用。因此,我们假定:

H3,管理者责任行为对企业社会责任行为具有正向影响。

(四) 企业战略对企业社会责任的影响研究

企业履行社会责任作为一种企业行为,必然受到企业战略的影响,二者关系密切。研究发现,企业战略中关于企业外部环境的评价包含了企业社会责任中对社会和自然环境负责的内容;企业对内部利益相关者的分析评估也包含了企业要对债权人、股东、员工等负责的内容。

研究表明,企业战略规划能将不同的功能性需求整合为一般的管理愿景,使企业内部和外部能够互通信息,互知需求,避免功能"孤岛"现象对企业有效决策和行动的妨碍。企业要满足利益相关者的需求,履行社会责任,必须依靠企业战略规划整合企业资源才能应对。因此,我们假定:

H4,企业战略对企业社会责任行为具有正向影响。

(五) 组织文化对企业社会责任的影响研究

组织文化是企业员工共同认知的价值观和信念,对员工的行为和企业的行为具有导向作用,约束人们应该做什么,不应该做什么,虽然这些约束有时不够清晰,甚至很少被谈论,但它们确实存在。组织文化和管理者的行为之间联系尤为明显。例如,如果一个企业的组织文化支持这样的观点:削减费用能提高利润,而且低速平稳增长的季度收入能给企业带来最佳利益,那么管理者就不可能追求创新的、有风险的、长期的或扩张的计划。再如,在一个对员工不信任的组织文化中,管理者更有可能采取独裁的领导方式,而不是民主的领导方式,因为组织文化把什么是恰当的行为传递给了管理者。(Robbins,et al,2004)因此,组织文化同样对管理者的企业社会责任决策产生影响。支持企业社会责任的组织文化更有利于管理者做出促进企业社会责任行为的决策,不支持的则不利于管理者的企业社会责任决策。组织文化一方面强化了企业高管的价值观对企业社会责任的影响,另一方面也为企业高管的企业社会责任决策提供支持。因此,我们假定:

H5,组织文化对企业社会责任行为具有正向影响。

二、外部因素与企业社会责任的关系

企业的利润目标、价值观念这些内部因素影响着企业社会责任行为，外部因素，如股东以外的其他利益相关者，也对企业社会责任行为产生影响。这些利益相关者涉及的驱动因素如下。

（一）员工压力

企业社会责任的表现对员工的选择有着重要的影响。一个积极履行社会责任的企业往往能够吸引更多的优秀人才。这是因为员工希望在一家有社会责任感的企业工作，认为这样的企业更值得信任和尊重。企业社会责任的表现能够提高企业的吸引力，从而吸引更多的优秀人才加入。当企业积极履行社会责任时，员工会感到自己是企业的一分子，更加认同企业的价值观和使命。这种归属感能够增强员工的忠诚度和工作动力，使员工更加愿意为企业的发展贡献自己的力量。企业社会责任的表现不仅关乎企业的声誉和形象，也直接影响员工的工作环境和福利待遇。如果企业能够关注员工的需求和利益，积极履行社会责任，那么员工的工作满意度就会提高，从而降低员工流失率，提高员工的工作效率。因此，我们假定：

H6：来自员工的压力是企业社会责任行为的重要驱动因素。

（二）社区压力

企业的发展需要一个良好的社会环境，而社区是构建这个环境的重要力量。企业通过与社区合作可以获得更多的发展机会和资源，同时，企业也可以通过社区获取更多的市场信息和资源，为企业的经营和发展提供帮助。企业通过在社区中履行社会责任，可以展示企业的形象和实力，增强消费者对企业的信任和认可。社区是一个企业赖以生存和发展的基础，企业的生产和发展离不开社区的支持和帮助。如果企业不主动承担社会责任，企业与社区关系恶化，那么对企业的经营活动将带来直接的影响和冲击。可见，企业受到来自所在社区的压力，应该积极履行社会责任，为社区提供支持和帮助，促进社区的发展和繁荣。因此，我们假定：

H7：企业社会责任水平与来自社区的压力正相关。

（三）非政府组织压力

非政府组织通常以促进社会公益、维护社会正义和促进社会进步为宗旨，这使得它们能够成为企业履行社会责任的重要推动力量。首先，非政府组织通过自身的专业知识和资源，可以帮助企业了解社会责任的重要性，并提供相关的培训和支持,以帮助企业更好地履行其社会责任。其次,非政府组织可以发挥监督作用,对企业履行社会责任的情况进行监督和评估。如果企业没有履行其社会责任,非政府组织可以采取相应的措施,如公开批评或提起诉讼等,以促使企业改正其行为。此外,非政府组织还可以通过自身的活动和宣传,提高公众对社会责任的认识和意识,从而为企业履行社会责任创造更加良好的社会环境。非政府组织在企业履行社会责任方面发挥着重要的推动作用,有助于促进企业的可持续发展和社会进步。因此,我们假定:

H8:企业社会责任水平与来自非政府组织的压力正相关。

(四)供应链压力

企业的供应链压力主要是来自所在供应链上下游的利益相关企业。企业在选择供应商时,需要考虑其社会责任表现,如劳工权益、环境保护等。选择符合社会责任标准的供应商,可以确保供应链的可持续性,并减少企业的风险。企业在供应链中应确保供应商的员工享有合理的工作条件和工资待遇。通过制定供应商行为准则,并进行监督和评估,企业可以确保供应链中的劳工权益得到保障。供应链中的运输、生产和废弃物处理等环节都可能对环境产生影响。企业需要关注供应链中的环境问题,并采取相应的措施,如使用绿色运输方式和包装材料,以减少对环境的负面影响。企业需要确保其供应链具有透明度和可追溯性,以便消费者和利益相关者了解产品的来源和生产过程。这有助于建立消费者的信任,并促进企业的可持续发展。因此,我们假定:

H9:企业社会责任水平与来自供应链企业的压力水平正相关。

(五)消费者压力

消费者对企业的期望和关注点在不断变化。随着社会对可持续性和道德标准的日益关注,消费者更倾向于选择那些在社会责任方面表现良好的企业。因此,企业需要关注消费者需求,满足他们对社会责任的期望,以保持市场竞争力。消费者压力可以促使企业更加关注环境、社会和治理因素。消费者越来越关注企业的环境、社会和治理表现,并将其作为购买决策的重要依据。企业需要积极采取措施,减少对环境的影响,提高员工福利和保障人权,以及建立透明的治理结构。此外,消费者压力还可以促进企业之间的合作和共同发展。当消费者对某个企业的社会责任表现提出质疑时,其他企业也可能受到压力,进而采取行动改善自身的社会责任表现。这种压力可以促使企业之间形成合作关系,共同推动整个行业的可持续发展。消费者压力也可能给企业带来挑战。在面对消费者对社会责任的期望和关注时,企业需要平衡商业利益和社会责任之间的关系。这需要企业在追求经济利益的同时,积极履行社会责任,并寻求与消费者、供应商和其他利益相关者的合作与共赢。因此,我们假定:

H10:企业社会责任水平与来自消费者的压力正相关。

(六) 市场竞争水平与企业社会责任的关系

市场竞争水平对企业履行社会责任有着复杂的影响。一方面,市场竞争可以促进企业更加关注产品质量和消费者需求。在竞争激烈的市场环境中,企业需要不断提高自身产品的质量和性能,以满足消费者的需求。同时,为了赢得市场份额,企业也需要关注消费者对社会责任的期望,积极履行社会责任,以树立良好的企业形象和品牌形象。另一方面,市场竞争也可能导致企业过于关注短期经济利益,而忽视长期的社会责任。在激烈的市场竞争中,一些企业可能会采取不正当手段来获取市场份额,如偷工减料、欺骗消费者等,这些行为不仅损害了消费者的利益,也损害了企业的声誉和长期发展。因此,市场竞争水平对企业履行社会责任的影响是复杂的,既有可能促进企业更加关注社会责任,也有可能导致企业忽视社会责任。企业需要在市场竞争中寻求平衡,既要关注短期经济利益,也要关注长期的社会责任,以实现可持续发展。因此,我们假定:

H11:企业社会责任水平与企业产品的市场竞争程度正相关。

(七) 政府干预与企业社会责任的关系

政府通过制定和执行相关法律法规,可以对企业履行社会责任的行为进行规范和监督。例如,政府可以要求企业遵守公平竞争、信守承诺、提供优质产品和服务等行为规范,从而约束企业的行为,避免企业采取不正当手段获取利益。这种干预可以有效地引导企业履行社会责任,推动企业社会责任的落实。政府干预还可以促进企业与社会的和谐发展。政府可以通过制定环保法规和执行环境标准,强制企业合规运营,减少污染排放,推动企业转型升级。同时,政府还可以通过环保奖惩制度,激励企业主动承担环保责任,鼓励企业投入环保技术研发和治理设施建设。这种干预有助于改善环境质量,推动企业履行社会责任的意识和行动。然而,政府干预也可能对企业履行社会责任产生负面影响。如果政府干预过度,可能导致市场扭曲、消费品质量问题、企业自主创新能力下降等问题。因此,政府在干预企业履行社会责任时,需要平衡各种因素,确保干预措施的科学性和有效性。因此,我们假定:

H12：企业社会责任水平与政府对企业的干预水平正相关。

（八）法制环境与企业社会责任的关系

法制环境通过制定和执行相关法律法规，明确企业在社会责任方面的义务和要求。这些法规可以引导企业积极履行社会责任，规范企业行为，确保企业在经济活动中遵守道德和伦理规范。法制环境加强了对企业履行社会责任的执法监督力度。相关部门对企业的监管和执法行动，可以有效地监督企业是否履行社会责任，对违法行为进行处罚，从而维护公共利益和社会秩序。法制环境保障了企业之间的公平竞争。通过反垄断法、反不正当竞争法等法规的执行，可以防止企业利用市场优势损害其他企业或消费者的利益，维护市场的公平性和竞争性。在良好的法制环境下，企业积极履行社会责任可以提升其声誉和品牌价值。消费者和社会更倾向于信任和支持那些遵守法律法规、关注社会责任的企业，从而增加企业的市场竞争力。因此，我们假定：

H13：企业社会责任水平与法制环境状况的改善正相关。

第三节　研究方法

我们通过问卷调查收集资料，应用SPSS软件对企业社会责任水平与各变量间的关系进行统计分析。

一、变量的设计与测量

自变量为企业的内外部相关因素，因变量为企业社会责任水平。变量的设计与测量如下。

（一）社会责任水平的测量

从前面的研究可以看出，无论是内容分析法、声誉指数法，还是社会责任投资指数，它们的社会责任测评的内容基本上相互交集。基于上一章的研究，我们拟采用问卷调查法来测定企业社会责任表现。问卷调查法的优点是操作比较简便，可收集到大量信息；缺点是题项设计主观性较强，问卷信度与效度不高。有些"企业社会责任导向"量表的效度有待确认，因为该量表实际上所测量的是被调查者对企业承担社会责任的看法和态度，而非企业的社会责任表现。事实上，目前有许多比较成熟的量表可供选择，但大多并不适用于对我国企业的调查，如KLD指数，其中所包含的军备、南非问题与核能类指标对我国企业进行测量的意义不大。在上文研究的基础上，本研究所构建的企业社会责任测量模型有创新发展与质量保证、协调发展与和谐关系、绿色发展与安全环保、开放发展与诚信共赢和共享发展与公益慈善五个维度，测量模型的总体拟合理想。具体企业社会责任表现五个方面的测评内容如表5-1所示。

表5-1 企业社会责任表现测评内容

测量维度		测量题项	测量维度		测量题项
创新发展与质量保证	CF1	创新能力	绿色发展与安全环保	LA1	环境预警应急机制
	CF2	"互联网+"应用		LA2	节能技术
	CF3	知识产权		LA3	生态环保
	CF4	自主品牌		LA5	环保体系认证
	CF5	消费者权益	开放发展与诚信共赢	KC1	国家建设战略参与
	CF6	产品质量		KC3	信用管理
	CF7	发展效益		KC4	诚信经营
协调发展与和谐关系	XH1	企业治理责任		KC5	反商业贿赂
	XH2	群团组织和文化建设	共享发展与公益慈善	GG1	行业参与
	XH3	劳动用工和劳动报酬		GG2	创造就业
	XH4	集体合同和职业培训		GG3	纳税情况
	XH5	工作时间		GG4	公益捐赠
	XH6	保险福利			
	XH7	安全卫生			

（二）自变量的设计

企业的自变量分为内部驱动变量与外部驱动变量两大类，其中，内部驱动变量包括：经济动机、管理者责任认知、管理者责任行为、企业战略和组织文化。外部驱动变量包括：员工压力、社区压力、非政府组织压力、供应链压力、消费者压力、市场竞争水平、政府干预和法制环境，如表5-2所示。一方面，对于变量的测量，我们通过将其具体化为相应的问题由问卷回复者在李克特量表上进行评分来测量；另一方面，我们通过企业社会责任报告获取相应的信息并加以处理。

表 5-2　变量设计

代号	变量	内容
R	社会责任水平	创新发展与质量保证、协调发展与和谐关系、绿色发展与安全环保、开放发展与诚信共赢、共享发展与公益慈善
N_1	经济动机	经济动机对企业社会责任行为的影响
N_2	管理者责任认知	管理者责任认知对企业社会责任行为的影响
N_3	管理者责任行为	管理者责任行为对企业社会责任行为的影响
N_4	企业战略	企业战略对企业社会责任行为的影响
N_5	组织文化	组织文化对企业社会责任行为的影响
W_1	员工压力	员工压力对企业社会责任行为的影响
W_2	社区压力	社区压力对企业社会责任行为的影响
W_3	非政府组织压力	非政府组织压力对企业社会责任行为的影响
W_4	供应链压力	供应链压力对企业社会责任行为的影响
W_5	消费者压力	消费者压力对企业社会责任行为的影响
W_6	市场竞争水平	市场竞争水平对企业社会责任行为的影响
W_7	政府干预	政府干预对企业社会责任行为的影响
W_8	法制环境	法制环境对企业社会责任行为的影响

二、模型的构建

我们建立模型，并运用 SPSS 软件对企业社会责任水平与影响企业社会责任的内外部变量的关系进行统计分析，模型具体设计如下：

$$R = C + \alpha_1 N_1 + \alpha_2 N_2 + \alpha_3 N_3 + \alpha_4 N_4 + \alpha_5 N_5 + \alpha_6 W_1 + \alpha_7 W_2 + \alpha_8 W_3 + \alpha_9 W_4 + \cdots + \alpha_{13} W_8 + \varepsilon$$

其中 R 为企业社会责任水平，C 为常数项，α_i（$i = 1, 2, 3, 4, \cdots, 13$）为各变量相关系数，$N_i$（$i = 1, 2, 3, 4, 5$）为影响企业社会责任水平的内部驱动变量，$W_i$（$i = 1, 2, 3, 4, 5, 6, 7, 8$）为影响企业社会责任水平的外部驱动变量，$\varepsilon$ 为残差。

三、资料的收集

本次问卷调查的样本群体全部来自在我国工商部门注册的企业，分布全国多个省市，被调查企业共计 270 家。其中所在地为江苏省的最多，共 57 家，占 21.1%；其次是浙江省，共计 48 家，占 17.8%；来自山东省的企业共计 45 家，占 16.7%；来自安徽省的企业 41 家，占 15.1%。在行业分布上，本次调查对象涉及农、林、牧、渔业，工业，零售业，餐饮业，软件和信息技术服务业，金融业。其中前五类行业是基于《中国中小企业社会责任指南》中对中小企业的分类，而金融业在分类中并未出现，被划归为其他行业。其中，工业占样本比重最大，共 90 家，占 33.3%；零售业共计 65 家，占 24%；餐饮业占 11.1%；农、林、牧、渔业占 10%；软件和信息技术服务业占 11.1%；其他行业占 10.4%。

第四节　研究结果

本部分主要采用 SPSS 软件对研究数据进行分析。

一、多元线性回归分析结果

运用 SPSS 软件对企业社会责任水平与企业内外部驱动因素之间的关系进行多元线性回归分析，弄清企业社会责任水平与各变量之间关系的变化规律，准确地了解企业社会责任水平与各变量间的相互关系。回归结果如表 5-3 所示。

表 5-3　企业社会责任驱动因素多元线性回归分析结果

模型		B	S.E.	t	Sig.	VIF
	（常量）	1.572	0.297	4.992	0.000	1.024
N_1	经济动机	0.139	0.169	2.041	0.027	1.041
N_2	管理者责任认知	0.246	0.068	2.157	0.004	1.029
N_3	管理者责任行为	0.191	0.081	2.312	0.006	1.030
N_4	企业战略	0.127	0.088	3.813	0.015	1.053
N_5	组织文化	0.182	0.073	2.864	0.026	1.038
W_5	消费者压力	0.119	0.151	3.131	0.006	1.047
W_7	政府干预	0.211	0.171	2.320	0.013	1.034
W_8	法制环境	0.193	0.140	2.581	0.016	1.039

研究者采用向后筛选原则，让 SPSS 自动完成对解释变量的选择并实现回归方程的建立。最终通过显著性检验的各变量分别为：经济动机、管理者责任认知、管理者责任行为、企业战略、组织文化、消费者压力、政府干预和法制环境。回归方程调整后的 R^2 为 0.381；共线性诊断表明不存在

严重的共线性问题;回归方程显著性检验的概率 P 值接近于零,表明被解释变量与解释变量间的线性关系显著。所有检验表明回归结果总体上让人满意。最终回归方程是:

$$R = 1.572 + 0.139N_1 + 0.246N_2 + 0.191N_3 + 0.127N_4 + 0.182N_5 + \\ 0.119W_5 + 0.211W_7 + 0.193W_8 + \varepsilon$$

二、内外部相关因素假设检验结果

回归结果表明,经济动机、管理者责任认知、管理者责任行为、企业战略、组织文化、消费者压力、政府干预和法制环境对提升企业的社会责任水平具有积极的作用,即企业对利润目标的追求程度越高,企业管理者对责任认知水平越高,企业战略和组织文化对社会责任的促进作用越大,企业受到来自消费者压力越大,企业受到政府干预和法制规范的压力越大,那么企业社会责任水平就越高。即除 N_1、N_2、N_3、N_4、N_5、W_5、W_7、W_8 之外,其他假设均没有通过检验。最终的检验结果见表5-4。

表5-4 企业社会责任内外部相关因素假设检验结果

假设	变量	检验结论
N_1	经济动机	是
N_2	管理者责任认知	是
N_3	管理者责任行为	是
N_4	企业战略	是
N_5	组织文化	是
W_1	员工压力	否
W_2	社区压力	否
W_3	非政府组织压力	否
W_4	供应链压力	否
W_5	消费者压力	是
W_6	市场竞争水平	否
W_7	政府干预	是
W_8	法制环境	是

三、检验结果分析

通过以上的研究,对企业社会责任的内外部驱动因素进行了实证检验,找出了影响企业社会责任行为的驱动因素,确定了决定企业社会责任治理的关键变量，我们可以得出如下结论。

（1）根据研究的结果，企业的经济动机、管理者责任认知、管理者责任行为、企业战略、组织文化、消费者压力、政府干预和法制环境是企业承担社会责任的重要驱动，具体原因分析如下。

① 经济动机作为显著的影响因素，表明企业的利润目标与企业的社会责任目标并不矛盾，企业可以通过"行善来挣钱"，二者可在企业的长期发展战略中实现有效的结合。研究也表明，只有对企业、社会都有利的企业社会责任行为才可能是真诚的、持久的、双赢的。

② 管理者责任认知和行为是企业社会责任重要的内部驱动因素。任何企业的社会责任决策都是企业决策者在综合考虑外部约束和企业自身利益的基础上做出的，企业管理者的主观因素，特别是企业领导者的道德水平、价值观念和知行合一与企业的社会责任水平密切相关。负责任的领导在企业决策中能更多地考虑企业的社会责任行为。

③ 企业战略和组织文化对推进企业社会责任治理有显著的影响。企业战略从实践层面将企业发展和社会发展结合起来，有利于构建能实现企业价值和社会价值共享的管理机制，可以克服企业履行责任的惰性，提高履行责任的水平。而企业文化在潜意识中提升了员工的责任意识，并以此规范了企业社会责任行为。

④ 随着市场经济的深入发展，消费者对企业的社会责任行为给予"货币选票"支持。企业可以通过消费者将其社会责任成本支出转化为实际收益，或者社会责任行为中的预期收益高于企业的成本支出，那么消费者对企业的社会责任水平的影响力就会提升。

⑤ 政府干预和法制环境对企业的社会责任的基础性行为有显著影响。政府适当干预和良好的法制环境是市场经济正常运行的前提和基础，是规范企业行为的重要手段，它们能够要求企业在一定的框架内来完成社会对企业期望的行为，如法定的工资待遇、合乎标准的产品质量、可以接受的环境破坏等。

（2）根据研究的结果，员工压力、社区压力、非政府组织压力、供应链压力和市场竞争水平对企业的社会责任水平无显著影响，具体原因分析如下。

① 员工压力对企业的社会责任水平无影响。在我国企业中，员工作为企业社会责任的主要受益群体，在企业的社会责任行为中参与程度较低，真实有效的意见表达渠道较少。谦和忍让的传统，以和为贵的儒家思想，

吃苦耐劳、勤奋坚毅的品格，使他们对企业的社会责任行为几乎没有表达自己的意见和诉求。员工很难有力量来对企业的社会责任行为施加任何压力。

② 社区对企业的社会责任行为的提升很难产生应有的作用。社区与企业最为接近，受企业生产外部性的影响最深。如果社区对企业的社会责任水平的提升没有产生积极的影响，这说明社区对企业社会责任行为缺少有力的监督与反馈。主要原因可能在于我国市民社会的不成熟，以及由此带来的社区对企业社会责任行为进行监督的外部压力的缺乏，或者企业对当地经济与就业的作用而减少了社区对企业的负面反馈，从而使企业在社会责任问题上没有相应的改进。

③ 非政府组织的压力对企业社会责任水平的提升影响并不显著。在国外，促进企业社会责任的主要动力来自一些非政府组织。从发达国家劳工组织、消费者团体、人权组织和环保组织等非政府组织在企业社会责任运行机制建立中的作用可以看出，非政府组织在促进企业社会责任运行机制建立中居于前台，而政府相对来说则居于后台。但是在我国，非政府组织还存在着不足，如缺乏公信力、管理混乱、资金不足、人才缺乏等。

④ 来自供应链上下游利益相关企业的压力影响并不显著。企业在供应链中地位不尽相同，有些企业由于科技水平或资本实力在供应链上占有绝对的话语权，其他企业对这类企业的影响就很小。另外，供应链节点企业所处的行业竞争情况也有差异，在寡头市场中，企业对社会责任的履行意愿相对较低。

⑤ 市场竞争状况并不能显著提升企业的社会责任水平。也就是说，在一个高度竞争的市场环境里，在一个效率至上的社会里，企业社会责任的理念可能会被严重削弱，企业的社会责任感会趋于淡漠。因为如果一个社会的市场竞争过于残酷，经济活动就会出现一种向低成本竞争的方向。在低成本竞争中，当其他经济资源要素的成本无法再压低的时候，企业只能在最有弹性的社会责任成本，如劳动者工资、员工福利、社区投入、慈善捐赠等方面进行压缩，这也是我国出现低收入劳动大军现象的根本原因。因此，在社会保障和再分配等机制不完善、社会监督力量缺失、政府监管不到位，甚至同样追求经济效益的市场环境下，市场高度竞争的结果带来的可能不是企业社会责任水平的提升，而是企业社会责任的缺失。

第六章 企业社会责任内部治理

第一节 提升企业管理者社会责任意识

一、企业管理者对社会责任的认知

企业管理者关于社会责任的认知,对企业经营理念和行为准则有着巨大的影响,而基于企业社会责任意识的经营理念和行为准则则是企业社会责任行为和实践的具体指导依据。那么,什么是企业社会责任,为什么要履行企业社会责任,企业在多大程度上承担社会责任,企业采取什么方式履行社会责任,对这些问题的理解程度和认知水平决定了企业社会责任实践的深度、广度和质量。

就我国而言,企业的社会责任意识和社会责任行为经历了一个从无到有、从弱到强、水平渐次提高的过程。近年来,我国各个行业发布的各类社会责任报告数量逐年上升,报告的可读性更强,形式更加规范,信息的披露量更多,内容更加深入,国际化程度提升,报告的整体水平有一定程度的提高。尽管如此,与国际水平相比,我国企业的社会责任意识与社会责任行为还处于初始阶段。与欧美日等国家和地区相比,我国企业的社会责任意识仍然比较淡薄,整体认识水平有待提高。主要体现在以下几个方面。

（一）对企业承担社会责任的原因和动机存在理解偏差

计划经济阶段,企业生产什么、生产多少、怎样生产及为谁生产不是根据市场供求、价格和竞争状况而定,而是按照政府制订的指令性或指导性计划执行。此外,企业还承担了本该由社会承担的幼儿园、学校、医院等非营利性的社会事业。国家和政府对企业的强力控制和长期的"企业办社会",导致企业不堪重负,缺乏应有的积极性和活力。后经过多年市场经济改革,社会事业从企业中剥离出去,企业逐渐成为真正的市场主体参与市场竞争。对于企业社会责任,我国许多企业简单地把它等同于"企业办社会"的回流。尽管认识上的偏差有历史根源,但在实践上,这种错误认识不仅没有正确理解企业社会责任是为平衡企业利益和社会利益之间的关系，最终获得企业利益和社会利益和谐共赢的本质意义，还忽视了企业自身存在的问题和不足，阻碍了企业社会责任的实施。

改革开放以来，尤其是 2001 年我国加入世界贸易组织以来，在二元经济形态和农村劳动力源源不断供给的情况下，基于劳动力比较优势的出口导向型经济成为新时期我国经济增长模式，在投资和出口强劲拉动下，我国经济呈现出多年持续快速的增长势头。与此同时，我国企业在产品质量、环境污染、员工待遇、劳动环境、劳动保护等方面的问题凸显，负面形象日益呈现。在此情况下，国际劳工组织、国际环保组织和其他非政府人权组织对我国企业一些缺乏社会责任的行为提出疑问，并不断向与我国有密切联系的跨国公司施压，要求跨国公司关注和促进我国企业改进。与此同时，国外相关企业在激烈的竞争压力下也对我国企业的社会责任现状提出批评。在此情况下，我国许多企业把外界的指责看成国际社会蓄意提高我国产品成本、削弱我国企业赖以生存的竞争优势的阴谋。阴谋论的甚嚣尘上，曲解了企业社会责任的动因，忽视了自身存在问题的严重性，不仅不利于其对应有的社会责任的承担和对利益相关者权益的保护，还对企业的可持续发展造成威胁。

（二）承担社会责任的形式简单化、表面化

许多企业习惯把搞慈善和捐款当作履行社会责任的全部形式和行为。尽管慈善和捐款是应该提倡的企业善举，为回馈社会而进行慈善和捐款的动机也无可厚非，但简单地把承担社会责任等同于慈善或捐款，这与企业作为经济和社会双重性质的组织、把追求自身利益最大化和社会利益最大化相统一的现代企业社会责任的倡导不相吻合。再者，企业社会责任的内容极其丰富，绝不是简单的慈善行为所能囊括的。按照卡罗尔的"社会责任金字塔"模型，如图 6-1 所示，企业应该承担四种社会责任，从塔底到塔顶依次为经济责任、法律责任、伦理责任和慈善责任。其中，参与慈善活动是自愿责任，是企业承担社会责任的最高级形式。此外，全球报告倡议组织提出企业社会责任"三重底线"的概念，也就是经济、环境和社会三方面责任。经济责任就是提高利润、照章纳税、股东定期分红等比较传统的企业责任；环境责任就是企业在发展过程中应具备环境意识，不能以牺牲环境为代价，要保护而不是肆意破坏环境；社会责任就是对员工、消费者、商业伙伴、竞争对手、社区、政府等利益相关者负责。总之，"三重底线"就是把企业追求单一的利润最大化经济目标，转为从经济、环境、社会三方面考虑的综合利益最大化目标。企业承担社会责任形式的简单化、表面化,在现实中会不利于企业承担基本的社会责任。以经济责任为例,有些企业认为企业经济责任就是追求利润最大化,为此出现偷逃税现象;还有些企业经营业绩突飞猛进,企业利润雄厚,新股发行不断,但往往几年不派发红利,或股东只得到了微薄的分红,与企业高额的利润严重背离。

图6-1 卡罗尔的"社会责任金字塔"模型

特殊的国情使得我国大部分企业目前尚处于成长发育期,这是其社会责任意识淡薄的重要原因。但是,企业社会责任运动以不可阻挡之势席卷全球,企业社会责任成为企业的核心竞争力已被实践证实,在经济全球化的今天,我国企业参与全球化的广度和深度与日俱增,且不可逆转,要使我国企业在激烈的国际竞争中取得优势,就必须顺应国际潮流,增强和提高企业社会责任意识。为此,应着重从以下几个方面做出努力。

1. 法律意识

依法经营、照章纳税是企业存在的法理基础,本是企业概念的题中应有之义,也是企业理应承担的最基本的社会责任。在法制健全、竞争有序、市场经济体制较完善的国家,强调企业的法律意识往往是多此一举,因为在这样的环境下,违法经营往往要付出惨痛的代价,这使得守法成为企业的一种习惯。我国则有所不同。从宏观制度层面看,我国相关的法律法规还有待完善;从微观层面看,企业法治观念普遍淡薄,守法意识不强。完善的法制是市场经济正常运转的前提,守法的市场主体是维护市场公平竞争的关键。因此,必须通过宣传、惩治等途径提高企业的法律意识,促使企业把遵守法律、合法经营作为基本的、硬性的企业社会责任承担起来。当然,法制不健全、执法不严、选择性执法、违法成本过低是造成企业法律意识不强、普遍性违法的宏观制度原因。因此,只有进一步完善立法、严格执法、提高违法成本、维护我国法律应有的尊严,才能从根本上提高企业的法律意识,进而使企业逐渐成为遵守法律、依法经营的典范和市场主体。

2. 道德意识

道德就是以是非善恶评价为标准,依靠舆论、习俗及内心信念的力量调解人际关系的行为规范的总和。道德意识是人们在长期的道德实践中形成的道德情感、道德观念、道德信念、道德意志和道德理论体系的总称。所谓企业伦理或企业道德,是指企业从事经营活动时所遵循的道德原则和规范。企业在经营过程中,需要与不同利益相关者产生联系。其中,内部最主要利益相关者是企业员工,外部则有消费者、供应商、竞争对手、社区、政府等。除用最基本的法律法规规范企业与利益相关者之间的关系之外,道德约束更是不可或缺。企业道德意识是社会道德意识的重要组成部分,是通过教育、提倡、引导、培育及习俗的延续等渠道获得的。伴随时代的发展和社会进步,社会对企业道德的要求不断演化,逐步升高。比如企业发展早期,做好自己,对股东负责,为股东谋利,不恶意、主动地侵害他人权益就是企业承担社会责任。但今天看来,这仅是企业承担社会责任的基础和第一步。经济全球化意味着企业在世界范围内既高度分工又高度合作,与此同时,企业的负外部性将伴随资本、资源等要素的全球流动而扩散。在此情况下,如果企业尤其是跨国公司只顾自己和股东的利益,必然带来全球性的社会问题和环境问题。因此,企业不仅仅是经济组织,它还要作为企业社会公民、社区成员承担起对员工、消费者、环境等的诸多责任。调控这些责任的,除法律这种强制性的基本要求外,更多的还要靠道德的约束和鼓励。

目前,我国一些企业的道德意识令人担忧。通过媒体的披露,一些严重违背道德的企业行为相继浮出水面。令人感受最深的是与人们身心健康密切关联的食品、医疗等行业频频出现的败德行为,这些严重违反道德底线的行为不仅对消费者的身心健康造成严重伤害和威胁,对正常的市场和社会秩序也造成破坏,同时,我国企业的国际形象因此遭到质疑。调查显示,一部分外国人对我国部分企业的印象为成本低、发展速度快、道德水平不高。由于失信于民,企业自身利益也遭受重创,企业的可持续发展前景甚至生存都成了问题。食品、药品领域存在的败德行为已经深深伤害其自身的发展。此外,社会上还不断出现一些明显违背常识的关于食品安全的流言,一些媒体不经核实便在网上宣传,而不明真相的群众也深信不疑,这与食品领域屡破道德底线、丧失公信力有直接的关联。因此,通过加强主管部门的监管、对企业违反道德行为的惩罚、媒体的报道、消费者的监督及企业反躬自省等多管齐下提高企业的道德意识是当务之急。

3. 公益意识

除增强企业社会责任的法律意识和道德意识外，还应在更高意义上提高企业的公益意识。如爱护、保护环境，采用绿色生产，倡导绿色消费，积极治理和修复自然环境，资助环保事业；利用自身特色和优势，积极参与社区建设及社区活动，关注社区弱势群体，支持社区的教育医疗等事业，尽力为他们提供急需的帮助。

近年来，伴随改革开放进程的加快，我国企业的公益意识有所提升，参与公益活动的热情不断增高。比如，我国一些具有强烈责任感和公益心的企业家发起成立了友成基金会（企业家扶贫基金会），对我国公益领域的创新开始了探索，成为推动社会和谐发展的重要力量。但与西方发达国家相比，我国企业的公益意识总体偏弱，加之受法律法规配套滞后的消极因素影响，我国企业参与公益事业活动还处于相对初期的阶段。企业家扶贫基金会和零点调查公司曾经开展的一项调查显示，我国企业公益指数得分仅为44分，处于"不及格"状态，说明我国企业公益事业还处于起步阶段。《中国企业公益研究报告（2018）》显示，2018年，外资企业公益发展指数为29.57分，国有企业公益发展指数为23.69分，民营企业公益发展指数为22.95分，表明我国企业公益指数仍在起步阶段。其中，我国国有100强企业公益发展指数超七成停留在一、二星级，只有3家企业达到五星级，6家企业达到四星级，企业公益发展严重不足。经济学家汤敏认为，我国企业公益事业不仅规模过小，而且从事公益活动的广度和深度上都还存在不足。比如企业公益投入集中在救灾、扶贫与教育援助等领域，而对环保、健康等领域关注不够；部分企业捐赠之后对款物去向、用途关心和跟踪不够，导致企业公益资金的使用效率偏低；企业公益事业的模式落后；等等。因此，为更加有效地承担和履行社会责任，我国政府不仅要鼓励企业继续强化公益意识，而且还应借鉴国际先进经验，引导和帮助企业制定公益战略、公益系统，提高公益管理和企业公益行为的组织化程度，促使企业积极主动地与公益慈善组织合作。

二、形成以企业社会责任为核心的经营理念

企业社会责任经营理念是系统的、具有哲学意义的企业社会责任观，它是企业社会责任意识的凝练和升华，是企业进行社会责任管理的价值观基础和思想前提。企业社会责任决策和行为在根本上取决于企业树立起正确的社会责任经营理念。从全球范围看，企业社会责任经营理念经历了以

下演变过程。第一个阶段，认为企业社会责任就是实现股东利益最大化，除此之外没有其他责任。其简单的逻辑是，企业是股东出资建立的，保证出资人资产的保值增值是天经地义的。在这个阶段，没有利益相关者的概念，在企业经营过程中，更不会考虑他们是受益还是受损。股东利益的最大化往往不能带来社会利益，相反，在很大程度上是建立在损害社会利益的基础之上的。第二个阶段，把企业社会责任定位在遵纪守法、不做不利于社会和其他利益相关者的事。单纯追求股东利益最大化的结果是引来一系列社会问题，如环境污染严重、失业增加、劳资矛盾突出等，进而导致政府规制企业不良行为的法律法规的出台。企业再也不能像以前那样为追求自身利益而肆无忌惮地损坏社会利益，相反，要为自己的违法行为付出惨痛的代价。企业的守法意识随之增强。这时的企业社会责任经营理念在处理企业利益和社会利益关系问题上有所进步，但仍把企业利益和社会利益对立起来。法律法规毕竟是他律，一旦有机会还会伺机钻法律的空子，以实现自身利益最大化。第三个阶段，企业策略性地承担股东利益之外的社会责任，以赢得好的社会环境和竞争优势。遵纪守法已经成为企业经营行为的一种规范，而且主动承担社会和环境责任，但这样做仍是出于自身的盈利，因为策略性承担社会责任能赢得消费者的认可和政府的肯定，使自己的公众形象提升，比竞争对手获得更好的竞争优势。不足之处是还没有自觉地把企业的经济利益和社会利益融为一体，但相对于前两个阶段毕竟是进步。第四个阶段，战略性地承担社会责任。企业深知其不仅是经济组织，还是社会组织，对企业社会公民的身份有发自内心的认同，自觉地把承担社会责任上升到企业战略高度，在经营过程中，把自身的经济利益与社会利益统一起来，统筹兼顾。

就我国而言，战略性地承担社会责任只有少数企业能做到，一些大的企业最多是做到策略性的责任理念，更多的是被动执行，有的企业甚至不惜违法单一地获取股东利益，因此，必须有针对性地形成以企业社会责任为核心的新的经营理念。

（一）利益相关者理念

1984年，弗里曼在《战略管理：利益相关者方法》一书中关于利益相关者的定义堪称经典：利益相关者就是那些能够影响一个组织目标的实现，或能够被组织实现目标过程中影响的个人和团体。利益相关者包括员工、消费者、商业伙伴、社区、政府等直接利益相关者或间接利益相关者。利益相关者理论突破了传统的股东利益最大化的理论缺陷，不仅使企业的社会责任范围更明确和规范,而且成为企业社会责任的理论依据,以及衡量企业社会责任的正确方法。传统的经济理论仅仅把企业与员工、消费者等之间的关系看作简单的市场交易关系,并认为在完全竞争条件下,在符合规范的市场交易中实现企业利润最大化的同时实现社会利益的最大化。这种理念过于理想化,虽然股东利益和相关者的利益并无天然的矛盾和冲突,但也不意味着二者完全一致。企业在追求自身利益最大化目标时可能对利益相关者产生积极或消极影响;反之,利益相关者的诉求和行为也对企业目标的实现产生或正或负的影响。因此,只有树立利益相关者的理念,在企业经营中充分了解、平衡和尽力满足利益相关者的需求,促使企业行为尽力减少消极影响,增加积极影响,才能最终实现企业长久利益与利益相关者利益最大化的一致,实现多重目标价值最大化的同时,保障企业的可持续发展。

(二) 企业公民理念

企业公民理念就是要把企业当作社会公民对待。企业公民是自然人公民的延伸,在政治学意义上主要是强调权利与义务的对等关系。作为社会公民,企业也应该像自然人一样享有应有的权利,承担与权利相对称的社会责任和义务。因此,从一定意义上来说企业公民理念等同于企业社会责任理念,是对企业社会责任思想的继承、突破与发展。

(三) 企业社会契约理念

企业和社会分别作为契约的两个主体,二者之间是事实上的契约关系,彼此承担着责任和义务:企业应对其赖以存在的社会承担责任,社会也应为企业发展承担责任。企业社会契约理论突破了企业与社会的关系就是企业从社会上获取资源及向社会提供各种商品的市场交易关系的传统观念,为企业与社会之间的良性发展和企业社会责任的有效承担提供了理论基础。

企业自身就是一系列契约的组合,既包括企业与股东之间的契约,也包括企业与各类利益主体或利益相关者,如管理者、雇员、供应商、消费者、社区和政府等之间的契约。就契约的类型而言,包括显性契约和隐性契约。以基本协约形式出现的、具有法律约束力的契约为显性契约,但受成本过高或其他条件限制,企业契约更多的是以心照不宣、双方默认的非协议形式存在的隐性契约,如保证员工安全、企业经营过程中对环境污染的控制等。隐性契约的基础是社会信用,虽然没有明确的法律规定,但隐含着责任和义务担当,企业仍应遵守。

传统观点认为企业是追求利润最大化的经济组织,但这是基于股东利益而言，忽视了企业与其他利益主体或利益相关者之间的契约履行关系。企业社会责任是企业与社会之间隐性的社会契约关系，是企业自觉自愿地履行隐性契约，保证企业自身利益和利益相关者利益最大程度上的一致，实现自身经济价值和社会价值最大化，最终保证企业可持续发展的行为。由于前面章节已经详述，此处不再赘述。

三、将社会责任意识融入企业行为准则

企业社会责任要转化为企业社会责任行动和实践，就必须制定可供企业中每个员工都必须遵守的具体的行为规范，即企业社会责任行为准则。行为准则制定的基本原则就是企业在追求利润的同时，平衡员工、消费者、社区、政府等利益相关者的利益。企业性质不同、所处环境不同，其制定的行为准则差异性很大，但必须在尊重基本的法规、尊重人权和国际准则的前提下，遵守基本的准则。

（一）制定对员工的行为准则

在为员工提供工作机会的同时，本着尊重员工的生命和健康，应尽力为他们提供安全和健康的工作环境，做好劳动保护，防止伤害员工的身心健康，减少职业病的发病率；避免种族、性别、年龄、宗教等各类歧视，为员工提供平等的就业机会、升迁机遇和接受培训、教育的机会，以促进员工能力的提高；尊重员工民主参与管理企业的权利，积极吸收他们的合理建议，并提高他们的工作积极性和工作热情；组建代表员工利益的工会组织，在工资、工作时间、劳动环境等涉及员工利益的问题上，实现企业与工会组织的集体协商，以平衡劳资利益，减少劳资冲突，稳定劳资关系。

（二）制定对消费者的行为准则

向消费者提供安全、高质量、价格公道的产品，做好售后服务；实事求是地宣传产品的性能、可靠性等，保障消费者的知情权和自由选择权；维护信息管理，保障客户信息安全。

（三）制定对商业伙伴的行为准则

选择信誉良好的商业伙伴，并保持对他们的监督；建立良好的供应合作关系，与商业伙伴形成利益共赢、风险共担的良好、稳定的合作关系。

（四）制定对社区的行为准则

积极参与社区建设，为社区的教育、医疗、就业等定期举行慈善活动，为营造稳定的社区环境打下基础。

此外，为更有效地推进行动准则的实施，还应在上述规范的基础上，制定相应的推进机制、监督机制和惩戒机制，并作为内部制度在企业中实行。

第二节　建立健全企业社会责任治理结构

相对于传统的以股东利益为重的企业治理结构，融入社会责任管理的企业治理结构基于利益相关者、企业公民等理念，让投资者、员工、消费者、债权人等利益相关者参与公司治理，充分体现他们的意志，满足他们的合理要求。为此应建立相应的组织或机构以承担企业社会责任管理职能，负责企业社会责任决策、内部标准的建立，进行企业社会责任活动的内部评估，制定必要的惩戒制度，撰写和发布企业社会责任报告，等等。当前较常见的企业社会责任治理结构的形式有以下两种。

一、董事会决策模式

董事会决策模式的治理结构具有以下特征。

（一）设立专门委员会

在董事会层面设立专门委员会，一般称为企业社会责任委员会或公共事业委员会，专门负责企业社会责任事务。企业社会责任委员会承担董事会关于企业社会责任方面的要求，在企业社会责任战略和监督方面加强董事会领导。企业社会责任委员会由独立董事组成，承担与公司密切相关的公共政策、法律法规、生产安全和产品安全、环境保护等事项的评估责任和其他相关责任。

专门委员会要想有效实现董事会治理，就必须遵守相应的道德规范和行为准则的度量标准；对利益相关者有充分的认识，知晓利益相关者的诉求并具备解决可能存在问题的策略；重视声誉和品牌；了解公共政策，知道会对环境和社会目标产生影响的内部政策。

在具体的实践过程中，专门委员会要制定并应告知企业责任战略，对实施策略进行有效监控，发布企业社会责任报告并与股东进行积极的沟通。

（二）选择任命熟悉企业社会责任的董事

董事会成员组成往往较为单一，背景范围狭窄，缺乏多样性。从具有管理大型组织经验的或公共部门招聘具有企业社会责任（如环境、健康与安全、消费者关系、人力资源）业务经验的董事，可以拓宽董事会的视野。董事在确保企业社会责任在企业价值观、战略、风险管理结构、激励计划和披露实践中发挥着至关重要的作用。现有文献及治理实践鼓励企业将企业社会责任问题纳入董事会管理的各个阶段，包括董事会的结构、继任计划、董事任命和董事会评估。此外，企业应该在年度报告中披露这些做法，以确保投资者和其他利益相关者认为这些做法恰当地解决了问题。企业社会责任支持受托责任，所以董事会选择任命具有企业责任专长的董事将是有价值的。

不同的企业在企业社会责任治理的实践上存在着较大的差异。一些企业采用企业社会责任的理论，如企业责任理论、企业可持续发展理论和"三重底线"理论等，来界定其内涵或者作为实践依据。还有一些公司则倾向于对企业社会责任的每个维度制定专门的方案，如环境管理方案和社区或员工关系方案等。制定有效的企业社会责任治理框架可以帮助董事会对企业社会责任问题进行妥善管理，以实现价值最大化。

现有许多文献都对企业社会责任治理计划的准则进行构建，并提出了董事会可以而且应该采取的一些措施，以实现有效的企业社会责任治理。有学者认为，董事会应在其日常业务议程中处理企业社会责任问题，而不是将其作为一项附加内容。一般来说，董事会企业社会责任治理框架包括以下几个方面：

（1）董事会考虑将企业社会责任整合到企业的目标、价值观和政策中，特别需要考虑相关国际准则。

（2）董事会应制定相应的战略、目标及关键的绩效指标，可通过设立委员会、指定独立董事担任委员会委员等方式进行有效监控，并实现有效治理。

（3）董事会应能够识别对社会、环境和伦理产生的风险及机遇，并通过一定的程序对其进行控制。

（4）董事会在面对重大的并购或者投资行为时，应将企业社会责任考虑进来。

（5）董事会应积极考虑相关利益者的参与情况，能识别并尽力解决相关利益者的问题。

（6）董事会在进行首席执行官招聘或继任计划时，应考虑候选人对履行企业社会责任的态度。

（7）董事会应将薪酬与财务和非财务指标挂钩。

(8) 董事会在招聘、评估和培训时，应考虑企业社会责任的履行情况。

(9) 董事会应建议企业对企业社会责任履行情况进行披露和报告。

董事会决策模式的典型代表是欧美国家的企业。比如美国国际纸业，其董事会下设公共政策与环境委员会，该委员会至少由3位独立董事组成，其成员由董事会决定，委员会围绕其应承担的职责定期召开会议。会议的内容包括：评估企业的愿景和目标是否与做一个优秀的企业公民相一致；为确定企业的公共政策事项而评估企业的技术与流程；评估企业在环境、安全、健康方面相关的政策、计划与表现；评估慈善和政治捐款，提出建议；评估法律事项及对法律、法规与道德守则的遵守情况；评估在诉讼案件中对董事和公司员工进行的赔偿，提出建议；评估该委员会的业绩。一般来说，石油、化工、医药等在生产过程中可能会对环境和社会产生重大影响的行业，通常采用这种模式，如美国铝业、加拿大铝业，还有英国石油、壳牌石油、英美烟草等行业巨头，都采取专门设立董事会下属委员会的方式负责企业社会责任事务。

二、董事会承担、经理决策模式

更多的跨国企业采用的是董事会承担、经理决策模式。在董事会的职能中明确董事会要承担企业社会责任；在操作上，授权给企业的管理层负责相关事项。除了在执行委员会下设委员会的做法，董事会更常见的授权方式是把企业社会责任授权给首席执行官负责，并不在董事会的结构中体现。在实践中，相当多的企业采用这种模式。入选《财富》杂志"十佳企业社会责任"的迪士尼公司，在其《公司治理指引》中，专设"社会责任"一章，强调企业对社会和股东都负有责任，企业管理层应该向董事会递交年度报告，总结企业为了履行社会责任而做出的政策、行动和捐献活动，报告企业为了社会责任而做的努力及所取得的成效。

由于涉及的角色和学科范围不同，企业社会责任经理的具体技能很难明确。根据研究，企业高管应该具备六个核心能力——了解社区和社区发展能力、建设能力、质疑盈利之外业务的能力、利益相关者关系管理能力、战略业务和社区伙伴关系管理能力、利用多样性能力。《社区商业》杂志首席执行官斯蒂芬·霍华德（Stephen Howard）提出了治理企业社会责任的八项原则，用于指导企业管理层进行企业社会责任的价值定位，并将其整合到企业的日常管理重点中。这些原则包括：

（1）领导并承诺，确立有责任心的价值观和标准。

(2) 把企业社会责任上升到战略高度。

(3) 定期披露履行情况信息。

(4) 参与改善所在行业的监管。

(5) 协调绩效管理,奖励履行社会责任的部门。

(6) 构建和谐的文化。

(7) 利用内部审计和风险管理确保责任履行。

(8) 定期检查治理安排。

此外,高管还可以从以下六个方面开展社会责任活动。

(1) 公司可以通过提供资金、实物捐助或其他资源来提高对社会事业的认识和关注。

(2) 企业承诺根据产品销售情况,将一定比例的收入捐给特定的事业。

(3) 企业支持开展和实施行为改变运动,以改善健康、安全、环境或社区福祉。

(4) 企业直接以现金捐赠,或以实物服务的形式向慈善机构捐款。

(5) 企业支持并鼓励零售合作伙伴或特许经营成员自愿抽出时间支持当地社区。

(6) 公司采取可自由支配的商业做法,支持社会事业,以改善社区福利和保护环境。

基于社会责任的企业治理是联系企业内部及外部利益相关者的正式和非正式关系的一套结构和制度安排。在亚洲,战略性企业社会责任在日本得到较好的实施,其经验也表明,企业社会责任部门的归属会影响日后社会责任推进部门的目标定位、发展方向、工作重点和工作方式。从日本经验来看,将社会责任推进部门归属在企业战略或综合办公等强力部门之下,发展状况良好。

就我国而言,国资委的抽样调查发现,我国有一半的企业没有建立企业社会责任委员会,而回答已经建立相关机构的大多像扶贫领导小组、安全生产小组、节能工作办公室、社会事业管理部、社区管理委员会等,往往是某一具体社会责任管理机构,而非统筹全局的社会责任机构,更不是上升到决策层面的领导机构。为数不多的大企业还处在初步探索阶段。2008年,我国中央企业中只有中远集团、中国移动、中国电网、中化集团四家在决策层建立了社会责任委员会。其中,中国移动建立的企业社会责任指导委员会初步拟定每年进行一次全体会议,对中国移动的企业社会责任战略、目标、规划和相关重大事项进行审议与决策。委员会下设办公室,归于总部发展战略部，负责横向协调公司各职能部门，纵向指导各省（市、区）运营子公司开展企业社会责任相关工作。中国移动企业社会责任指导委员会的职责：负责集团公司整体企业社会责任管理的领导和决策工作；审议、批准集团公司企业社会责任管理相关政策及制度；审议、批准集团公司企业社会责任战略目标、规划、年度计划及重大项目；审议、批准集团公司年度企业社会责任的相关目标、计划和重大项目的调整方案；审议、批准集团公司年度企业社会责任报告；审议、决策集团公司企业社会责任管理中的其他重大事项。此外，中远集团建立了可持续发展和社会责任管理体系，从战略到执行，从流程到运行，从决策到实施，从目标到考核，从基础数据收集到报告编制发布，都构建起了分工明确、责任落实的体制机制。国家电网则成立了由一把手领导、领导班子和各部门主要负责人组成的企业社会责任委员会。总之，我国企业在承担社会责任方面可谓任重而道远。

第三节 推动企业社会责任融入企业战略管理

企业最大限度地履行社会责任的途径是把社会责任纳入企业长期经营目标，使之成为战略性企业社会责任。战略性企业社会责任，就是说企业通过承担社会责任达到企业和社会双赢的结果。相对于把企业社会责任看成与企业经济目标相对立的一种负担和策略性社会责任，战略性企业社会责任把承担社会责任与利润一道作为企业经营的终极目标加以追求。因此，只有战略性地承担社会责任，企业才会在最大程度上对社会产生积极作用，并带来企业的可持续发展。

一、构建企业社会责任战略管理框架

战略是为了应对环境变化所带来的威胁（风险）和机会（价值），战略管理成为现代企业获取核心竞争力、保持竞争优势的基本手段。企业发展战略风险是影响整个企业的发展方向、企业文化、生产能力或企业效益的风险因素，是企业整体发展出现损失的不确定性因素。企业社会责任管理关注和防范企业发展战略风险，对于企业的生存和发展具有极端重要的意义。越来越多的企业意识到，制定和实施企业社会责任战略，开展社会责任投资及社会责任信息披露，能够有效降低企业社会责任风险，提升企

业声誉，为助推企业可持续发展、促进企业战略目标的实现保驾护航。将企业社会责任纳入战略管理框架，运用内部控制手段管理社会责任风险，将成为人本经济时代企业贯彻落实其社会责任战略的必然选择。企业战略性社会责任在宽度上往社会责任扩展，在高度上往战略层次延伸。企业战略是企业发展使命与经营目标下的决策结果，作为生产营运活动的行动指南对企业社会责任、内部控制及其两者间关系起引导与强化作用。企业社会责任管理作为企业战略部署的一个重要环节，其实施过程与结果的好坏直接影响着企业能否树立企业形象、形成品牌效应、占领竞争市场。企业社会责任战略性管理框架，如图 6-2 所示，包括企业战略和企业社会责任两大部分。从横向看，两者之间存在引领与促进的关系；从纵向看，两者从上而下依次包括决策、执行和监督三个层次。企业战略与企业社会责任管理的双向互动性及内在分层的对应性，为我们构建企业战略性社会责任管理框架提供依据，是确保企业社会责任管理效果、推动战略实施、促进企业自觉承担社会责任的关键。

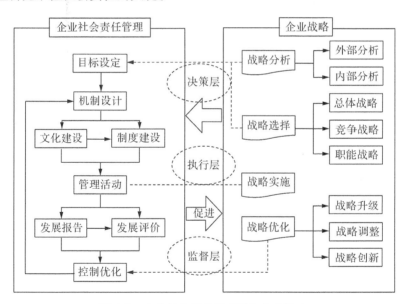

图 6-2　企业社会责任管理融入企业战略

（一）企业战略引领企业社会责任活动的开展

企业履行社会责任的目的是降低经营风险、保障企业主要经济目标的实现。强调社会责任践行的战略意义，可以有效避免企业局限于提高社会责任水平而忽视其促进实现战略管理目标方面的作用。企业战略管理包括战略分析、战略选择、战略实施和战略优化四大流程。战略分析为社会责任的融入选择合适的契机，战略选择催生社会责任战略的形成，战略实施则激发社会责任目标及运行需求，进而通过战略升级、战略调整或战略创新来优化战略性社会责任内部控制系统。企业承担社会责任是一种营利性的投资行为，本身会增加企业的财务风险，因此，科学合理的成本控制与资源分配是成功实施社会责任战略的关键。企业在追求经济效益的同时应兼顾社会效益和环境效益，在提供高质量的产品让消费者获得满意度的同时满足其他企业外部利益相关者的基本共同利益。

企业管理的基本目标是合理保证企业经营管理合法合规、资产安全、财务报告及相关信息真实完整，高级目标是提高经营效率和效果，促进企业实现发展战略。因此，企业构建战略性社会责任的最终目标并不是提高企业承担社会责任的水平，而是满足各利益相关者需求并作为一种战略实施的工具推动战略目标的实现。在合理确定管理目标之前，需要对企业内外部环境进行分析，确定风险偏好并评估风险，因为只有在战略分析的前提下设定的目标才能降低组织的环境压力与社会责任风险，提升企业形象，提供企业可持续发展动力的功效。制度与文化建设、风险评估、质量监督、信息追踪等内部控制成本的投入，是企业远期成本节约的战略准备，是为降低产品召回、赔偿、信誉损失等外部损失成本做出的努力。企业的经营哲学与宗旨体现了领导者对社会责任的态度和取向，涉及外部利益相关者利益的保障，也影响企业长远目标的实现，更涉及一个社会的均衡发展问题，企业必须正确对待社会责任融入战略的问题，明确战略性社会责任的目的，以战略目标统领内部管理活动的开展，在此基础上推动企业自觉承担社会责任的步伐。

（二）企业社会责任管理促进企业战略的实施

企业战略性社会责任内部控制系统是企业战略得以科学制定、有效实施的基础。企业社会责任管理作为一种战略实施的工具，应将社会责任理念顺利融入企业战略，提升社会责任承担水平，塑造鲜明的企业社会责任形象，并促进企业发展战略的实现。同时，企业应利用社会责任管理对社会责任战略的实施效果进行阶段性考评，在发现问题、总结经验、调整优化的过程中指导和建议后续的实践活动。

二、企业社会责任融入战略管理流程

企业社会责任内部控制始于目标设定，止于控制优化，并另含机制设计、制度建设、文化建设、管理活动、管理评价、发展报告,这八大要素结合战略融入过程分为析识、考评和监控三个阶段,如图 6-3 所示。

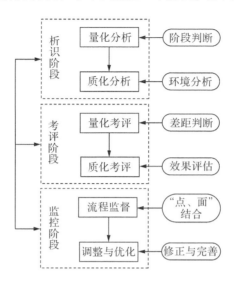

图 6-3　企业社会责任融入战略管理的流程

(一) 企业社会责任融入战略管理的析识阶段

企业社会责任融入战略管理首先需要对企业的内部环境进行严格的评估和分析,发现企业所处的环境、拥有的优势和存在的问题。析识阶段包括两个环节:量化分析与质化分析。量化分析即利用统计分析软件等对往期的绩效评价数据进行内部环境分析和预测,明确企业战略的实施情况和所处的环境,制定出适宜现阶段的管理目标;质化分析即对社会责任战略实施效果在经营过程中体现度的分析与预测,了解企业社会责任理念的融入对组织结构、企业文化及风险偏好等的影响并进行预测,根据分析结果设计内部控制机制、修正管理制度、调整管理策略。企业通常利用往期的财务绩效指标来判断社会责任的承担对企业经营的影响,此外,也可以通过顾客、内部流程、创新与学习多个角度的非财务绩效考核量表来分析战略实施所处的阶段,以及同总体目标的差距。企业承担社会责任的行为是一个系统的过程,也是一个质变的过程,整个过程体现了企业从怎么想到怎么说再到怎么做的思想行为变化过程。在从认知层面、释义层面和行为层面对企业履行社会责任的理解、动机与行为方式的考评中要注意评价方式的多样性,同时,还要注意一些阻碍内部控制开展的隐性因素,如组织结构和企业文化。这些因素能够影响内部控制能否达到合理水平,能否处理好员工的"被动行为"与"主动行为"间的关系,能否实现"强制性规范"与"引导性规范"的有机结合。企业内部建设条件的不成熟会给社会责任理念的融入、内部控制活动的开展、企业战略的实施增加障碍。为此应在企业战略引导下设计出合理的内部控制目标,将战略目标作为实施内部控制的目标标准,作为判断企业生产经营和管理活动是否适当、是否发生偏离,为企业机制、制度与文化的改进提供依据。

(二)企业社会责任融入战略管理的考评阶段

该阶段分为量化考评与质化考评两部分,主要针对阶段性社会责任战略的实施情况进行分析与预测。量化考评主要是针对当前的经营管理业绩、员工绩效的考评。与量化分析不同,量化考评重点在于找出企业业绩结果参数与现阶段战略目标的差距,是一种适时考量,而非判断企业所处战略阶段的追溯分析。与质化分析不同,质化考评通过问题调查、心理测试、职业测评等方式评估企业社会责任战略被组织、员工的接纳程度,并对质化分析中机制、制度、文化的修整效果进行评估。内部控制需要保证企业的组织结构、机制、制度、文化与战略总体思想保持一致,因此,通过质化考评可以发现战略管理过程中企业社会责任在资源配置、机制、文化建设等方面存在的问题,进而将控制风险、汇总考评结果、形成社会责任管理战略融入评估报告。

(三)企业社会责任融入战略管理的监控阶段

对于社会责任融入企业战略思想的过程,我们应当采取"点、面"结合的监督手段。"点"即始点,每一个决策的做出都是一系列活动的开始,从源头给予监督控制能够有效保证内部管理活动为战略实施所需;"面"即过程,对企业社会责任管理的实施从目标设定到机制、文化建设再到评价与报告的形成,整个流程都保持相对全面的监督,这种辐射状的跟踪监控手段有利于企业获取战略融入社会责任管理后对经营活动持续影响的截面数据,为企业判断战略实施的阶段性成果而进行的量化分析提供数据支持。社会责任管理的监督职能还体现在推动战略实施的优化与调整上。企业通过在监督过程中发现的问题对战略实施阶段性方案进行思路性的预防调整与内容性的纠偏调整,并根据问题的危害程度、风险的重要性及战略实施的需求对企业资源进行重新分配。

三、企业社会责任融入战略管理的保障措施

企业社会责任融入战略管理要经历析识、考评和监控三大阶段,在此

过程中要将企业社会责任的承担行为贯穿于企业生产经营管理的每一个环节，还需要通过融入企业管理体系、社会责任风险管理、社会责任投资及社会责任营销等来实现企业对利益相关者的社会责任践行承诺。

（一）融入企业管理体系

企业应该将社会责任建设融入企业管理体系，把履行社会责任作为提升企业管理水平、增强企业综合竞争力的重要内容，积极履行社会责任，并通过自身的模范示范作用，更好地发挥影响力和带动力，进而促进企业与社会、环境的全面协调可持续发展。企业的成功离不开各利益相关者的支持，企业在所从事的各种活动当中，应当对所有利益相关者承担相应的责任，以求不仅在经济方面，更在社会、环境等领域获得可持续发展的能力。在制定企业发展战略时，除利润目标以外，还要明确企业的社会责任，并及时根据企业社会责任战略调整企业内部组织结构，将履行社会责任的要求全面融入企业发展战略和日常经营管理。高度重视非财务因素对企业战略决策的影响，把社会责任工作融入企业管理制度、控制程序、激励政策和业绩目标，以适应实施社会责任战略的需要。

（二）社会责任风险管理

企业强化安全生产、产品质量、环境保护、资源节约、员工权益保护、慈善捐助等方面的战略性社会责任风险的管理与控制，满足利益相关者的合理诉求，提升社会满意度和支持度，有助于落实企业发展战略。企业创造价值与履行社会责任是统一的有机整体。企业履行社会责任是提升发展质量的重要标志，也是实现可持续长远发展的根本。企业社会责任风险是指企业不承担或不合理承担社会责任，对企业的可持续发展造成损失的不确定性。企业过度承担不适宜的社会责任也是一种风险。企业履行社会责任要结合自身战略和资源水平，在国家社会责任规制框架下进行。不同于企业的传统风险，社会责任风险重点关注企业内部行为给社会带来的风险，以及风险可能性转为现实后给自身和社会带来的损失。而战略性社会责任风险失控，将会导致企业社会形象急剧恶化、信誉崩塌。现代企业的竞争已由企业间品牌竞争转为供应链之间的竞争。在可持续供应链管理中企业承担社会责任，是提高企业竞争优势、顺应社会责任指南标准化趋势的必然要求。企业社会责任风险主要来源于核心企业社会责任风险，以及供应链上的非核心企业带来的社会责任风险。因此，企业应明确自身的战略定位，核心企业积极发挥所拥有的战略性社会责任主导作用来实现供应链社会责任治理，鼓励供应链上的所有企业遵守社会责任并实现其遵守行为的系统化。实施企业战略性社会责任风险管理，需要结合企业文化建设、预算管理、资金管理、资产管理、人力资源管理、合同管理、采购业务、销售业务、研发业务、招投标管理、财务报告等经营管理活动进行。

（三）社会责任投资

企业应根据环境变化和自身需求，积极开展战略性社会责任投融资活动，这是应对社会责任风险的重要举措。所谓企业战略性社会责任投资，是将企业履行社会责任视为一种投资行为，而履行战略性社会责任则是一种战略投资行为，对企业的长期财务绩效有着积极影响。因此，企业应摒弃对社会责任承担的偏见，正确处理投资与收益的关系，分离部分利润用于社会责任投资及其风险储备，在通过战略性社会责任投资提升企业信誉进而实现收益的同时保证企业应对风险的能力。广义的企业战略性社会责任投资包括建立和完善社会责任体制和运行机制的投入、企业社会责任危机处理机制的投入、战略性社会责任活动投资等。

（四）社会责任营销

在企业内部和外部进行适当的企业战略性社会责任营销，将有助于达成内部文化共识，并取得外部各利益相关者的支持。由内而外，可以将企业战略性社会责任文化资源转化为企业信誉和社会资本。企业履行社会责任不单是出于道德的考虑，更重要的是希望通过承担社会责任来提升企业的信誉及盈利能力。因此，企业应开展合理的公关活动，通过媒体对其行为进行监督与报道，公众看到企业所做的努力，并通过对企业的支持来激励企业更好、更全面地承担社会责任。企业开展战略性社会责任营销主要通过企业社会责任报告、产品或服务、员工、企业形象等载体进行，并通过会计事务所审计、政府评级、媒体报道和社会网络评价等途径得以强化。企业开展战略性社会责任营销，有助于企业战略性社会责任理念深入人心，增强员工、消费者、政府、供应商、社区等各利益相关者对本企业战略的认可度和支持度。

（五）建立系统的企业社会责任管理制度

企业内部推进社会责任建设的各项措施需要制度的保障。新制度经济学理论认为，制度作为一种行为规则，具有将外部利益内部化的功能，制度执行所带来的经济价值是其存在的重要原因。企业通过组织制度的确立，其社会责任管理更为规范化、日常化和专门化，降低随意性；运用系统的管理方法能使企业的社会责任活动更具持续性和可操作性。因此，建立系统的企业社会责任管理制度，不仅能保证组织社会责任管理工作的顺利进行，而且还可以为组织节约成本。

第四节 加强企业社会责任文化建设

一、企业社会责任与企业文化

伴随全球企业社会责任运动的蓬勃发展，积极主动地承担企业社会责任已经成为许多企业的共识。然而，有了企业社会责任意识和理念并不意味着企业社会责任得到有效实施。只有把社会责任融入企业的血液和灵魂，才是保证企业实施社会责任的目标和动力，而不是作为企业外在的、短期的甚至是不得已而为之的负担。行之有效的方式就是把企业社会责任导入企业文化，构建企业社会责任文化，从企业文化层面保证社会责任实践效果，因为企业文化是企业的灵魂，是企业健康生存、持续发展的最深层次的精神动力。

企业社会责任文化就是基于企业社会责任、以企业社会责任理念为导向的企业文化，是企业责任意识、企业责任理念的企业价值观、行为规范和思维模式。企业社会责任之所以能融入企业文化，是因为无论是企业文化还是企业社会责任，其最终目的都是企业的长远发展。企业文化的目的是保证企业在动态的环境变化中获得健康的发展，企业社会责任则是以更高的高度、更宽的视野，试图平衡企业自身利益和利益相关者的利益，为企业的可持续发展奠定基础。企业原有的文化可能局限于企业自身的经济利益，对利益相关者的利益重视不够，这就需要从企业社会责任视角来校正企业员工的价值观，把社会责任的观念引入企业文化，使之首先成为企业员工共同认可和遵循的核心价值观，并通过精神文化、制度文化、行为文化和物质文化等完整的文化形态体现出来，为企业社会责任实施获得基本的保障。

企业责任文化的建立有利于企业领导和员工对企业性质的重新认识，不再把企业仅仅看作出资人的企业，而是全社会的企业，不应该仅仅是追求利润最大化的经济组织，而是兼具经济性和社会性的复合组织。尤其是，把企业社会责任作为企业文化的核心价值观，在经营中把社会责任融入企业业务中，实现经济价值和社会价值的双重目标。

另外,企业社会责任的引入丰富了企业文化的内容,在很大程度上推动着企业文化向纵深发展。企业文化千差万别、各具特色,但其共有的基础是"以人为本","人"是企业文化关注的出发点,也是归宿点。但这里的"人"往往局限在"企业员工"的范围,消费者、供应商、竞争对手等则不在此范围。不仅如此,有时还可能成为与员工利益对立的存在。在此引导下的企业成功,其受益者仅限于企业内部人员,利益相关者可能为此付出代价成为受损者。企业社会责任同样提倡"以人为本",这里的"人"不仅包括企业内部人员,同时包括所有与企业经营目标相关的个人、群体,甚至包括自然和社会环境。企业社会责任观融入企业文化,拓展了以人为本中"人"的范围,基于社会责任的企业文化一旦成为企业员工共同信仰的价值观,就会增加员工的崇高感,也会得到利益相关者对企业文化的认可和赞誉。这不仅能增强企业文化的激励和凝聚功能,为企业赢得可持续发展奠定基础,更重要的是能极大地提高全社会的道德水平。

二、企业社会责任文化的内容构成

企业文化具有特定的功能,它包括对企业目标的指引,对企业经营和价值观的指导,对企业领导层和员工进行道德规范约束,对企业主体的凝聚功能,对员工的激励功能,对企业内部和外部的协调功能,等等。总之,企业文化是企业的精神动力,良好的企业文化能为企业提供长久的发展动力。同时企业文化也是企业的核心竞争力所在。而构建企业社会责任文化,是提升企业战略管理水平和内部控制能力的重要条件。一般而言,企业文化可分为三个层次:核心层的精神文化、中间层的制度文化和行为文化及表层的物质文化。

(一) 企业社会责任精神文化

一个企业的精神文化是企业独特的传统、特有的经历及企业创建者或领导者秉承的哲学观点等共同孕育而生的、反映企业信念和追求的价值体系。它包含企业的核心价值观、企业哲学、企业精神、企业理想信念等要素,其中最核心、最关键的要素,也是最具企业文化底蕴的,是企业的核心价值观。核心价值观是根植于企业深层,为全体员工发自内心认可和自觉遵循的主导价值观。核心价值观是企业生存和发展的动力源泉,是企业的灵魂。

企业社会责任精神文化包括诚信文化、廉洁文化、风险文化、创新文化、责任文化、奉献文化和人本文化等,境界依次提升。诚信文化是内部控制精神文化的根基，诚信经营、依法纳税、不做假账、不生产假冒伪劣商品等都是内部控制诚信文化的体现。相应地，企业必须建立会计控制、税务控制、质量控制等。廉洁文化要求企业构建防腐反腐的内部控制机制和反舞弊机制，建立健全内部审计，对贪污、腐败、商业贿赂、权力寻租等不良行为进行控制。风险文化要求企业充分认识到所处风险环境的长期性和复杂性，构建以风险为导向的系统，将战略风险、法律风险、政策风险、社会责任风险、人力资源风险、科技风险、灾害风险等纳入内部管理。创新文化要求企业不因循守旧，不故步自封，在技术研发、管理制度、市场开拓等诸多方面勇于创新，内部控制系统应与时俱进做出调整，以适应环境的变化。责任文化是企业积极承担企业社会责任的题中应有之义，要求企业承担经济责任、社会责任和环境责任。奉献文化不仅要求企业尽责，而且要求企业具有奉献精神，在力所能及的范围内，运用自身资源去主动承担法律要求之外的各种责任，例如社会捐助、员工培训等。人本文化是企业社会责任精神文化的最高境界，能够全面体现企业社会责任的思想内涵。人本文化即依靠人、为了人，平衡和维护各利益相关者的合法权益。人本文化有助于企业履行社会责任。

  企业精神文化可以激发员工工作动机和约束员工行为，影响企业制度的制定和控制模式的形成。企业社会责任精神文化强调在精神文化领域建立内部控制，实质是建立人本内部控制，将控制窗口从物质控制、行为控制、制度控制前移到精神控制。监督的最高境界是自我监督，因此，企业培育社会责任精神文化，是实现内部控制"自控"功能的前提，能够极大提升企业应对各种风险的"免疫力"。人本内部控制不同于物本内部控制，它有思想基础、理论基础、现实条件。对于现代企业来说，和谐的人际关系和社会关系是有效管理的先决条件。企业发展内部控制精神文化，适应了信息化企业生产方式的转变，也满足了企业经营方式的转变。企业管理方式随着所处环境、生产方式、组织结构发生变化而变化，各种风险层出不穷，但社会责任内部控制精神文化能够相对稳定地指导企业的制度建设和员工行为。企业可以培育与知识经济环境相适应的人本内部控制精神文化，提高组织的柔性和活性，激发企业管理层和员工的凝聚力与创造力，提高社会对企业的认可度和支持度。社会责任内部控制精神文化的缺失，将会对我国企业参与国际竞争带来掣肘。

（二）企业社会责任制度文化

  无论多么深厚的企业精神文化，如果要发挥应有的作用都需要制度文化,没有制度文化做保障,精神文化就会流于形式和空想。企业社会责任制度文化就是体现和反映企业核心价值观、企业精神、企业理想的一系列制度规范。企业制度文化主要包括领导体制、组织机构和管理制度三个方面。良好的企业制度文化能有效地规范和约束员工的机会主义倾向,保证企业核心理念的实施和充分体现。

企业社会责任制度文化包括企业的领导机制文化、组织机构文化和管理制度文化。这些文化形式分布于国家相关法律法规、行业规章及企业制度文本中,对企业的公司治理、部门及岗位设置、管理制度、商业模式、经营流程等产生深刻的影响。制度文化是内部管理的基础,是落实和强化精神文化的根本保证。企业社会责任制度文化将人与人、物、企业运营管理有机结合,是人的意识形态与观念形态的反映,是通过权利与义务来约束企业和员工行为的规范性文化。企业社会责任制度文化是精神和物质的中介,起着信息传递和行为塑造的功能,先进的企业社会责任制度文化是组织的结构资本。在制度层方面,通过优化股权结构、完善内部控制制度建设的"行为约束"方式抑制管理缺陷的发生,或者在发生缺陷时能够及时发现、披露和补救;在管理执行方面,以制订高管激励计划、增强内部控制制度动机的意识诱导方式来激发目标的有效实现。

(三)企业社会责任行为文化

企业的行为文化,即企业文化的行为层,是指企业员工在生产经营、学习娱乐中产生的活动文化。它包括企业经营、教育宣传、人际关系活动、文娱体育活动中产生的文化现象。企业行为文化是企业经营作风、精神面貌、人际关系的动态体现,也是企业精神、企业价值观的折射。

企业社会责任行为文化包括领导行为文化、团队行为文化和模范人物行为文化。企业行为文化是一种自发性、自觉性的行为文化,是企业经营作风、精神风貌、人际关系的动态体现。社会责任制度的有效运行关系企业的经营活动的成效和未来的发展方向,而制度是否有效运行的标尺就在于员工是否遵循了既定的社会责任标准。企业家思想文化意识的觉醒,直接影响并决定企业文化的形成。辛杰(2014)的实证研究进一步表明,领导风格与高管团队行为整合,能够作为企业文化影响企业社会责任的调节变量和中介变量。企业活动是企业员工行为的集合。企业家、高管团队和模范员工的行为具有广泛的示范效应,是企业价值观的"人格化"显现,对员工产生感召力。"榜样的力量是无穷的",企业要挖掘各个岗位的模范人物并加以宣传和褒奖,使企业的核心价值观得以外显。培养积极健康的行为文化氛围,激发员工的思想,规范他们的行为方式,使员工完成从"心的一致"到"行的一致"的转变。在建设企业社会责任行为文化中须注意:若个人违反,内部控制的牵制功能可能发挥作用;若领导带头违反,或者集体违反,则内部控制整体失效。因此,企业社会责任行为文化建设,应统筹去抓,并且从领导开始抓,自上而下,顺次推进。

(四)企业社会责任物质文化

企业物质文化也叫企业文化的物质层,是指由职工创造的产品和各种物质设施等构成的器物文化,是以物质形态显现的表层企业文化。相对核心层而言,它是容易看见、容易改变的,是核心价值观的外在体现,也是企业文化的基础。企业物质文化主要包括两个方面的内容:一是企业生产的产品和提供的服务。企业生产的产品和提供的服务是企业生产经营的成果,是企业物质文化的首要内容。二是企业的工作环境和生活环境。企业创造的生产环境、企业建筑、企业广告、产品包装与产品设计等,都是企业物质文化的主要内容。物质文化就是以物质形态为载体,以看得见、摸得着又能体会到的物质形态来反映出企业的精神面貌。"器物"是物质文化最简单的形态,各种有机器物组成了原来没有存在的物质,由物质、时间、空间组成一个动态立体组合,可以通过人的视觉、触觉、味觉等来传递特定信息,这就是物质文化的本质。例如,通过对一些出土的古代器物和简牍的考证,我们可以推测当时的设置情况。与行为文化的动态性特征相比,物质文化是一种静态文化,能够持续作用于人的心理。例如,企业员工在正式场合统一着装,能够带来庄重、严肃和敬业感。在危险作业环境下要求员工佩戴安全帽和携带防护设施,能够有效控制社会责任风险。企业的建筑、工作环境、生活设施、员工着装等都能够折射出企业社会责任物质文化,这是实现企业发展目标的物质基础。

综上所述,企业社会责任制精神文化处于最内层,具有无形、稳定的特性,对其他文化的形成和有效性起着重要作用;物质文化处于最表层,是其他形式文化的物质载体;精神文化指导制度文化建设,并影响制度文化的执行效率;制度文化直接指导行为文化,行为文化衍生出物质文化。制度对行为予以规范,在制度缺失或不被遵守时,精神文化直接指导个体和组织的行为。因此,四种社会责任文化之中,精神文化处于核心位置,最稳定、持久,但也最不易观测到;物质文化最活跃、易变,最容易被观测到。四种社会责任文化密切联系,相互作用,形成一个有机体。它们之间的关系是:精神文化(灵魂,内在动力之源)→制度文化(骨架,支撑作用)→行为文化(肉和软组织)→物质文化(皮肤,可视化的表层)。

三、企业社会责任文化构建路径

在经济全球化的时代,不少企业在扩展业务时为了追求股东财富最大化,容易忽视社会责任,从而导致职工工作环境恶化、福利变差、产品质量低劣、环境破坏、资源枯竭等问题,这些都跟企业管理制度缺乏有关。政府也颁布了一系列关于社会责任的规范性文件,但社会责任和企业文化落实到企业管理的微观基础薄弱,在设置和运行方面存在缺陷,用于指导实践的理论研究也非常欠缺。企业社会责任和企业文化之间的交互作用和动态演化是非常复杂的,三者的交互作用静态模型如图6-4所示,为构建企业社会责任文化提供理论指导。分别用A、B、C表示"社会责任""内部管理""企业文化",A∩B代表"社会责任内部管理",A∩C代表"企业社会责任文化",B∩C代表"内部管理文化",A∩B∩C相交的部分面积越大,三者的融合度就越高,就越有助于推进企业的社会责任文化建设。

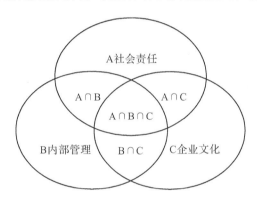

图6-4 社会责任、内部管理和企业文化的交互作用模型

(一)打造企业社会责任文化,将社会责任文化嵌入企业内部管理

构建企业社会责任文化的第一条路径,是将企业社会责任和企业文化相结合,构建企业社会责任文化,提升文化的力量和生命力,并将社会责任文化嵌入企业内部控制,如图6-5所示。企业文化是企业核心竞争力的活力之根,企业文化中应当包含社会责任内容。李连华(2012)探讨了企业文化对内部控制设计、执行和控制效率的影响,研究结果表明专制型文化与民主型文化对企业内部控制的设计路径、执行方式均有显著影响;而在效率差异上,专制型文化具有内部控制设计健全性上的效率优势,民主型文化则更加有助于内部控制制度的贯彻执行。潘小梅(2013)论证了内

部控制与企业文化之间的耦合关系，认为企业文化影响内部控制的有效性，内部控制有利于企业文化的优化。以上研究为企业社会责任文化嵌入企业内部控制系统奠定了理论基础。企业社会责任文化的发展关系社会主义文化建设的目标实现，是企业的"软实力"和战略资源。企业社会责任文化包含两个层次特征，一是法律和制度要求，二是道德和价值观念要求。前者是企业生存发展的前提。建立企业社会责任文化的利益可能与企业直接追求利益最大化的目标相差很大，但是一个理智的决策者必然能认识到企业社会责任文化的后续效应，尤其是企业社会责任文化与内部控制系统结合之后，就会将社会责任文化的效能充分释放和外化，进而提高各利益相关者的满意度。企业要想在竞争激烈的市场里处于领先地位，就要评估企业社会责任内部控制文化的形成时机是否成熟，显然，公司的领导者、决策者和监督者们会加速缩短企业社会责任文化与企业内部控制系统的距离，促进企业社会责任文化与内部控制的全面、深度融合。

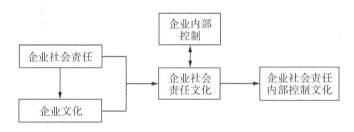

图 6-5　企业社会责任内部控制文化构建路径图

（二）构建企业社会责任内部管理，强化文化在管理系统中的基础环境性作用

企业管理应该为企业二元目标（企业价值目标和企业社会责任目标）提供合理保证，但大部分管理活动基本偏向企业价值目标，而忽视了企业社会责任目标。所以企业须建立要素、层面、主体和目标四位一体的社会责任内部管理。欧美等发达国家的企业一般都构建了较完备的社会责任系统。在德国，用于健康、环境和安全等方面的社会责任支出，甚至高达企业总投资的一半以上。我国石油石化行业的 HSE 管理系统、汽车行业的 QHSE 管理系统、全面质量管理系统、客户关系管理系统等，都是企业社会责任内部管理的典范，但缺乏整合，都不能全面反映企业社会责任的全貌。大部分企业在这方面的表现与跨国公司相比，尚有较大差距。而且，管理制度的建立和企业文化建设脱节，社会责任系统缺乏文化的支持，进一步降低了社会责任实施效果。企业应努力建立、健全社会责任内部控制系统，

并强化文化在系统中的基础环境性作用，用企业文化建设推进社会责任建设，最终促进企业的可持续发展。许多企业从小到大、从国内市场到国际市场的发展历程，无不说明践行企业社会责任的重要性。有了健康且富有活力的社会责任内部控制文化做支撑，企业才能飞得更高、更远。例如，某家电厂从一家资不抵债、濒临倒闭的集体小厂发展成为全球家电著名品牌企业，其管理模式的实质是文化管理，"兼收并蓄，创新发展，自成一家"，其"真诚到永远"的企业文化可谓家喻户晓。近年来，该品牌企业定期发布企业社会责任报告和内部控制评价报告，企业社会责任内部控制系统日臻完善，是将社会责任内部控制和企业文化进行融合的典范，值得其他企业学习借鉴。

（三）建设企业文化，并将其与企业社会责任战略相结合

20世纪80年代，文化管理成为企业实施人本管理模式的主要手段。从文化管理到文化控制，是文化资源在企业深度开发和利用的表现。王竹泉（2010）将企业文化和控制结构作为内部控制要素的新二元论，为建立新型内部控制提供支持。该内部控制具有经济控制和文化控制并重、制度主义和人本主义并举、刚性控制和柔性控制兼备、激励机制和约束机制并用、公司治理和企业管理兼容等特征。王海兵等人（2015）进一步提出人本内部控制文化应成为一个独立的内部控制要素，或者说成为一种重要的控制方式。内部控制文化一方面影响内部控制制度的设计及执行，另一方面与内部控制制度并列存在，共同对企业内部控制体系产生影响。因此，企业文化控制不仅是一种内部控制理论创新，更将对企业的内部控制实践产生重要影响。企业实施社会责任战略，积极履行战略性社会责任，是未来企业获得竞争优势的源泉之一。企业文化控制和社会责任战略结合，不仅运用文化控制手段助推其社会责任战略的实施，而且对促进企业实现发展战略这一内部控制目标具有重要作用。

综上所述，构建企业社会责任文化有三条路径可以选择。无论采取何种路径，都必须注意以下三点：一是充分认识建设企业社会责任文化的重要性，将其作为企业的重要工程来抓；二是明确企业社会责任文化的发展思路，根据自身资源条件和外部环境来选择合适的构建路径；三是企业社会责任文化不能和企业管理部门脱节，一定要相互结合、促进和发展。应充分认识企业社会责任面临的困境和险境，吸收国外先进文化和中国传统文化的精髓，相信建立企业社会责任文化一定会改善我国当代企业的发展面貌，推动其走可持续发展之路。

企业文化既不是各种文化要素的总和,也不是单纯的群体心理,而是企业成员的群体心理和群体行为的统一。正如约翰·科特(John P. Kotter)等人在《企业文化与经营绩效》中的大胆预言:企业文化在下一个十年内将可能成为决定企业兴衰的关键因素。在经济、制度和伦理三大动因推动下,企业社会责任文化走进人们的视野,并对企业的内部控制系统产生巨大影响。因此,我国企业必须构建一套与自身条件及外部环境相适应的社会责任内部控制文化体系,感悟社会责任精神文化,遵循社会责任制度文化,体验社会责任行为文化,创造社会责任物质文化。

第五节 完善企业社会责任信息沟通

企业与利益相关者透明而流畅的沟通是决定企业社会责任实施效果和保证其良性循环的重要条件。伴随全球企业社会责任运动的蓬勃发展,越来越多的企业开始觉醒,对承担社会责任的必要性和义务的认可度有了显著提高,并积极实践社会责任。同时,利益相关者对企业承担社会责任有了更多的期许,利益诉求也在相应的提高。现实中,尽管许多企业积极履行社会责任,自我感觉成效显著,但利益相关者往往对此并不买账,其对企业履行社会责任的感知与企业自身行为产生巨大的落差,从而令许多企业的社会责任效果大打折扣,且备受打击。究其原因,往往是企业社会责任沟通机制不畅所致。企业社会责任涉及方方面面的相关利益者,其利益千差万别,且呈动态性,在信息不对称的情况下,企业要实现理想的社会责任效果,必须善于与利益相关者进行有效、细致地沟通,及时了解他们的不同诉求并体现和贯彻在企业的战略目标、战略实施中。另外,企业也应及时把自身的社会责任行为、实施绩效以合适的形式如企业社会责任报告、发布会等传达出去,让利益相关者知晓、了解企业的努力,满足利益相关者的知情权,获得他们的认可和支持,以便深化和推进企业更有效地实施社会责任。

一、建立沟通机制

沟通是落实企业社会责任过程中很重要的一环,它能确保所有的发展阶段都是围绕企业组织团体和服务流程而进行的,而非仅仅停留在核心团队和工作小组。企业社会责任战略的有效落实必须依赖有效的社会责任沟通机制，以确保企业中的每位员工和供应链中的每个环节都认识到承担社会责任的重要性，以及企业社会责任战略目标和实施步骤。

成熟的企业往往具有良好的沟通机制和沟通平台，其社会责任行为不仅被社会广泛认可，获得美誉度的同时也赢得了持续的竞争力。相比之下，我国一些企业在企业社会责任沟通方面显得差强人意。其代表性的做法是只注重宣传，忽视沟通。企业社会责任宣传非常有必要，但其缺陷是宣传本身往往是单方面的，企业作为宣传的主体单向地向社会说明其在履行社会责任的所作所为，利益相关者作为宣传的客体，只是被动的听众。由于利益相关者并没有参与企业的相关行动，与企业之间也缺乏相应的沟通，自然认为企业的社会责任行为与自身利益关联不大，并且认为企业的社会责任宣传是具有广告效应的自夸倾向。相反，相比于宣传，沟通则是由单向转向双向，是企业和社会之间相互联系和相互了解的桥梁，通过沟通能及时解决双方信息的不对称，协调双方利益，最终达到企业经济利益和社会利益协调一致与和谐共赢的理想效果。

建立良好的沟通机制须从以下几个方面入手。

（一）沟通对象

所有受企业经营目标影响或影响企业目标实现的个人和群体都应成为企业的沟通对象，总体而言包括员工、消费者（客户）、供应商、竞争对手、社区、政府等。应根据其与企业的相关性，如内部关系还是外部关系、经济利益关系还是社会利益关系、市场关系还是非市场关系、直接利益相关者还是非直接利益相关者等相关性进行筛选、排序，以便使沟通更具有针对性和有效性。

（二）沟通内容

企业应按计划对企业社会责任管理的工作方式和成果进行外部意见沟通。管理层应根据内部审核和外部沟通的结果，与由利益相关方代表组成的团队交流企业社会责任计划的实施绩效，做出持续改进的承诺，并按规范保存沟通记录。沟通的主要内容应包括：一是利益相关者分别有哪些利益诉求，并区分哪些利益诉求是急迫的，哪些是比较重要的，哪些是允许在一定阶段内逐步实现的；二是企业的社会责任行为如何告知利益相关者，以获得他们认可、不满或改进等方面的信息，并给予积极回应；三是企业社会责任管理政策的发展变化；四是责任目标和指标的实现程度；五是纠正和预防措施的实施状况。

（三）沟通方式

企业社会责任报告、企业新闻发布会、论坛、企业报刊和网站、社会媒体等渠道都可以成为有效的沟通方式。其中，定期发布的企业社会责任报告是沟通机制的主要载体，它是企业社会责任管理的信息集成。企业社会责任报告应本着客观、完整、透明、易读的原则编写和发布，通过报告实现社会对企业社会责任行为的知情权，并把信息反馈到企业，进一步促进企业完善社会责任行为。

（四）沟通组织

首先，设置行使沟通职能的公共关系部门，负责策划、宣传、信息收集、来访接待等事宜。其次，放宽眼界，树立大公关理念，整合企业资源，齐心协力做好企业的社会责任沟通工作。行使沟通职能的绝不仅限于公关部门，从最高领导到企业基层员工通过适当培训完全可以通过口口相传的形式达到沟通效果。

二、积极发布社会责任报告，创新沟通形式

企业社会责任报告是企业社会责任沟通的重要工具。企业社会责任报告传统上是自愿的，近些年，世界各地的政府和证券交易所正越来越多地实施强制性报告要求。企业社会责任报告有助于将系统的方法引入对社会负责活动的管理中，识别未来的风险和机会，从而有助于提高企业的竞争力。

企业社会责任报告通常涉及披露公司的经济、环境、社会和治理业绩。企业社会责任披露可以帮助投资者评估潜在的环境和公司的负债，吸引具有社会意识的消费者和投资者。企业社会责任披露也是一种与利益相关者和投资者沟通的重要方式。

企业社会责任报告以适当的形式向各种利益相关者展示、解释和表达其社会责任履行的相关信息。在众多沟通方式中，企业社会责任报告正日益成为企业披露其在环境保护、节能、劳动条件等与财务绩效没有直接关系的经营活动行为方面的广泛工具，不仅涉及经济数据，而且还涉及环境和社会领域的资料，已经成为企业社会责任沟通的工具。企业社会责任报告是自愿的综合性报告，这些报告讲述了企业在环境、可持续性方面的政策，或者是直接关注于履行企业在社会责任概念下所接受的承诺。

企业通过适当的沟通工具告知客户企业社会责任活动是非常重要的。这些报告应该展示企业在环境、可持续性方面的政策，或者直接关注企业

社会责任概念下的义务领域。以这种方式与公众进行沟通，已成为一件关乎企业良好声誉、威望、展示效率和管理意识的事情。企业社会责任报告是一种有价值的方式，管理者可以借此向投资者传达他们的可信度，并向投资者传达企业未来发展前景的信息。企业社会责任报告可以提高企业社会责任意识，减少企业与利益相关者之间的信息不对称情况，进而提高企业透明度。同时，企业社会责任报告也是一种加强利益相关者参与的方式，可以加强利益相关者对企业决策的参与，并对企业进行监督。

发布企业社会责任报告是一个较为复杂的系统工作，需要做细致的准备工作。企业在编制报告的过程中需要遵循如下基本原则。

（一）关键性、利益相关方参与、完整性

企业在选择社会责任具体内容时应遵循关键性、利益相关方参与和完整性三个原则。关键性原则是指企业社会责任报告信息应涵盖反映企业对经济、环境及社会有重大影响，或是对利益相关方的判断及决定有重要影响的项目及指标。利益相关方参与原则是指企业应明确企业的利益相关方是谁，在报告中应说明企业是如何回应他们的合理期望的。完整性原则是指企业社会责任报告应全方位地反映企业在整个运营期内对经济、环境和社会的重大影响。

（二）客观性、可比性、准确性、时效性等原则

企业在编制企业社会责任报告的过程中应遵循客观性、可比性、准确性、时效性、清晰性原则。客观性原则指企业社会责任报告应客观反映企业正、负两方面的绩效。可比性原则指企业社会责任报告应连续不间断，内容符合国际惯例，报告形式前后一致，便于纵向比较和横向比较。准确性原则指企业社会责任报告信息应准确、详尽。时效性原则指应定期发布企业社会责任报告，及时更新信息，使利益相关方了解企业社会责任的最新动态。清晰性原则指信息表达应逻辑清晰，便于理解，方便利益相关方使用。

第七章 企业社会责任外部治理

第一节　构建企业社会责任标准

伴随企业社会责任运动在全球的发展,社会责任标准的认证领域发展十分迅速。我国企业作为国际贸易交往中的参与者,在面对复杂多变的国际市场之时,是不可能避之而独善其身的,已经不得不更加重视社会责任标准问题。企业社会责任标准对我国企业来说既有弊也有利。发达国家一定程度上将其作为"贸易壁垒"来实施贸易保护主义的同时,企业也可以从社会责任标准认证中获得可观、长远的利益。

企业社会责任自被各方关注以来,许多地区性、行业性、全国性乃至全球性的非政府组织和行业组织制定了各不相同的守则。企业在推行自身内部社会责任守则的同时,为了应对不同利益相关者的需要,还要兼顾和遵守企业外部其他守则,为此企业不得不重复接受审核。不同的守则,其定义和内容往往各不相同,加之企业缺少经过专业训练的审核员,不但造成了人力、物力、财力及时间上的极大浪费,而且也不利于企业与公众的沟通。于是,制定一个统一的、通用的社会责任标准,提高社会责任的透明度和公信力就成为众望所归。在此背景下,各种企业社会责任国际标准相继出台,作为社会责任领域的管理方式,包含对不同利益相关者的诉求保护,以及单项责任标准和综合性责任标准,如 ISO 9000 质量管理标准(以下简称 ISO 9000 标准)、ISO 14000 环境管理标准(以下简称 ISO 14000 标准)等,属于单项标准,企业生产守则、ISO 26000 社会责任指南(以下简称 ISO 26000 标准)、SA 8000 社会责任标准(以下简称 SA 8000 标准)等属于综合性责任标准。如今已有多份影响较广泛的国际、国家、行业、区域、企业等层级社会责任标准,引导企业实施社会责任。受篇幅所限,本章仅选取 SA 8000 标准、BSCI 准则和 ISO 26000 标准进行简单介绍。

一、SA 8000 标准、BSCI 准则和 ISO 26000 标准介绍

(一) SA 8000 标准

SA 8000 标准(Social Accountability 8000 International Standard)既是一

个管理体系标准,也是全球首个可用于第三方认证的社会责任国际标准,由非官方组织——社会责任国际组织发起,并联合欧美跨国企业和其他国际组织制定。目前世界上很多大型跨国企业均要求其供应商具备该标准的认证。SA 8000 标准的主要评价内容有九个部分:① 童工;② 强迫性劳动;③ 健康与安全;④ 组织工会的自由与集体谈判的权利;⑤ 歧视;⑥ 惩罚性的措施;⑦ 工作时长;⑧ 薪酬;⑨ 管理系统。

(二) BSCI 准则

BSCI（Business Social Compliance Initiatives,BSCI）准则是指商业社会责任准则,BSCI 由欧洲对外贸易协会（Foreign Trade Association,FTA）发起创立,同时 BSCI 还代表倡议商界遵守社会责任组织。BSCI 期望通过提供标准的行为准则和以发展为主导的系统,以达到逐步改善劳工工作环境及供应链的目的,所以 BSCI 准则常被视作一套劳工标准。BSCI 准则同 SA 8000 标准认证相仿,同为社会责任领域标准,且广受认可。BSCI 准则系统有三大支柱:由审核公司独立审核以监控不符标准之处;通过能力建设活动来提高供应商改善工作环境和供应链的能力;通过与欧洲及供应商所在国家的利益相关者的建设性对话以积极引进各方参与。BSCI 准则的主要评价内容有:① 供应链管理和级联效应;② 员工参与和保护;③ 结社自由和集体谈判的权利;④ 不歧视;⑤ 公平报酬;⑥ 体面的劳动时间;⑦ 职业健康和安全;⑧ 不雇佣童工;⑨ 保护青年工人;⑩ 无缺乏保障就业;⑪ 无强迫劳动;⑫ 保护环境;⑬ 道德的商业行为。

(三) ISO 26000 标准

ISO 26000 标准源于经济全球化发展的背景,也是可持续发展阶段性需求的反映。国际标准化组织（ISO）于 2010 年 11 月 1 日在瑞士日内瓦举办了社会责任指南标准（ISO 26000）的发布仪式,该标准正式出台,标志着涉及全人类可持续发展的第一个社会责任国际标准的正式诞生。我国政府高度重视 ISO 26000 标准,并积极参与 ISO 26000 标准的讨论、制定、执行和推广。为此,国际标准化组织将其第 39 届大会会址设在中国,并于 2016 年 9 月 12 日在北京国家会议中心成功举行了大会的开幕式。我国在会上强调,将积极实施标准化战略,以标准助力创新发展、协调发展、绿色发展、开放发展、共享发展。中国愿同世界各国一道,深化标准合作,加强交流互鉴,共同完善国际标准体系。ISO 26000 标准的基本内容是明确了社会责任主体、社会责任相关概念、履行社会责任的七大原则（担责、透明度、道德行为、尊重利益相关者利益、尊重法律法规、尊重国际行为规范、尊重人权）、社会责任两大基本实践（识别社会责任和辨别利益相关方并促其参与）、履行社会责任的七大核心主题（组织治理、人权、劳工、环境、公平运营实践、消费者问题、社区参与和发展）、社会责任融入整个组织的操作指南。ISO 26000 标准的制定参照了联合国全球契约和经合组织（OECD）跨国公司行为准则，其内容体系较为全面，适用范围较为广泛，可以说它是全球企业社会责任制度化建设进程中的一个重要指导性文件。

二、我国社会责任标准体系建设的对策

从长远看，通过国际主流的社会责任标准认证有利于促进企业的品牌塑造和提高国际竞争力等。因此，企业在有条件的情况下应积极申请社会责任标准认证，政府和行业协会也应参与到社会责任标准认证的工作中来，通过制定社会责任发展战略和相关的指导性文件，推进企业社会责任建设，为我国企业全方位应对企业社会责任标准，增强企业国际竞争力提供更多的帮助。我国还应该在战略层面重视社会责任标准体系建设，在战术层面采取积极的应对措施，以实现国际化竞争的优势。

（一）政府层面积极推进适应我国国情的管理体系标准和认证标准

以 SA 8000 标准、BSCI 准则和 ISO 26000 标准为代表的国际社会责任标准、准则是欧美发达国家依据自己国情而设立的，在实际操作与适应性等方面与中国实际情况并不匹配。因此，我国政府应当积极参与国际多边谈判，在谈判中明确表达我国的强烈诉求，如对于社会责任标准的认可，不应有国别歧视，不应被滥用，不应将其作为贸易保护的借口，并通过国际途径要求对原有标准中不适合发展中国家国情的部分予以适当调整，使其更加具有普世性和合理性。同时，我国政府应组织专门机构认真研究国际标准的合理成分，结合我国国情，开发与之相配套的管理体系标准、认证机构认可标准和企业认证标准，这将有助于改变我国企业在社会责任问题上的被动局面。此外，在国家政策和立法实践中，我国可以参照 ISO 26000 标准及其他国际标准，并结合我国经济、社会、文化国情和企业社会责任制度化建设现状，开展相应的制定、修订和完善工作。

（二）行业协会加强对企业社会责任标准的宣传与职业人员培训工作

社会责任标准的出现本身是一种社会良性发展的体现，企业在盈利之余应该切实履行其应当承担的社会义务，也应该积极改善员工待遇。行业协会应该积极做好相关宣传工作，帮助企业正确对待社会责任标准，鼓励有能力的企业积极认证。以 SA 8000 标准、BSCI 准则为例，企业社会责任

标准认证是一项极其复杂和耗时的工作，如果企业要参与进入评估各个阶段的各个环节，则要对企业的软硬件进行全方位地审查。不同的标准之间往往差异较大，非专业人士可能并不能完全分析、把握标准的具体要求，但是企业人士对于自己公司、厂房的具体情况有较为全面、客观的了解。因此，行业协会应该对有意向的企业提供标准认证人员的培训，积极帮助企业认证。同时，政府相关部门应加大对 ISO 26000 标准、配套的管理体系标准和认证认可标准的宣传和推广力度。借鉴 ISO 9000 质量管理体系实施的成功经验，建立起认证机构外审员和企业内审员的培训考核体系，在完善我国社会责任认证认可制度的基础上，帮助我国企业尽快建立起符合现行法律法规和国际行为规范的社会责任体系，有针对性地开展企业社会责任法规制度化建设，健全相关风险预警机制，有效地保护我国企业的根本利益。

（三）企业层面积极应对社会责任标准，优化内部管理体系

企业作为对外贸易活动的主体，社会责任标准与其有着直接的关联。为在国际贸易交往活动中占据主动地位，企业应从自身角度出发，顺应国际贸易历史发展的潮流，积极应对企业社会责任标准。对于我国一些中小型出口企业，社会责任认证的费用是一笔不菲的支出。也正因为如此，相当一部分企业并未真正重视社会责任标准。企业承担社会责任义务、改善员工工作环境与待遇本是情理之中，但一些企业始终把这看作负担。一直以来，企业应当履行的社会责任都被视作"义务"，但是这种义务观时常造成企业主体被动地去履行，企业主体缺乏自发的主动性。站在企业以利润最大化为目标的角度考量，似乎不甚合理。因此，对待企业社会责任，企业主体应当将其塑造为企业战略，将企业社会创新观纳入企业发展战略的规划体系之中。企业社会创新观是指企业创新不仅仅局限于技术创新、管理创新，也可以通过满足社会需求、解决社会问题等途径来实现企业社会价值。而在实现企业社会价值的同时也可能会给企业带来创造利润的机遇。承担并实现企业社会责任可被视为企业社会创新观的核心内容。在企业社会创新观的指导下，企业可充分利用自己的人才优势、组织优势、财务优势等回应社会需求和社会问题，将企业责任、企业业务、企业创新和社会诉求有机结合起来，以期企业价值和社会价值的共同实现。

施行社会责任标准对企业的管理系统造成的冲击不可小觑。而诱发这种冲突的根源是企业原本的管理系统滞后于标准的要求，即管理系统落后。因此，企业若想保持长期竞争优势，实现管理系统的先进化、优势化、可

持续化,必须主动对管理系统进行优化升级。企业组织全员主动学习有关社会责任标准的相关知识,同时可主动同行业协会、咨询公司沟通,请专业人士深入企业进行知识宣讲等专业化培训,不仅使管理层了解企业社会责任标准,更要让普通员工对其有一定的认识。企业管理体系具有一定的规范性,但是这种规范性并非一成不变,管理体系应该根据企业发展的现实需要进行动态化的补充和升级。现在我们强调的企业责任管理机制,其内涵已经可以延伸至企业外部,企业社会责任标准的出现也是这种机制外延的规范化体现。因此,适时升级企业管理系统,提升企业综合管理能力,主动迎接企业社会责任标准挑战,能真正提高企业的远期竞争力和可持续发展能力。

第二节 推进企业社会责任法治建设

企业社会责任法治建设强调企业在经营过程中应当遵守法律法规,尊重社会伦理和道德规范,主动承担社会责任,促进企业的可持续发展和社会的持续进步。法律法规作为外部约束的重要工具,对企业行为有很强的指引。制度安排的缺失正是目前企业社会责任发展的瓶颈之一。通过法律法规和制度机制的建立和完善,对企业的社会责任行为进行规范和监督,具体来说,有以下几个方面作用:(1)有利于保护公众利益。企业在经营活动中对社会、环境和利益相关者承担责任,对社会产生重要影响,法治化可以确保企业履行社会责任,保障公众利益,防止企业的不负责任行为对社会和环境造成损害。(2)有利于提升企业形象。企业社会责任是企业可持续发展的重要组成部分,通过合规并履行社会责任,企业可以树立良好的形象,赢得消费者、投资者和其他利益相关者的信任和支持,增强企业的竞争力。(3)有利于促进公平竞争。法治化可以确保企业在竞争过程中遵守公平竞争原则,不以违法或不道德的手段获取竞争优势,通过规范企业的社会责任行为,可以维护市场秩序,促进公平竞争,减少不正当竞争行为。(4)有利于实现可持续发展。企业社会责任的法治化可以推动企业转向可持续发展的路径,企业需要考虑社会、环境和经济的长期利益,采取可持续的经营策略和实践,法治化可以为企业提供明确的指导和监督,确保企业在可持续发展方面做出积极努力。(5)有利于增加利益相关者参与和影响力。利益相关者包括员工、消费者、社会组织等,他们对企业的社会责任行为有着重要的关注和期待,法治化可以为利益相关者提供参与和监督企业社会责任的渠道和机制,从而实现企业社会责任的民主化和多元化。由此可见,推进企业社会责任法治建设至关重要。目前,亟须建立健全一整套专门针对企业社会责任的法治体系。

一、我国企业社会责任立法及其存在的问题

(一)立法分散,没有统一的法律体系,整体协调性欠缺

目前,我国的企业社会责任法律机制散见于公司法、劳动法、环境保护法、产品质量法、消费者权益保护法、反不正当竞争法、工伤保险条例、企业破产法等法律及相关法律制度中,并未在特定的法律中对企业社会责任的相关内容加以具体规定,没有一部专门关于企业社会责任的法律,而是通过对不同企业利益相关者权益的保护进行规定,将对企业社会责任的规定分散于多项强制性的专项法律法规中。在这种情况下,各部门法或颁布行政规定的行政机构都有自己的角度和立场,容易造成各部门只从自己的立场出发,对企业履行社会责任义务的监督与制裁缺乏协调,出现各法律法规之间分工不清、条块分割,法律内容交叉重叠而无法协作、整体协调性差等现象。因此,我国关于企业社会责任的立法整体协调性欠缺,易致各自为政,使得本应重点保护的权益最终却难以实现有效保护。

(二)立法角度不全面,存在法律空白地带

虽然我国有几种专项法律法规对企业社会责任进行了有关规定,但仍没有对企业社会责任进行一个全方位的规定,法律规定仍不完备,存在许多法律空白地带。比如,我国劳动法和劳动合同法中对劳动者的保护规定常常无法有效保护进城务工人员的权益,进城务工人员工资被拖欠、在有毒有害的环境中工作等问题仍然存在。在对企业老职工比较有利的劳动合同法生效之前,一些企业纷纷采取相应措施赶在劳动合同法生效前"合理"规避其对职工的责任。我国劳动法关于促进就业的条款也无法改变当前企业对女性和缺少工作经验的大学毕业生的就业歧视现象。另外,我国消费者权益保护法规定了消费者的知情权,但其范围极其有限,仅仅局限于产品质量、产地等情况。在当今市场经济下,商业领域扩张的同时,消费者范围也在扩展,金融领域中股票、基金、债券的持有者也应属于广义上的消费者,他们对企业具体运营状况也应该有知情权,而企业以消费者法定含义或者"商业秘密"来进行抗辩,导致消费者不能及时、准确、真实地获得企业相关信息。对此,我们需要健全企业信息披露制度。

(三) 相关法律规定缺乏可操作性，难以落实

目前，我国法律上对于企业社会责任没有规定专门的执法机关，在执法上也没有相应完善的执法程序。尽管可以按照现行的行政法及行政诉讼法来执行，但是通常采取的做法是惩罚，按这样的执法程序操作达不到要求企业承担社会责任的目的。我国关于企业社会责任的法律法规大多倾向于原则性规定，没有具体的实施方式和责任后果的规定。如我国的公司法和合伙企业法都将企业承担社会责任与对社会公德和商业道德的遵守相等同，具有强烈的道德伦理色彩。而对于企业承担社会责任的具体内容、义务对象、承担方式、监督和评价措施、相应的法律后果等均没有明确规定。因此，有学者将其形容为没有牙齿的老虎，所谓的企业社会责任无法落到实处，以致少数企业仍然我行我素，拒绝承担企业社会责任。又如，我国劳动法对加班工资有明确的规定，但并没有规定企业如果不支付加班工资应承担何种责任。在司法实践中，法院对此的解决方式是由职工举证其加班情况，然后根据规定进行补发，但对于企业没有任何惩罚性处理，只是归还劳动者应得的，如果没有发现就属于企业的不当得利了。试想一个与企业还保持着劳动关系的职工有谁敢向法院反映呢？他们往往都是在与用人单位解除或将要解除劳动关系之时才会谈及此事，而时过境迁，他们又如何对加班情况进行举证呢？所以，虽然有相关规定，但由于缺少具体实施细则或规定过于原则化，相关权益仍无法保障，企业社会责任无法落实。

二、法学视角下企业社会责任的性质分析

企业社会责任是一个内涵丰富的概念范畴，涉及法学、管理学、社会学、经济学、伦理学等众多学科，故而我国学术界关于企业社会责任的性质这一基本理论问题，尚存有诸多争议。这些理论争议中，特别是关于企业社会责任的法学性质的争议，已经成为企业社会责任相关问题研究，尤其是关于企业社会责任治理机制研究进一步发展的主要瓶颈。

企业社会责任从来就不是法学特有的研究对象，这是一个可以从诸多学科角度展开探讨的论题，因而企业社会责任也不是一个纯粹的法律概念，此处所谓"责任"并非严格意义上的法律责任，而是道德义务和法律义务的综合体，事实上，其意义更接近于汉语词典对"责任"一词的解释：分内应做的事；没有做好分内应做的事，因而应当承担的过失。所以，企业社会责任映射出的只不过是企业作为社会的一员在力所能及的范围内增进社会整体福利的本分，它所体现的也只不过是企业可持续发展的内在需要

和企业利益与社会公共利益的和谐。然而也正因为如此，企业社会责任的内涵极为广泛却也显得相当模糊，这必然不利于企业社会责任法治的实现。因此，为了更加清晰地揭示企业社会责任的内涵，很有必要对企业社会责任的法学性质进行更加明确和深入的阐释。

（一）企业社会责任的实现应以尊重企业的自主经营权为前提

企业社会责任的反对者们针对企业社会责任最主要的一点质疑，也是人们关于企业社会责任的一个最大的误解，就是将其片面地理解成企业社会责任的支持者们人为地加诸企业身上的某种负担且这种负担必将损害企业的经营自由并违背企业的自主经营。然而，事实上，企业社会责任并非来源于人为的创设，而是深深地根源于企业可持续发展的内在需要。与企业生产经营活动息息相关的社会环境条件的好坏，在很大程度上决定着企业能否取得长远而健康的发展，一个志存高远的企业要想实现可持续发展，就必须构建和维护良好的社会外部环境。正因为这样，根植于企业在运营过程中必然与社会之间形成的互动关系这一现实土壤之上，企业社会责任才能有扎实的根基和蓬勃的生命力。不仅如此，企业社会责任的内涵要求我们，在实现企业社会责任的时候，必须以尊重企业的自主经营为前提。这里的"尊重"是指企业社会责任的实现并不干涉企业进行自主经营决策，而要理解并充分考虑到企业作为营利性组织所必然具有的牟利冲动，在此基础上，除守法义务以外，企业可以根据自身实际情况量力而行，有选择地实现企业自身力所能及的社会责任。

企业社会责任的反对者通常会以企业社会责任有违于企业"营利性"本质为由质疑企业社会责任的正当性和可行性。很多人更是明确表示，在竞争市场中，长期为了利润之外的任何其他目标而经营将导致企业萎缩，甚至非常可能导致破产。应该承认，这种担心不是完全没有道理的，因为企业对社会责任的投入最终仍然来源于企业利润，那么，看上去企业似乎只有两个途径来获得足够的利润以实现企业社会责任：一是在维持利润不变的前提下，增加其所提供的产品或服务的价格，将这部分成本增加转嫁于消费者身上；二是在不改变价格的情况下，由企业自身承受这些利润减损。然而事实上，这一推论至少存在下述两处问题：一是这一推论没有关注到企业社会责任的实现有助于企业经营风险的规避，从而对企业经营成本降低、利润增加有意义，因为企业经营的外部风险均来源于企业与社会的种种关联之中；二是这个观点可能误解了企业社会责任的真正内涵，进而导致了对应当尊重企业"自主经营"这一重要前提的忽视。企业社责任不是机械地做出迫使企业履行义务的强制性要求，而主要是建立在对企业承担社会责任的能力、方式和实际效果的综合考量之上，通过带有强制性、可预见性的制度化安排，对企业行为进行评价，从而形成某种能够推动企业社会责任实现的激励，这种激励实际上仍是借助企业的"营利性"本质才影响到企业的经营决策的。可见，应当确认企业社会责任以尊重企业"营利性"本质为前提，这不是对企业的妥协，而是企业社会责任的本意。

(二) 企业社会责任具有层次性，是法律义务和道德义务的统一

企业合规和企业伦理都是符合现代企业社会责任思想的本质内涵的。企业社会责任的法治化实现既包含强制性的法律要求，又包含着自律性的道德规范，同时也包含着介于二者之间的非强制性引导式促进机制。结合现代企业社会责任理论研究和实践经验，我们应当认识到，主张企业社会责任完全是道德义务，有悖于现代企业社会责任思想发展的趋势，同时也存在可能使企业社会责任沦为某种纯粹道德说教的危险。主张企业社会责任等同于经济责任的观点，就其本质而言，低估了社会环境对企业生产经营活动的反作用，人为割裂二者之间的有机联系；就其实际效果而言，此种观点是对已经很好地实现了社会责任的那些优秀企业施加的无理指责和野蛮贬低；就其逻辑而言，该观点实质上打着维护自由的旗号妨害了有远见的企业自愿履行社会责任的自由权利。而认为企业社会责任只包括可能引起法律责任的法律义务甚至根本只是某种法律责任，又因背离企业的自主经营之实质、脱离现实社会经济发展水平而缺乏可行性。故而这些极端观点都不符合现代企业社会责任内涵的要求。

事实上，企业社会责任在最初或许的确只是一种夹杂着经济责任成分的社会伦理要求，然其发展至今，在主流社会思想演进及时代精神变革的带动和影响下，其性质已经演变成为独立于经济责任的、法律义务和道德义务复合而成的、多层次统一体。这里需要特别说明的是，企业社会责任不包含经济责任的内容，并不意味着企业可以不顾及中小股东的权益，只不过对中小股东权益的保护问题不应由企业社会责任制度而得到解决，因为股东以企业所有者的身份与企业之间形成的利益关系及其利益调整问题，是一种典型的企业内部利益关系，毫无社会性可言，过于偏离企业社会责任的内涵。

由此可见，法学视角下，企业社会责任的核心是法律义务，特别是由国家强制力保证实施的那部分法律义务，而企业社会责任的外围主体则是

道德义务。对待不同层次的企业社会责任，法律的态度并不相同：对于核心层，法律通过国家强制力优先确保其实现，从而防止企业社会责任问题泛道德化；对于中间层，法律通过鼓励、引导等非强制性措施尽量促使其能够得到较好实现，从而有助于企业与社会之间形成良好的沟通和互动，推动民主因素在微观经济运行中发展壮大，形成企业与社会之间更加公平的利益分配、制衡机制；对于外围层，法律至多在原则上予以提倡而并不加以任何实际干涉，从而保障企业经营自主权利不受侵犯。

三、我国企业社会责任法治的完善

早在 2014 年，《中共中央关于全面推进依法治国若干重大问题的决定》已明确提出，要"加强企业社会责任立法"，显然加强企业社会责任立法应引起高度重视。从立法的角度，我国目前涉及企业社会责任的主要法律规定有不少，例如公司法、合伙企业法、促进就业法、劳动法、劳动合同法、职业病防治法等，涉及面广，初步完成了在某些方面规范和指导企业社会责任法治的法律资源准备。但是可以看到，这些立法分散在各项法律中，从各自不同的角度来保护非股东群体的利益，而并非从企业主动履行社会责任的角度激励企业与利益相关方建立可持续发展的法律关系，也没有关于企业社会责任的专项法律，因此对于我国企业社会责任法律制度体系而言，需要从以下几个方面予以完善。

（一）进一步明确立法目的和法律原则，强化其导向功能

尽管目前在公司法和合伙企业法的总则中均明确表示企业应当承担社会责任，然而在多数相关法律文本中并没有明确地阐释企业社会责任的立法目的或做出类似的法律原则性表示，其基本情况是，这些法律只是在具体规则中涉及了某些关于企业社会责任实现的实质性内容。由此可见，相关立法成果虽然在实际运行中部分地起到了保证和促进企业社会责任实现的效果，但是从法律体系的角度看，这些立法的目的较含糊、导向功能较弱，不利于我国企业社会责任法律制度体系的构建，因而有待进一步明确和强化。

（二）加强对众多法律资源的宏观把握，注重法律规则之间的整体协调

由于相关立法的目的不清晰，我国关于企业社会责任的众多立法因缺乏明确的价值指向而显得相当分散和凌乱。其结果就是，在我国，与企业社会责任有关的法律规则集群内部缺乏系统性，这种情况给实践过程中法

律规则的具体适用造成了很严重的障碍。企业社会责任法治是一项系统工程，不是仅仅依靠一种社会规范、一部法律或一条法规就能够实现的，它在很大程度上需要众多社会资源和法律资源的有机整合，并且需要强调法律制度体系内部的协调统一。所以在承认相关立法的形式和内容多样化的同时，应当协调整合相关法律资源，在内容不断增加的基础上，注重对各种法律资源进行宏观把握和整体协调，建立全面、协调、高效的企业社会责任法律制度体系框架。

（三）注意法律义务与道德义务的对接与配合

由于包含一定的道德因素，企业社会责任不可能仅仅依靠义务性法律规则而得到实现，道德义务的实现也在其中扮演着不可或缺的重要角色，应当予以重视并充分发挥其作用。对于那些触及底线的、迫切需要得到实现的义务内容，由法律加以调整，通过国家强制或引导促进企业履行义务，若企业不能履行义务则动用国家强制力使之承担相应的法律责任或使之不能获得相应的有利法律后果；对于那些并不触及底线的、原则上应当自愿履行的义务内容，应由道德调整机制、企业内部管理机制或者"软法"与公共治理机制等加以引导，如图7-1所示。因此，笼统地讲，企业社会责任中的法律义务和道德义务应当各负其责、各司其职，在相应法律规则的制定过程中，必须注意二者的对接和配合。

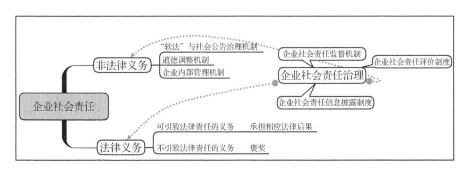

图7-1　法治视角下的企业社会责任治理

（四）注意增强相关法律规则的可操作性

在我国，最初有关企业社会责任的立法普遍存在模糊性和粗放性的特征，其中有不少沿用至今，这些法律规则可操作性较差，并且缺乏有力的制度支撑，其实施效果可想而知。有的规则在涉及实施层面时，其具体表述中的用词往往模棱两可，有待进一步加以限定；有的规则含有引用其他社会规范的内容，却受制于被引用的社会规范并不成熟完善；有的规则在关乎具体适用的部分中，没有规定相应的程序性规范，或者即便规定了相应的程序性规范，与之配套的制度又不能满足需要。因此，为了企业社会责任能够切实得到很好实现，需要坚持依法规范立法活动，注重法律解释及相关配套制度的建立与完善，不断增强其可操作性，优化企业社会责任法律制度的实效。

（五）企业社会责任实现的推进力度应与社会经济发展状况相适应

当前我国的基本国情是人口众多而资源紧张的发展中国家，在推行企业社会责任，特别是通过法治路径推行企业社会责任的时候，尤其要注意不能给企业造成不合理的负担，要调适企业社会责任实现与企业经济责任实现之间的关系，注意把握我国社会经济的承载能力。既不能把企业社会责任的实现办成只造声势、不求结果的"面子工程"，也不能把企业社会责任的实现办成脱离我国社会经实际状况的、理想主义的"空中楼阁"。

（六）积极探索如何有效利用传统文化的积极因素

我国作为一个有着五千多年历史的文明古国，传统文化可谓源远流长，但是，在我国的传统文化思想中，既有着善良、信义、可持续发展等有益于企业社会责任法治的因素，也有着官本位、隐忍、重人情关系而轻制度规范等不利于企业社会责任法治的因素。所以说，如何防止相关拥有管理权力的组织机构滥用权力或不适当使用权力，如何消除社会成员在企业社会责任实现过程中的畏惧和观望心理，如何避免企业社会责任的法治化实现在人情关系面前沦为空谈，是我国在企业社会责任法治化实现进程中可能面临的又一难题，其解决尚有赖于相关学者和实践者的大量工作和思考。

（七）充分考虑经济全球化可能为我国企业社会责任实现带来的现实问题

随着经济全球化的发展趋势愈发深入，我国亦正在不可避免地日益融入全球经济体系中去，这对我国企业社会责任法治而言，可能引发下列现实问题：首先，如何规范和促进跨国资本在我国投资的企业积极有效地履行社会责任，通过法律确保利用外资为我国社会经济发展真正做出贡献；其次，如何应对外国对我国出口企业设定的企业社会责任实施标准的贸易壁垒，这涉及国际贸易的开展和国家间的利益关系调整问题，也涉及如何看待及如何发展市场经济体制的问题；最后，国内企业社会责任法律规范体系如何与相关的国际法规范对接，这涉及如何有效利用国际法规范促进我国企业社会责任的法治化实现。

企业社会责任法治化是指通过法律法规和制度机制的建立和完善，对企业的社会责任行为进行规范和监督的过程。它强调企业在经营过程中应当遵守法律法规，尊重社会伦理和道德规范，主动承担社会责任，促进企业的可持续发展和社会的持续进步。

第三节　建立企业社会责任信息披露机制

企业社会责任信息披露是指企业通过一定的媒体或信息发布渠道，运用特有的方法和技术，对企业承担社会责任的有关情况，以及因承担社会责任引发的对企业财务状况和经营成果的影响评价等信息，在特定范围或全社会范围内进行公开说明的活动或行为。企业社会责任信息披露是企业履行社会责任的一项义务。社会责任信息披露有多个利益：有利于让利益相关者全面了解企业社会责任的履行情况，以便对企业进行监督和评价，促进企业提高其经济活动的社会效益；有利于保护利益相关者的权益和树立企业良好的社会形象；有利于利益相关个人或团体对企业的经营情况做出正确的判断与有效的决策，最终有利于在全社会形成企业发展的氛围和环境。

一、企业社会责任信息披露的原则

企业社会责任信息披露应遵循以下原则。

（一）客观诚信原则

这里的"客观"是指信息的真实性，"诚信"是指发布信息的立场与态度。企业披露社会责任信息遵循客观诚信原则，就是要实事求是、如实地反映企业履行社会责任活动的实际情况，避免主观随意成分，特别是要反对有意地歪曲和篡改事实。总之，企业只有注重调查研究，以事实为依据，确保发布信息资料的确凿可靠，才能做到客观诚信。

（二）充分全面原则

这里的"全面"是指发布的信息应该尽可能是多角度、多方位的，"充分"是指所发布的信息应该是多层面、多层次的。充分全面的信息是事物客观性的保证和体现。遵循信息充分全面原则，就必然要求企业披露的信息能全面地反映其执行社会责任的所有状况，并能服务于利益相关者，以提高投资的针对性，降低决策的风险性。当然，客观、充分、全面的企业社会责任信息既包括正面的、积极的信息,也包括负面的、消极的信息,而不是企业基于自身的短期利益进行的筛查性、选择性地信息披露。

(三) 一致性原则

此处的"一致性"是指企业在披露社会责任信息时应保持其主要内容、指标体系、基本用语与指导思想的前后连续性、一贯性和相对稳定性。企业遵循该原则的目的是便于同一企业的纵向比较和不同企业间的横向比较,便于信息使用者对企业发展趋势的准确判断,从而有利于提高信息的使用效率。

(四) 及时性原则

此处的"及时性"是指企业在披露社会责任信息时其信息内容应与其发生的时间相对应,应该有严格的时间界限,应该是"现时"和"即时"的。避免和反对延时的和滞后信息。社会责任信息是一种有严格时间要求的信息。在市场经济条件下,由于竞争的激烈,各种商机、各种商品信息、企业经营状况瞬息万变。因此,企业社会责任信息应及时通过公开的渠道传递到利益相关者和社会公众,以便人们及时判断和及时决策。

(五) 社会性原则

此处的"社会性"就是指与企业的生产经营后果有关系的所有的公众、团体和群体,也可以理解为公众的普遍利益。社会性要求企业妥善处理自身利益与相关公众利益的关系,站在社会整体利益的角度而不仅仅是自身利益的角度来反映自身经济活动和公开企业社会责任信息。企业应树立正确的社会责任信息披露意识,诚心诚意接受社会监督。

二、企业社会责任信息披露的内容

目前,关于企业社会责任信息披露的内容并无一致看法和意见,在国际上比较通用的企业社会责任报告编写标准为全球报告倡议委员会提出的GRI G3 标准,它提出完整的企业社会责任报告应包含三部分:一是社会责任,包括 SA 8000 标准、职业健康、安全、人权状况、慈善等;二是环境责任,包括"三废"处理、温室气体排放 CDM 等;三是经济责任,包括利润、税收等。

总结国内外企业在这方面的实践经验和做法,对其中的共性进行概括,可以认为企业应履行社会责任并披露其信息的内容应包括以下几个方面。

(一) 企业收益状况方面的信息

获取利润是企业的首要财务目标,也是企业实现其他相关社会目标的物质基础。企业的收益状况是企业经济实力的直接反映,既关乎企业的生存和发展,也关乎向国家缴纳税金的多寡、向职工支付薪水的高低,以及向股东分配利润的情况。企业只有先获得更多的经济利益,才有进行公益捐赠等社会活动的财力基础。同时,企业收益状况是衡量企业履行社会责任的重要计算依据,把企业履行社会责任方面的费用支出同企业总收益相比而得出的各种相对性指标,可以横向比较不同企业的社会责任履行情况。因此,收益指标仍然是衡量企业对社会贡献的基础性指标。

(二) 环境保护方面的信息

包括污染控制、能源节约、废旧原料回收、环保产品生产、环境恢复及其他环境信息披露等。环境问题关系社会经济的可持续发展,企业有责任在生产过程增加环境保护方面的投入,努力处理好工业"三废",最大限度使之减少以至达到零排放;尽可能地降低能源消耗,尤其是降低对空气和水带来严重污染的能源消耗,比如尽量少用、不用焦煤,而用清洁能源代替。企业环境信息及时全面的披露,有利于利益相关者对其在环保方面的社会责任行为给予评估与监督,有利于企业为环境友好型、资源节约型社会建设及生态文明建设做出贡献。

(三) 员工生产条件和工资福利方面的信息

员工既是企业的主要生产者,也是企业首要的利益相关者,企业最重要的社会责任是履行对员工的经济、人文、道德等方面的责任。有关员工的企业社会责任信息披露主要包括:员工的录用与使用、岗位培训、工资水平、福利待遇、工作时间、职务轮换、工作环境、劳动保护条件、工会组织状况、集体谈判情况、企业文化等信息。善待员工是企业进步、企业文明的表现,也是企业可持续发展的条件。

(四) 产品质量和售后服务方面的信息

产品的性能、功效、使用年限、安全性、对环境的影响、提供社会咨询服务、广告的真实性、及时退换和召回质量有问题的产品、售后服务及顾客满意度等信息的发布,对于消费者和合作者有重要意义。消费者和合作者也是企业的重要相关利益者,及时披露他们关心的信息,是企业负责任的表现,有利于增加合作者与消费者对企业的了解和信任,提高企业的市场占有率和发展后劲。

(五) 关心社会建设和参与社区活动情况方面的信息

这方面内容包括:关心并参与社会公共设施和市政建设;资助与捐赠

社会文化、体育、教育及公益事业，关注犯罪或公共安全问题；根据自身发展情况扩大社会就业，在就业问题上不歧视少数民族、妇女；适当照顾残疾人就业，关心弱势群体；按时向税收机关缴纳税款；等等。企业所在社区、周边地区的居民、社区组织等是企业重要的利益相关者，是企业履行社会责任的对象。企业积极参与社会和社区建设，关心文化、教育等社会事业，是企业功能的延伸与拓展，对于树立其良好的企业公民形象有重要的意义。

（六）社会公德和商业道德方面信息

这方面内容包括遵纪守法，照章纳税，诚实守信，保证并不断提高产品、服务质量，不搞不正当竞争和任何形式的欺诈。企业遵守社会公德和职业道德是企业社会责任的主要内容。一方面，企业是商业组织、营利组织；另一方面，企业是社会组织和团体公民，企业的重要职责是遵纪守法、讲求商业道德、维护正常的社会秩序。反之，稳定的社会秩序、良好的社会风气、和谐的社会环境，也是企业可持续发展的重要条件。

三、企业社会责任信息披露的模式

企业社会责任是一个较新的概念，企业履行社会责任是一个较新的事物，企业社会责任信息披露也是一个企业管理的创新问题，有一个从不成熟到成熟的过程，而其中信息披露的模式也在探索之中。模式是一个方法论概念，意指基本方法的组合，这种组合能够勾画出研究对象的轮廓。不同模式的比较，其实质是不同方法论的比较。在企业社会责任信息披露方面，也存在不同的模式，这些不同的模式反映了企业社会责任信息披露方面的方式、方法和形式等的不同组合。按照不同的标准，企业社会责任信息披露模式主要有以下几类。

（一）固定时间披露与随机披露

固定时间披露或定期披露是指企业在预定的时间内（如季度、年度等）向社会公布有关社会责任信息，随机披露或临时披露是指企业在发生重要社会责任事件时向社会公布有关信息。这些事件可以是积极的、建设性的事件，也可以是消极的、破坏性的事件。社会责任消极、破坏事件也称为社会责任危机。企业对于所发生的社会责任危机信息披露通常采取即时的、随机的方式。

（二）定性披露与定量披露

定性披露是指企业在公布社会责任信息时，对于信息内容主要采取对其性质、功能、结构、关系、后果等方面的语言描述、叙述、判断和预测的方式,其宗旨在于回答信息的内容"是什么";定量披露是指企业在公布社会责任信息时,对于信息的核心内容按照一定的标准单位进行分割、换算,再表示为一定量的标准单位,其宗旨在于回答信息的内容"有多少"。定量披露选用的标准单位是通用的,分割、换算的方法也是通用的,这样可以保证信息的可比性。定量披露通常按照企业社会责任指标体系的标准来进行。

(三) 系统披露与专项披露

系统披露是指企业以所拟定的社会责任指标体系为标准,全面地、有逻辑地、有层次地披露社会责任。所谓全面,是指所披露的信息内容应覆盖股东、债权人、员工、供应商、消费者、社区、所在地政府等利益相关者权益范围;所谓有逻辑,是指本着社会责任指标体系与社会责任事实相一致的原则,所发布的信息内容应有主次、轻重缓急之分,应符合社会责任自身的规律性;所谓有层次,是指所发布的信息在内容上应体现出由浅入深、由表层到里层的立体结构,以满足不同层次的阅读者对不同层次信息的需求。专项披露,一是企业对涉及社会责任的个别事件、个别事实或某一种类的事实的信息进行公布,二是企业对涉及社会责任的某个方面的事件、事实的信息进行公布。

(四) 会计基础型披露与非会计基础型披露

广义的会计基础型披露是指企业按照会计核算、会计报告的方式方法来发布有关社会责任的信息;狭义的会计基础型披露是指企业已经建立社会责任会计制度,并根据该制度来发布有关社会责任的信息。非会计基础型披露是指企业按照会计核算、会计报告以外的方式方法来发布有关社会责任的信息。

四、推动企业披露社会责任信息建议

目前我国企业对社会责任信息披露并不积极,整体水平不高,因此要推动更多企业披露社会责任信息,需要多方共同努力,鼓励企业单独发布社会责任报告,规范信息披露的内容框架,提高信息披露的质量。

(一) 加强企业社会责任信息披露的监管立法

据学者研究发现,企业披露社会责任信息是对强势利益相关方的反映,其中,法律法规是其最重要的社会责任压力,如果法律法规模糊,则其反映会流于形式，提供的社会责任信息就缺乏质量，没有价值。因此，为了提高企业社会责任信息的决策价值，应该对信息进行监管立法。我国政府应该借鉴其他国家经验加快推进企业社会责任信息披露的立法工作，形成一套系统、完整的社会责任信息披露法律法规体系，从法律的高度强制约束企业的社会责任信息披露行为。一方面，政府可以以制定法律的方式，介入企业社会责任信息披露，在对目前散见于各种法律文本中的有关社会责任信息披露的法律条文进行系统整理和完善的基础上，制定系统、全面的企业社会责任信息披露法律规范，使我国企业的社会责任信息披露从自愿走向强制、从无序走向有序。另一方面，财政部可以以制定会计准则的方式介入企业社会责任信息披露，制定企业社会责任信息披露准则，规定企业社会责任信息披露的列报原则、内容、方式及质量特征，统一规范企业社会责任信息列报，增强企业间社会责任信息的可比性。同时，证监会应该在法律框架内，与时俱进修订、完善《上市公司社会责任信息管理办法》，规定上市公司社会责任信息披露的内容、方式和程序等，以统一规范上市公司的社会责任信息披露。另外，证监会应加强对上市公司重大社会责任事件的披露管理，规定重大社会责任事件的认定标准、披露内容和披露程序等，对不按照规定披露重大社会责任事件信息的上市公司，要加大处罚力度。

（二）政府主管机构应积极推动企业披露社会责任信息

调查研究发现，中国 100 强企业中的中央企业社会责任信息披露的比例和水平都远好于其他类型的企业。这与近年来我国政府积极推进中央企业履行社会责任，发布社会责任报告紧密相关。商务部、证监会和工商业者联合会应采取类似行为，积极、具体地引导和推进外资企业、上市公司和民营企业的社会责任信息披露。

（三）引导投资者建立责任投资理念

责任投资是推进企业社会责任行为最为直接有效的力量。政府应该引导资本市场或证券市场上号召力强、影响大的机构投资者树立责任投资的理念，对于政府直接控制的公益信托基金应该尽快立法要求其履行责任投资。同时，要求这些投资者在对被投资公司进行评价时，不再是仅仅关注公司的盈利情况，还需要将公司是否承担社会责任作为重要的测评依据。从资本的角度推进公司的社会责任信息披露。

（四）加强企业社会责任意识

企业内部是社会责任信息披露的原动力，因此，加强企业社会责任意识,对提高我国社会责任信息披露显得尤为重要。政府应与主流媒体合作,对一些传统观念进行更新,要加强社会责任的宣传活动,让企业逐渐自觉地意识到企业不仅是一个自主经营、自负盈亏的经济实体,也是社会不可分割的一部分,企业的社会行为会对整个社会产生影响,使企业认识到履行社会责任,正确地披露社会责任信息是企业应尽的义务。

(五) 改善企业内部社会责任专职人员的知识结构

企业履行社会责任情况的信息,最终必须由企业内部人员加以披露和报告。因此,企业内部社会责任专职人员的素质,直接影响会计报表的质量和社会责任会计作用的发挥。推行社会责任信息披露已超越了传统会计对会计人员知识的要求,渗透着社会学、经济学、环境学等学科知识,企业社会责任专职人员必须在原有基础上,学习与社会责任相关的知识,了解企业生产经营业务与社会之间的关系。因此,要逐步把与社会责任有关的学科知识融入企业社会责任专职人员后续教育和培训中去。同时,科研机构和大专院校要增设相关专业,把相关知识作为学生素质教育的基本组成部分,为以后开展社会责任工作打下基础。

(六) 发展社会责任投资基金

企业社会责任信息披露成本与收益的失衡导致企业社会责任信息披露动力不足,解决企业社会责任信息披露成本与收益的均衡问题,除政府通过一定的激励机制鼓励企业披露社会责任信息之外,市场也应该发挥"无形的手"的作用,通过大力发展社会责任投资基金,引导资源流向社会责任履行较好的企业,进而促进企业积极承担社会责任并高质量地披露社会责任信息。虽然我国的社会责任投资基金尚处于起步阶段,但欧美一些国家的经验已经表明,社会责任投资基金在推动企业可持续发展和承担社会责任方面发挥了重要作用。社会责任投资基金是以社会责任为投资依据,追求经济盈余、社会盈余和生态盈余的协调发展,引导资金配置到人与社会、环境和谐发展的产业上,使每个企业都关注社会责任,重视披露社会责任信息。由于社会责任投资基金的投资依据是社会责任,企业为了获取稀缺资本,会积极承担社会责任,同时会积极披露社会责任信息,以避免由于信息不对称而导致投资者发生逆向选择行为。在市场这只"无形的手"的作用下,资源会自动流向社会责任信息披露较好的企业,补偿了企业因披露社会责任信息而发生的成本。同时,机敏的投资人也会将资本从社会责任履行较差的企业撤出,市场自动惩罚了社会责任信息披露较差的企业。通过市场调节,实现了企业社会责任信息披露成本与收益的均衡。

(七) 建立权威的社会责任报告编报标准

关于企业社会责任报告编报标准,目前国际上比较权威的有全球报告倡议组织发布的《可持续发展报告指南》和国际标准化组织发布的《社会责任国际标准》(ISO 26000)。由于不同的国际组织使命不同,因而全球报告倡议组织和国际标准化组织制定的社会责任信息披露标准的侧重点也不同,而且上述国际标准在制定时主要考虑的是欧美等社会责任发展较早的国家的情况,与我国的实际国情差距较大。我国在建立社会责任报告编报标准时必须考虑我国企业社会责任的发展水平和企业社会责任信息披露的实际水平,因地制宜地制定既适合我国国情又与国际标准接轨的社会责任报告编报标准。

综观国际社会责任运动的发展,美国的注册会计师协会(AICPA)、英国的特许公认会计师公会(ACCA)等行业组织都为本国的社会责任信息披露做出了贡献。因此,我国会计学会应该联手社会责任领域的专家学者,共同组建我国的社会责任标准委员会,以承担建立我国权威的社会责任报告编报标准的重要使命。作为我国的企业社会责任报告编报标准,应该既有一定的前瞻性,又有一定的可操作性。因此,标准的制定应以 G3 或 ISO 26000 等国际标准的披露框架为参照,力求具有一定的前瞻性,以满足我国企业未来走向国际市场的需要。同时,标准的制定又不能脱离我国企业实际的社会责任发展水平,以体现其可操作性。

第四节 构建企业社会责任税收约束机制

一、税收机制调整与企业社会责任实现

从我国目前的税收机制运行的状况来看,通过税收机制规范和调节企业社会责任的承担主要有两条途径。一是通过正式约束机制加以实现。现行税收制度的法律规定属于国家规定的正式约束,是税收具体征纳行为的法律规范。对于高能耗、重污染的企业按照能耗标准和污染等级标准实行累进税率,对于低能耗、无污染或专门从事环保的企业,可以实行投资优惠退税或给予政府财政补贴。对于主动承担社会责任的企业,按照其承担的数额给予法定的减免税措施。例如,对于环境资源税和排污税,可以根据我国国民经济发展的水平适当提高税率标准;对于从事资助弱势群体、

关心社区建设等公益事业的行为，可以依法大幅度减免所得税和赠予税或延长纳税期限。二是通过非正式约束机制加以实现。税收制度的非正式约束是指人们在长期的社会经济发展中形成的关于税收的价值观念、道德规范、纳税意识和行为习惯等。它表明一定时期人们对税收的认识程度，是影响人们税收行为选择的重要因素，也决定着人们在一定时期对税法的遵从心理和遵从程度。在税制改革过程中，各级税收征管部门应当在深入分析研究的基础上大胆移植西方发达国家先进的成功经验和税收文化因素，对所有企业和广大公民进行耐心细致的宣传教育工作，培养和弘扬先进的税收文化。同时结合树立正面形象、批评反面形象，并将正反面形象的评价纳入企业信誉档案，作为对企业进行减免税的根据。

二、构建绿色税收体系

（一）绿色税收的概念

在国际上，绿色税收也称为环境税收，是指对投资于防治污染或环境保护的纳税人给予的税收减免，或对污染行业和污染物的使用所征收的税。开征绿色税收是建立环境保护长效机制的重要内容。

从目前世界各国的税收实践看，具体开征的环境税包括三种类型：以污染物排放量为标准而征的排污税；对商品或服务征收的原料税；为保护环境、筹集资金而征的专项税。绿色税收是国家在资源、环境、生态管理中所运用的重要的经济激励与约束机制。随着我国经济的进一步发展，资源和环境问题日益突出，建立与完善绿色税收制度，充分发挥税收的杠杆调节作用，对构建和谐社会，实现可持续发展显得尤为重要。

我国现有税收制度中具有绿色性质的税种主要有资源税、城市维护建设税、城镇土地使用税、车船税、车辆购置税、耕地占用税、消费税、增值税和所得税等。

（二）绿色税收的效应

1. 绿色税收的"双重红利"效应

"双重红利"观点最早由大卫·皮尔斯（David Pierce）正式提出后，很快就引起了学术界的广泛关注，这些研究认为，绿色税收可以通过降低污染活动而提高社会福利，而且可以降低税收系统对收入、销售或者其他扭曲税种的依赖，从而优化税收结构。一般认为，绿色税收具有双重红利：一是绿色税收的实施可以改善环境，提高生态环境的质量；二是通过开征绿色税收，在合理税负水平下，适当地减少扭曲性税收，提高税制效率。

2. 绿色税收的贸易收益效应

从短期来看,绿色税收的征收会提高出口产品的生产成本,而为了获取适当的利润企业会提高产品的售价,价格的提升又会导致出口产品在国际市场上的竞争力下降,那么出口企业的利益将受到损失。但是从长期来看,绿色税收的开征将会促进企业加大创新投入,研发绿色技术,进行绿色生产,提升自主创新能力。绿色税收的长期实施可以提高本国产品的质量,提高产品的绿色化程度,这将有助于冲破国际绿色贸易壁垒。此外,绿色税收的长期实施有助于生态环境的改善,良好的生态环境将促进国际投资和国际旅游等,这将促进经济的健康发展。

3. 绿色税收的产业结构优化升级效应

从国内市场来说,征收环境税收增加了企业的成本,降低了企业国际市场竞争力,短期内会使得企业生产减少。但是从长期来看,降低产量显然不能使企业在竞争中获胜,不利于企业的长远战略,为了使企业在绿色税制下更具竞争力,必然会提高生产效率,走自主创新道路,降低企业的税负。企业要走自主创新之路,就会加大对绿色生产技术、绿色生产设备的研发投入,绿色生产设备和绿色生产技术的提升会带来既有产品的绿色升级和绿色产品的开发。从整体来看,绿色税制的完善将促进企业走自主创新道路,从而带动产业结构优化升级。

4. 绿色税收的财政收入效应

税收是我国财政收入的主要来源,税收的主要目的就是增加政府的财政收入。绿色税收作为税收的一部分具有税收的财政收入功能。相对于产业政策等经济手段来说,绿色税收的突出优势是具有财政收入效应。绿色税收不仅能够调节经济、促进资源环境保护和促进经济发展方式转变,还能将税收收入用于改善环境、增加政府开支和减少不合理的收入,提升政府在国民经济发展过程中的调控能力。

5. 绿色税收的收入分配效应

在税收体系中具有流转性质的税种可以将其税负进行转嫁,而绿色税收体系中大部分绿色税种具有流转的特性。绿色税收最终将转嫁给最终消费者,环境污染的外部性成本最终由消费者承担,体现了"谁消费谁负担"的原则,促进环境资源的合理分配,使收入分配更加公平。

6. 绿色税收制度的环保效应

绿色税收制度作为国家引导行为主体向建设资源节约、环境友好型方式转变的有力举措,对于我国经济的可持续发展具有重要的指引作用。通过对符合国家产业发展规划的行为进行正向激励，如进行减免税政策，对国家限制或禁止的行为进行反向激励，如对其进行征收税费，共同促进行为主体向健康的经济方式转变。节能环保是绿色税收政策实施的一个主要目标，通过征税可以引导企业和消费者的决策，促使社会资源向节能环保的领域流动，从而达到保护资源和环境的目的。

（三）我国绿色税收体系现状

在国际上，很多发达国家不仅从收入型的税收制度转向了环保型的税收制度，而且还构建了完善的绿色税收体系。我国绿色税制的构建起步较晚，且绿色税收具有零散性、暂时性和孤立性等特点，各绿色税种之间缺乏系统性和协调性，还没有形成绿色税收体系。主要表现为以下几个方面。

1. 缺少专门的环境资源保护税种

环境保护税可以定义为对一切开发、利用环境资源的经济主体，按照其对资源的开发、利用和对环境污染的程度进行征收或减免的一种税收。在我国现行的绿色税种中没有专门以资源环境保护为目的的环境税，我国治理环境污染的经济手段主要是对超过污染排放标准的企业征收排污费，这就限制了税收在资源环境保护方面的功能。设立开征环境保护税，不仅可以提高公众的环境保护意识，强化人们的绿色消费理念，而且能运用税收调节手段引导可持续生产经营行为的形成和运行，有利于促进企业控制污染，合理利用资源，积极开发和使用环保产品和环保技术。同时也有利于设置绿色壁垒提高环境污染产品或技术的输入成本，达到保护国内环境的目的。

2. 税制的绿色化程度较低

我国税制的绿色化水平相对较低。现行税制中与资源和生态环境保护相关的税种主要有资源税、消费税、耕地占用税、城市维护建设税、车船税等，这几项税收总额仅占国家税收总收入的一小部分。

3. 各绿色税种之间难以形成合力

我国有关资源环境保护的税收政策不仅少，而且处于分散状态，相互之间缺乏有效的协调，难以形成对资源环境保护的合力，难以充分发挥绿色税收政策的资源环境保护功效。

4. 现行税种在环保方面的调节能力有限

现有绿色税种规定不健全，如现行绿色税种存在数目较少、税率过低、税率档次过少和缺乏法治与规范等问题，没有体现公平税负原则且经常发生地方政府干预税收执法情况。比如资源税，其征税范围尚未涉及如土地资源、水资源、海洋资源、动植物资源等大部分自然资源；企业已开采但未销售或未使用的也不征；单位税额也偏低。又如城建税，本来与环境保护和生态补偿关系紧密，但现行城建税独立性不强，明显依附于"三税"，同时外商投资企业和外国企业及个人也没有纳入其中。这不仅造成税负不公，也容易导致一些境外高污染生产基地内迁。此外，目前和环境保护密切相关的其他税种也或多或少存在类似的问题，比如消费税、车船税、土地使用税、耕地占用税等。

5. 绿色税收优惠政策形式单一

我国现行税制中涉及绿色产业的税收优惠项目主要是增值税和所得税的减免。但其税收政策不仅优惠空间较小且优惠的方式也比较单一。在国际上，绿色税收优惠空间较大且优惠形式多种多样，如美国的绿色税收优惠和减免形式，除直接税收减免、投资税收抵免外，还包括直接进行现金补贴、加速折旧等。与国际绿色税收优惠政策相比，我国绿色税收政策优惠形式比较少且不够灵活，绿色税收政策尚未形成系统体系，其导向作用不明显。

（四）绿色税收体系的构建路径

1. 加快推进环境税开征

随着我国产业结构调整步伐的加快，以及国际舆论对我国节能减排压力的加大，环境税出台的时机、背景和内外部环境已经成熟。国家相关部门应尽快按照"谁污染，谁缴税"的原则，适时推进环境税开征。设置开征环境税对构建我国绿色税收体系意义重大，它能将市场主体的环境污染成本消化到市场价格之中，提高环境污染成本，即把成本变成税率，最终实现环境保护、节能减排等目的。在推进环境税开征过程中，应积极借鉴西方发达国家经验。其一，细化绿色环保税种。从外部经验来看，绿色环保税种呈现出"专业化、细分化"的趋势。为了促进生态与环保，荷兰特别出台了燃料税、水污染税、废气税、噪声税、固体废物税、垃圾税、土壤保护税、石油产品税。美国将绿色环保税种划分为燃油税（汽油、柴油）、能源税（煤炭税、开采税）、生活环境污染税（一次性用品税、化学品消费税、垃圾控制税和垃圾税、氯氟烃税）。其二，扩大课税范围。从美国、荷兰等发达国家的绿色税收体系构建做法可以看出，这些环境保护税的课征范围包括了直接污染环境的行为和在消费过程中造成环境污染的产品，因此，我国环境保护税也要扩大征收范围，不但要包括企业，也要包括个人。其三，税率制定方面，应以定额税率为主，兼顾差别比例税、累进税额等。将传统"按价收税"转为"按量收税",以企业或个人污染物排放量、资源消耗量为征税标准。其四,环境保护税征收过程中,应进一步下放征税权限,将环境保护税作为中央与地方的"共享税"。由国税部门进行征收,征收后按一定比例返还地方。国家层面将资金用于生态环境治理的统筹、规划,地方层面将资金用于污染源、高能耗治理。

2. 调整和完善现行资源税

税收政策应有利于提高资源的利用效率,促进资源的综合开采和二次利用。首先,调整资源税等相关税收:一是扩大资源税的征收范围和对象,除对原有的矿产品征税外,还应该将土地、森林、水资源等纳入税收征管范围;二是将现行的矿产资源补偿费等行政性收费并入资源税,进行有机整合。其次,将原有的资源税征收标准适当提高。企业资源税负提高之后,通过价格和成本传导机制,才能够变相地激励企业合理开发和利用自然资源,减少污染和浪费,提高资源的利用率。最后,有步骤地推进中国矿业税费改革。要全面实行探矿权、采矿权有偿取得制度,建立矿山环境修复保证金制度,建立健全资源耗竭补贴和生态补偿机制。

3. 健全我国绿色税收优惠政策

在完善现有税制的过程当中,还要引入税收优惠政策,加大对环保、绿色产业的税收优惠力度,发挥其对生态环境的补偿作用。一是健全环境保护和资源节约领域内的减免税制度,比如运用零税率、税收抵免等政策鼓励企业开展环保及风能、太阳能和地热能等新能源的研发活动。通过减税、免税、抵税、税后退回等方式促进环境保护和可持续发展。比如,建立我国的生态补偿机制,对环保投资允许退税。二是完善低耗、高效产品的税前抵扣及环保、节能设备加速折旧方法,鼓励企业从事绿色生产和绿色投资。对企业开发利用可再生能源给予减免税,有条件的实行研发费用税前抵扣;对企业引进的绿色技术实行税收优惠,允许绿色设备加速折旧等。鼓励企业增加绿色产业投资,转变发展模式,使其生产符合可持续发展的要求。三是为了既充分发挥税收优惠在环保领域的调节作用,又防止税收优惠的无效投入,需要认真梳理和分析现行税制法令条款,确定税收优惠的范围、内容,对各种优惠项目进行归类并在此基础上建立预算控制体系。

4. 完善绿色关税制度

运用税收手段构筑绿色壁垒是国际上特别是发达国家为保护本国生态环境普遍的做法,我国也应参照国际惯例在关税中加入绿色条款(如差别税率条款、特别关税条款、反倾销条款等)。以较高的进口关税税率,控制污染性原材料、产品和技术的进口。以优惠税率降低环保产品和环保技术的进口门槛。通过出口关税限制包括原材料、初级产品和半成品在内的不可再生资源的外流。此外,可运用附加税的形式,或限制或禁止某些污染环境、影响生态环境的产品进入我国境内。绿色壁垒不仅能防止境外污染产业转嫁,还可以鼓励国内企业进行技术改造,实现产业升级,也有利于改善我国的进出口结构。

5. 建立生态环境保护基金管理机制

按照税收"取之于民,用之于民"的法治原则,加快生态环境保护税立法,开征生态环境保护税、水资源税,完善生态环境保护清洁产品税制,通过建立完善生态保护环境税收政策,为生态环境保护积累基金。对生态环境保护基金的使用要加强监督,完善监管法律制度,使生态环境保护基金的使用法治化、规范化,真正实现生态环境保护税"取之于民,用之于民"的社会效益。

6. 完善排污收费制度,逐步纳入税制改革轨道

应全面改革我国的排污收费制度,全面规定付费主体,健全收费项目;进一步提高排污费征收标准;将环保部门征收的排污费全部纳入政府预算管理,成立环保专项基金,实行专款专用。但是,鉴于税收具有强制性、固定性、无偿性的特征,比排污收费更具有约束力,而且税收由税务机关统一征收,征收成本也比较低,同时环境保护税收入将作为财政的专项支出,有严格的预算约束,可以保障宝贵的环保资金的使用效率。因此,在排污等领域实行费改税已势在必行,这将有利于税收政策在促进可持续发展方面发挥更加强大的作用。

7. 搞好相关措施的配套工作

首先,做好同步立法工作。实现绿色税制改革的有法可依、有法必依,最终达到依法治税的目的,强化税收征管体系的法治化建设。建议出台一系列新型环保税的暂行条例、实施细则及稽核条例等法律法规,可以进行专家学者听证,进一步修改完善并付诸实施,在试行期间内发现缺陷、弥补不足,逐步提高环保法规的层次,以增强法律约束力。其次,协调好相关政府部门的关系。应规范和调整税务、环保、城管、城建等各部门的关系,调整国税和地税系统在绿色税制建设和征管中的权、责、利分配。其中,税务部门与环保部门的关系是重点,应该共同促进环保工作的顺利开展,为完善绿色税收体系、巩固执法效果而加强合作。

第五节　构建企业社会责任审计机制

社会责任审计是促进企业履行社会责任的一个工具，它监督企业经营活动的社会后果，提出审计报告并影响企业的经营及管理决策。社会责任审计工作可以使得社会责任信息披露逐步走向规范化的道路。为加强对企业履行社会责任情况的监督力度，保障企业对外披露社会责任信息的真实性与公允性，国际上某些机构组织已实施了企业社会责任审计制度。目前，由于社会责任审计的研究起步较晚，我国的审计主要侧重于财务收支方面的审计，还没有专门的社会责任方面的审计，社会责任会计信息披露审计也没有严格的标准可遵循。这不利于对企业社会责任履行情况进行监管。对企业战略性社会责任内部控制的建立与执行情况进行评价，优化社会责任内部控制，管控企业战略性社会责任风险，需要审计的介入。无论是自愿性社会责任，还是强制性社会责任，都有审计需求。自愿性社会责任需要审计对其社会责任活动及信息加以鉴证和评价，能够增强其社会责任营销效应。强制性社会责任需要审计对其社会责任活动及信息加以监督，能够为企业利益相关方提供决策有用信息，并保护各利益相关者的合法权益，降低企业的社会责任风险。企业履行社会责任及其信息披露的真实性、完整性、效率性和效果需要引入行政监管和市场化的审计监督机制，包括国家制定实施企业社会责任法律规制，并对企业执法情况进行审计，以及企业社会责任内部审计和第三方外部审计。

一、企业社会责任审计的理论基础

随着可持续发展理念和科学发展观的进一步深化，社会公众在关注企业经济效益的同时越来越关注企业的社会效益，对企业履行社会责任情况进行审计的重要性不言而喻。

企业社会责任审计产生于20世纪70年代初期的美国，主要是基于美国社会各界对企业承担社会责任理论探讨和实践深入发展的结果。企业应当承担社会责任在当时已形成广泛的社会共识，但如何对此进行全方位的监督则是一个新问题，于是，企业社会责任审计的概念进入学者的视野。审计主体是审计的首要元素，国外学者认为审计主体一般分为两大类，一类是企业外部机构，另一类是企业自身。因此，企业社会责任审计分为内部审计和外部审计两部分。美国对企业进行社会责任审计的机构主要有以下几类：第一类是投资基金组织，审计的目的是要确保资金的投向，即资金应当投向那些从事有社会责任感的活动和道德水准较高的企业，同时促使企业满足投资者的要求；第二类是社会公共利益监督机构，例如环境保护协会、消费者权益保护协会等，审计的目的是为投资者、政策制定者、消费者、雇员等群体更好地决策提供信息；第三类是企业自身进行的社会责任审计，目的是了解企业自身的责任履行状况。前两类可归为社会责任外部审计，第三类是社会责任内部审计。

对于企业社会责任审计，我国学者进行了一定程度的探讨，代表性观点主要有利益相关者理论、委托代理理论和产权动因理论等。利益相关者理论解决了社会责任审计的必要性问题，明确了社会责任审计内容和审计客体，为企业社会责任审计研究提供了理论上的导引与支撑。委托代理理论主要研究委托代理关系产生受托责任，而随着受托责任的动态演进，社会责任审计产生。在企业经营中，委托人与企业管理者之间存在信息不对称的情况，在市场交易发生的前后有可能引发道德风险和逆向选择，从而导致市场机制运行结果缺乏效率，甚至可能造成市场缺失，因此，审计部门对企业履行社会责任情况进行审计成为必然。产权动因理论是20世纪60年代以后流行于西方的新制度经济学的一个流派，它主要研究在一定制度框架下产权的界定及经济秩序运行中的交易费用如何对稀缺的社会资源配置产生影响的问题。这一理论对审计理论的发展产生深远影响。企业是不同产权所有者通过签订联合契约的形式来投入资源、获取收益的一种组织，但契约各方不可能把所有未来可能发生的事件及相应的对策都写入条款中。所以，对契约而言，监督是隐含其中且是必然的，审计因此有了存在的条件。但是，如果契约各方产权利益仅有共同性或仅有差异性，也不需要进一步审计。只有在契约各方既有共同利益又有利益冲突时，审计工作的进行才是必要与可行的。产权的动因是审计工作存在的基础，而受托的经济责任关系一旦确立，审计就必然产生。这就必然要求审计部门介入对企业履行社会责任状况进行审计。

二、企业社会责任审计机制的构建

在完善企业社会责任立法的前提下，加快企业审计法律法规的立法步伐，完善我国企业审计法律体系。企业社会责任及其审计相关法律法规是企业社会责任审计的基础，要顺利开展企业社会责任审计工作，提高审计质量和效能，就必须尽快建立和完善我国企业社会责任相关法律法规。这样既可以防止企业有意规避法律责任，又可以规范企业社会责任审计工作，从而弥补企业社会责任审计机制的法律漏洞。

制定社会责任审计准则和标准。审计准则和标准是审计人员对企业社会责任审计所必须遵循的一系列规则、程序和指标体系的总称。它既是审计人员从事企业社会责任审计的行为规范，又是判断企业行为的前提条件和依据。离开企业社会责任审计准则和标准，企业社会责任审计工作将难以有效开展和顺利实施。要调动审计署、商务部、生态环境部、国资委、证监会和国家税务总局等国家行政部门之间进行通力合作，成立专门的社会责任标准制定委员会，尽快建立和推行我国企业社会责任审计业务标准。综观各国发展历程，企业社会责任审计的核心问题是审计标准由谁来制定。

强化企业责任审计相关人员的教育与培训。一是加强对企业领导者的社会责任的教育与培训，使他们树立社会责任审计意识。企业领导者应清楚认识到，企业在履行社会责任过程中会提高企业的知名度，从而间接带来经济增益，而且从企业长远发展来看，及早重视和认真对待社会责任的履行，对企业的可持续发展十分有益。二是加强对审计相关人员的专业培训。与传统审计相比，企业社会责任审计在审计内容、方法、指标评价、责任界定等方面都具有一定的特殊性，它不仅要求审计人员熟练掌握财务审计技术和方法，还要求他们拥有相关的社会责任标准及与社会责任有关的法律法规等方面的知识和技能。三是改革审计职业考试制度。确立全国统一的企业社会责任审计职业资格考试制度，培养高素质审计人员队伍。这方面可以借鉴司法资格考试和注册会计师资格考试的经验。

组建具有民间性质的企业社会责任审计师事务机构，为利益相关者和投资人的审计服务需要提供组织基础。

建立审计信息的公开披露常规机制，定期公开相关企业的审计信息，为社会公众、相关组织和政府提供决策信息。

第八章 企业社会责任治理指南与案例

为了应对商业和社会环境出现的前所未有的变化，企业社会责任已经成为一个重要的治理手段。近年来，世界各地的企业纷纷推出企业社会责任指南或准则，各种企业社会责任报告大量涌现，英国社区企业联盟（BITC）、德国企业可持续发展论坛等网络平台快速发展，利益相关者对话、欧盟报告等更是为企业的社会责任治理提供大量参考。要想实现企业社会责任治理优化，企业现在必须将企业社会责任应用到组织实践中。

企业社会责任的标准化虽然是一个比较新的现象，但是一般的标准准则已经存在了很长时间，并且在当今社会被广泛接受。早期的考克斯圆桌会议原则、经合组织跨国企业准则和劳工组织的基本原则和工作权利，以及近些年发布的 SA 8000、AA 1000、ISO 14001、全球报告倡议和联合国全球契约等都对企业社会责任治理指南有一定的提及。

可见，社会运动的趋势是通过制定指南和准则一步步实现标准化和管理的专业化的。企业社会责任作为一项社会运动的发展也不例外，但它的难度在于，其涉及机构和个人组织的复杂发展，是一个动态的多方博弈过程。从这个意义上说，这是将企业嵌入外部机构中，这些机构是由单个组织的企业社会责任实践和承诺组成和派生的。这种协同嵌入使企业社会责任成为一种社会行动，企业正在塑造或试图塑造主流商业机构，并反过来也被商业机构所影响。

特别是 20 世纪末，有企业出现治理丑闻，这进一步加速了企业社会责任治理的发展和演变。当时，全球企业治理的特点之一是缺乏普遍规则或标准，这些治理丑闻引发了企业高管层和监管机构对责任和透明度的担忧，随着股东维权主义的日益强化、社会对企业角色预期的不断变化及资本市场的全球化，一系列治理原则和行为准则在丑闻发生之后快速出台。

第一节　常见的规范性原则及指引

国际上常见的社会责任行为指导的主要文件有:《经合组织跨国企业准则》《经合组织公司治理原则》《国际劳工组织关于工作中基本原则和权利宣言》《联合国全球契约》《全球苏利文原则》《可持续发展报告指南》《社会责任指南标准》(ISO 26000)等。

《经合组织跨国企业准则》(以下简称《准则》)是各国政府向在加入国境内或是以加入国为总部开展业务的跨国企业提出的建议。这些建议提出了在全球背景下开展负责任的商业行为,并且符合适用法律及国际公认标准的自愿原则和标准。《准则》是唯一经过多边商定,并且各国政府承诺推广的综合性负责任商业行为守则,其中涉及关于跨国企业的企业社会责任履行指导。《准则》认为,环境和健全的环境管理是可持续发展的一个重要组成部分,环境管理既是一种企业责任,也是一种商业机会,而跨国公司在两者中都发挥着一定的作用。此外,《准则》认为,企业应该促进经济发展、环境保护和社会进步,以期实现可持续发展;与包括商界在内的当地社区密切合作,在国内与国际市场开展符合合理商业做法的企业活动,从而鼓励当地的能力建设工作;尊重受到企业活动影响的个人的国际公认的人权;鼓励人力资本的发展,特别是通过创造就业机会和为雇员接受培训提供便利;避免寻求或接受与人权、环境、卫生、安全、劳工、税收、财政鼓励办法或其他问题有关的法律或制度框架没有规定的豁免待遇等。《准则》建议,企业管理层应该对其企业经营战略和日常运营范畴内的环保事件给予一定的关注。该《准则》被认为是世界上最为重要的企业自律行为规范之一,包括10个章节,内容涵盖了大多数企业行为。

1999年,经合组织成员国的部长们签署了《经合组织公司治理原则》(以下简称《原则》)。自发布以来,该《原则》作为良好公司治理的国际基准获得了世界范围的承认。2002年,经合组织开始对该《原则》进行修订,于2004年修订完成并发布。该《原则》旨在提供一套非强制性的准则、好的惯例及实施指南,能适应单个国家和地区的具体环境。公司治理涉及公司的管理层、董事会、股东及其他利益相关者之间一系列的关系,通过公司所追求的目标、实现这些目标的手段及监督这些目标的绩效为公司的运作提供一套机制。良好的公司治理为董事会和管理层提供恰当的激励机制去追求符合公司和股东利益的目标，能够发挥有效的监督作用并更好地利用公司的资源。该《原则》认为，公司治理只是公司运行大环境的一部分，其中还包括宏观经济政策、产品和要素市场的竞争程度等。公司治理框架还依赖法律、管理和制度环境。除此之外，诸如商业道德、公司对社区公共利益和环境等也能够影响公司的声誉和公司的长远生存。

《全球苏利文原则》形成于1977年，主要是呼吁企业应遵从法律及承担责任，并将原则长期性整合到企业内部的经营策略上，其主要的9个原则为：（1）维护全球人权（特别是员工）、小区、团体、商业伙伴。（2）员工均有平等机会，不分肤色、种族、性别、年龄、族群及宗教信仰。不可剥削儿童、生理惩罚、凌虐女性、强迫性劳役及其他形式的虐待事项。（3）尊重员工结社的意愿。（4）除基本需求外，应提升员工的技术及能力，提高他们的社会及经济地位。（5）建立安全和健康的职场，维护人体健康及环境保护，提倡永续发展。（6）提倡公平交易，如尊重智能财产权，杜绝贿金。（7）参与政府及小区活动以提升这些小区的生活质量，如通过教育、文化、经济及社会活动，并给予社会不幸人士训练及工作机会。（8）将原则完全融合到企业各种营运层面。（9）实施透明化，并向外提供信息。

《可持续发展报告指南》是广泛接受的可持续性报告自愿报告标准。全球报告倡议组织是一个独立的机构，包括来自世界各地的商业、会计、投资、环境、人权和劳工组织的代表。该指南包括 AA 1000 保险标准和关于保险业务的国际标准（ISAE 3000）。

《联合国全球契约》是全球自愿治理倡议，旨在解决跨国公司的社会和生态责任。1999年1月在达沃斯世界经济论坛年会上，联合国秘书长科菲·安南提出"全球契约"计划，并于2000年7月在联合国总部正式启动。"全球契约"是在经济全球化的背景下提出的，强调的是企业的社会责任，"全球契约"要求各企业在各自的影响范围内遵守、支持和实施一套在人权、劳工标准、环境及反贪污方面的10项基本原则，详见表8-1。这些基本原则来自《世界人权宣言》《国际劳工组织关于工作中基本原则和权利宣言》《关于环境与发展里约宣言》。《联合国全球契约》是一项自愿倡议，有两个主要目标：一是将10项原则纳入全球商业活动的主流；二是促进支持联合国目标的行动。10项原则亦是各签署成员周年报告的基础。自2000年以来，参与人数不断增加。此外，它还促进负责任的公民意识，使企业能够成为解决全球化挑战的一部分。然而，必须指出的是，契约并不是一种监管工具,也就是说,它不是警察执法或衡量企业行为的工具。相反,它依赖于公共责任、透明度和公司的自身利益。

表8-1 《联合国全球契约》内容

类别	内容
人权方面	(1) 企业应该尊重和维护国际公认的各项人权
	(2) 绝不参与任何漠视与践踏人权的行为
劳工标准	(3) 企业应该维护结社自由,承认劳资集体谈判的权利
	(4) 彻底消除各种形式的强制性劳动
	(5) 消灭童工制
	(6) 杜绝任何在用工与职业方面的歧视行为
环境方面	(7) 企业应对环境挑战未雨绸缪
	(8) 主动增加对环保所承担的责任
	(9) 鼓励环境友好型技术的发展与推广
反贪污	(10) 企业应反对各种形式的贪污,包括敲诈、勒索和行贿受贿

《社会责任指南标准》(ISO 26000)由国际标准化组织(ISO)于2010年11月1日在瑞士日内瓦国际会议中心发布。该组织从2001年开始着手进行社会责任国际标准的可行性研究和论证。2004年6月最终决定开发适用于包括政府在内的所有社会组织的社会责任国际标准化组织指南标准,由54个国家和24个国际组织参与制定,编号为ISO 26000,是在ISO 9000和ISO 14000之后制定的最新标准体系,该标准为企业提供了将社会责任融入组织的可操作性建议和工具。(表8-2)

表8-2 《社会责任指南标准》核心主题及议题

核心主题	议题
组织治理	
人权	议题1:尽责审查 议题2:人权风险状况 议题3:避免同谋 议题4:处理申诉 议题5:歧视和弱势群体 议题6:公民权利和政治权利 议题7:经济、社会和文化权利 议题8:工作中的基本原则和权利

续表

劳工实践	议题1：就业和雇佣关系 议题2：工作条件和社会保护 议题3：社会对话 议题4：工作中的健康与安全 议题5：工作场所中人的发展与培训
环境	议题1：防止污染 议题2：资源可持续利用 议题3：减缓并适应气候变化 议题4：环境保护、生物多样性和自然栖息地恢复
公平运行实践	议题1：反腐败 议题2：负责任的政治参与 议题3：公平竞争 议题4：在价值链中促进社会责任 议题5：尊重产权
消费者问题	议题1：公平营销、真实公正的信息和公平的合同实践 议题2：保护消费者健康与安全 议题3：可持续消费 议题4：消费者服务、支持和投诉及争议处理 议题5：消费者信息保护与隐私 议题6：基本服务获取 议题7：教育和意识
社区参与和发展	议题1：社区参与 议题2：教育与文化 议题3：就业创造与技能开发 议题4：技术开发与获取 议题5：财富与收入创造 议题6：健康 议题7：社会投资

第二节　加拿大商务社会责任协会的企业社会责任治理指南

　　加拿大商务社会责任协会（CBSR）及其成员公司，在与董事会成员和高级管理层代表进行探讨的基础上提出了企业社会责任指南，为全球企业社会责任治理实践提供了指导。该企业社会责任治理指南包括三个组成部分：（1）制定评估工具或评价指标，帮助董事会确定当前的实践情况及存在的不足；（2）帮助董事会制定企业社会责任治理框架的阶段性方法或路线图，包括企业社会责任委员会的建议职权范围；（3）制定高级管理层的企业社会责任问题,让董事了解企业的企业社会责任管理方法。

一、制定企业社会责任对照表

在制定企业社会责任对照表前,首先要明确企业社会责任涉及的维度,即企业的环境、社会和经济绩效及利益相关者,然后根据该维度选择并制定对照表。在具体实施中,一些董事会往往采取嵌入式方法,将企业社会责任整合到其企业治理中,也有一些董事会倾向于将企业社会责任的职责分到董事会的某个委员会中。无论采取哪种方法,董事会都将企业社会责任视为企业战略和风险管理的重要组成部分。(表8-3)

表8-3 企业社会责任实施对照

要素	指南	评价					备注
		是	没有	局部	进行中	不知道	有关说明
1. 愿景和战略 领导委员会表明他们对企业社会责任的承诺,并确保将其纳入企业的愿景和战略	1.1 董事会和管理层是否达成一致并传达了对企业社会责任的明确承诺?						
	1.2 董事会和管理层是否共享企业社会责任的共同定义,因为它与企业、行业和更广泛的社会趋势有关?						
	1.3 董事会是否对企业的社会责任业务案例有了共识?						
	1.4 董事会和管理层是否为企业制定了企业社会责任愿景?						
	1.5 企业社会责任是否融入了企业的使命、愿景和价值观?						
	1.6 公司的行为准则、道德规范是否包含企业社会责任?						
	1.7 董事会是否了解行业特有的企业社会责任问题?						
	1.8 在制定企业业务战略时是否考虑了重要的企业社会责任问题?						
	1.9 企业社会责任目标是否纳入企业的业务计划或战略?						

续表

要素	指南	评价					备注
		是	没有	局部	进行中	不知道	有关说明
2. 监督和问责制领导委员会对企业社会责任负责	2.1 是否有一个负责企业社会责任的委员会（例如企业社会责任审计或治理委员会）？						
	2.2 是否有指定的企业社会责任负责人向董事会报告？						
	2.3 企业是否有董事会批准的企业社会责任政策（独立政策或纳入其他政策）？						
	2.4 董事会是否定期审查公司绩效与企业社会责任目标及其进展情况？						
	2.5 管理层的薪酬是否与企业社会责任目标和目标的绩效挂钩？						
	2.6 企业社会责任是否包括在首席执行官招聘要求中？						
3. 风险识别和管理领导委员会将企业社会责任风险纳入企业风险管理	3.1 企业的风险管理计划是否考虑了重大的企业社会责任风险？						
	3.2 在批准重大决策（包括合并和剥离）时，是否考虑了企业社会责任影响、问题和机遇？						
	3.3 董事会是否有办法确定其决策对企业社会责任的影响？						
	3.4 董事会是否审查自己的做法以减少董事会会议的社会和环境影响？						
	3.5 董事会是否收到未经过滤的有关利益相关方问题和企业社会责任相关问题的信息，以便为风险管理提供信息？						
	3.6 董事会是否已采取措施评估在整个企业及其供应链中遵守企业社会责任承诺的程度？						
	3.7 内部审计流程是否包括跨公司遵守企业社会责任承诺？						

续表

要素	指南	评价				备注
		是	没有	局部	进行中	不知道	有关说明
4. 董事会组成和专业知识 领导委员会负责监督企业社会责任问题	4.1 董事会的组成是否反映了市场的文化和性别多样性？						
	4.2 提名委员会是否将企业社会责任技能、知识和经验作为董事招聘的一个因素？						
	4.3 提名委员会是否考虑在董事招聘中公司和个人企业社会责任价值观的一致性？						
	4.4 新的董事定位流程是否包括对公司的企业社会责任承诺和目标的审查？						
	4.5 企业社会责任教育是否作为其持续发展的一个部分提供给董事？						
	4.6 企业社会责任能力是否包含在董事会评估流程中？						
5. 外部披露 领导委员会定期披露有关公司企业社会责任表现的信息	5.1 董事会是否为管理层对公司外部报告中包含的重大企业社会责任问题的评估提供投入？						
	5.2 董事会是否审查并批准符合强制披露要求（MD&A、证券报告、政府备案）的企业社会责任问题的外部报告？						
	5.3 董事会是否批准企业社会责任报告作为公司企业社会责任绩效的记录，以便向利益相关者披露？						
	5.4 企业社会责任向利益相关方报告是否包含主席致辞？						

表8-3 主要用于对董事会和高管层进行测试。通过该表，董事会可以了解企业当前的企业社会责任治理方法及与最佳实践之间的差距，进而指导今后的企业社会责任治理工作。

二、绘制企业社会责任治理路线图

在对企业的企业社会责任治理现状有了充分的认识和评估之后,对企业社会责任的现状与最佳实践进行比较,确定未来的工作重点,制订企业社会责任治理"行动计划",并绘制与企业相匹配的企业社会责任治理路线图。根据评估结果及董事会优先级的差异,绘制路线图可以分为两个阶段,如表8-4所示。第一阶段:董事会在正式确定企业社会责任管理职责初期所采取的典型步骤。第二阶段:领导委员会采用的"下一级机会",以进一步将企业社会责任纳入其治理角色。

表8-4 各阶段内容与说明

序号	内容	说明
第一阶段	确认所需的企业社会责任方法,并将企业的使命和价值观融入其中	与董事会和高级管理层进行商谈,明确企业社会责任的含义、企业社会责任的业务价值、企业社会责任的愿景并达成一致,将商讨结果落实到董事会企业社会责任策略文件中
	任命企业社会责任委员会	在原有的委员会内或在新设的委员会中进行企业社会责任授权,明确企业社会责任委员会职权范围
	对董事会进行培训,使其了解企业社会责任的风险和机遇	将企业社会责任纳入新董事培训,并长期对董事会进行培训。确保董事会拥有足够的企业社会责任专业知识,以做出明智的决策。确保董事会定期培训企业社会责任风险事宜,保证有足够的企业社会责任专业知识进行科学决策
	监督企业社会责任战略和企业风险管理	确保将企业社会责任目标纳入计划和战略,包括社会和环境方面在风险识别、管理和监控的考虑
	在批准重大业务决策时考虑企业社会责任	在重大决策中考虑企业社会责任风险、机会和影响,包括收购、合并、商业伙伴关系和资产剥离
	对企业社会责任信息披露进行审查	与内外部利益相关者进行沟通,审核和批准企业社会责任报告,确保企业社会责任披露重大风险并符合企业社会责任报告标准

续表

序号	内容	说明
第二阶段	确保有效的企业社会责任管理体系	确保存在支持企业社会责任的策略、流程和数据系统,并确保企业社会责任指导跨业务单元和地理区域的决策。将企业社会责任纳入公司行为守则、道德准则,就企业社会责任作为决策因素的重要性和作用,提供全面的指引
	为利益相关者提供正式的参与机制	确保建立机制,保证董事会对利益相关者的意见进行审议
	将企业社会责任因素纳入董事和首席执行官招聘	明确将社会责任行为评价包含在董事招聘中,如董事多样性、价值观一致性及社会责任管理方面的知识或专业知识。在招聘新首席执行官时,确保对候选人的企业社会责任能力和价值观进行评估
	奖励履行企业社会责任的高管	将非财务目标纳入高管薪酬,确保公司的绩效管理
	董事会以身作则	审查董事会自身的运营情况,保证董事会运作符合企业社会责任要求,如董事会成员出差产生的排放、绿色会议程序、绿色住宿等
	确保企业社会责任治理实践不断改进	将企业社会责任纳入年度董事会评估,进行同行评审以确定新兴的企业社会责任治理因素并及时了解最佳实践

第一阶段包括六个方面内容,依次为确认所需的企业社会责任方法,并融入企业的使命和价值观、任命企业社会责任委员会、对董事会进行培训,使其了解企业社会责任的风险和机遇、监督企业社会责任战略和企业风险管理、在批准重大业务决策时考虑企业社会责任、对企业社会责任信息披露进行审查。(表8-5)

表8-5 企业社会责任委员会职权范围

内容	说明
政策	审核并推荐企业社会责任政策(包括行为准则)和管理体系,监督政策、承诺和法规的执行情况
战略	检讨、建议企业社会责任战略及计划,向管理层明确目标并提供指标,就企业战略社会责任的表现、进展提供监督和指导
趋势	针对可能影响公司的公共政策、消费者、供应链、利益相关者、环境、公司和公众的趋势、问题和发展提供建议

续表

内容	说明
风险管理	监督企业社会责任风险和机会管理计划,对企业社会责任问题识别和管理的有效性进行审查
利益相关者参与	审查利益相关者关系,考虑让利益相关者直接参与委员会审议
企业社会责任报告	确定企业社会责任报告的总体范围,提供意见,并建议董事会采纳企业社会责任报告
企业社会责任评估	对影响企业社会责任的重大业务决策进行审查并提出建议

三、高级管理人员的企业社会责任问题

董事可以向高级管理层提出问题,以了解企业社会责任在多大程度上融入了公司的管理、运营和决策。它们可能有助于董事在日常议程业务项目的背景下提高企业社会责任,并补充企业社会责任治理评估工具。具体内容如下。

(1) 企业风险管理:在我们的运作中,社会和环境的风险和机会在多大程度上被识别、量化和管理在我们的供应链中?

(2) 企业社会责任趋势:影响我们长期成功的关键社会和环境问题是什么?我们的竞争对手在企业社会责任方面做了什么?他们如何从这种方法中获益?

(3) 利益相关者感知:在我们的行业中,利益相关者对公司的期望是什么?我们是否被认为达到了这些期望?如果我们不这样做,会有什么风险?

(4) 决策影响:我们是否考虑过该决策的社会或环境影响?这一决定是否符合我们的社会责任承诺?

(5) 金融投资:我们的投资、资产管理政策是否包含环境、社会和治理因素?

(6) 营运:我们是否有机会减少对环境的影响,以提高营运效率及节省成本?

(7) 产品和服务:我们的产品和服务是否促进社会或环境效益?我们的产品从设计、生产到使用和处理的整个生命周期是否存在需要管理的社会或环境风险?

(8) 人力资源:我们的人力资源战略是否反映了企业社会责任?例如,QSR(质量体系要求)是否被纳入员工培训和补偿中?

（9）影响评估：我们如何评估本业务领域的社会、环境影响？

（10）集成：如何将社会和环境事务的管理集成到我们的核心业务流程中，如性能管理、内部保证和业务规划？

（11）品牌和市场开发：我们的公司和产品品牌是否包含符合客户价值观的可持续发展特征？这如何帮助我们提高市场份额？

第三节 英国保险人协会的企业社会责任治理准则

英国保险人协会（ABI）制定了7条良好的企业社会责任治理准则，最初是为银行、保险公司和资产管理公司设计的，现已广泛应用于其他行业，具体内容见表8-6。

表8-6 企业社会责任治理准则

准则	注解
自有	对企业社会责任治理结构进行定义，明确权利和责任，包括董事会和执行层的所有权，以及集团核心职能和业务单位内部的高级管理责任，并考虑审计委员会和其他执行委员会的作用
外部披露	治理安排应包括接受利益相关者外部投入的机制，对外部意见进行反馈
内部	所有级别的管理人员和工作人员，包括董事会和执行人员，都应在企业社会责任治理方面发挥作用。政府的监管亦应全面考虑企业社会责任的影响和风险
网络化	针对个别企业社会责任问题的治理安排应充分贯穿整个公司，整合应由公司高层通过公司战略和政策推动
平衡	企业社会责任应实现与其他项目的优先级和程序的平衡
发展性	治理安排应能被预测，同时与优先性及期望变化有适当的响应
问责制	需要通过已建立的绩效审查流程来定义和积极实施问责制

英国保险人协会就全面负责企业社会责任治理计划的结构及系统组成部分提出了一个架构，具体如表8-7所示。

表8-7 企业社会责任治理框架

框架构成要素	关键的角色或职责
董事发起人或责任人	全面负责企业社会责任的履行、集团的战略及政策承诺
集团企业社会责任经理或主管	监督和协调企业社会责任管理和报告程序
企业社会责任委员会	企业社会责任策略及政策发展智库,以及企业社会责任经理或董事咨询论坛。委员会最好由负相关责任的董事会员或执行发起人担任主席
流程要素	关键细节
公司价值观或原则的声明	明确定义公司的核心价值观,为所有政策、流程和行为提供支持
包含管理和绩效目标的政策	包含显示持续改善意向的企业社会责任的愿景和目标
责任和职责	治理结构的每个功能要素定义、作用、特定的职责和责任

第四节 美国亚利桑那州推进中小企业社会责任建设

一、美国亚利桑那州推进中小企业社会责任建设的基本模式

美国政府对待中小企业的企业社会责任建设问题与大型企业有明显差别。美国政府和公众关注的大型企业的企业社会责任问题是妨碍自由竞争和实行产业垄断。针对这两个问题,美国政府通过反垄断法将大型托拉斯企业拆分为规模不等的独立企业。通过立法对大型企业的资源使用、环境保护进行制约。在员工权益保护方面,工会发挥主要作用,与不道德雇佣行为进行斗争。大企业的企业社会责任建设日益完善,他们也愿意拿出部分资金,通过专业部门或基金会主动承担和履行社会责任。由于证券交易委员会的存在,他们会对上市企业的企业社会责任行为进行严格审查,客观上促进企业的社会责任投资,规范大型企业的企业社会责任建设行为。然而,针对中小企业,美国政府在推进企业社会责任管理和建设方面则是通过利益疏导的方式来不断完善政府的角色战略。

(一) 税收引导

通过税收引导中小企业履行企业社会责任是亚利桑那州政府的主要政

策措施。中小企业的税费一般由三方面组成：经营所得税、经营场所的房产税、员工的养老与医疗等保障基金。这些税费占据企业毛利润的20%～30%，政府通过制定一系列企业社会责任方面的减税措施，促进中小企业社会责任建设。其基本逻辑是政府税收用来增进辖区内公民的福祉，如果社区内的中小企业能够通过履行企业社会责任，例如雇佣老年员工、残疾人、贫困人口等需要政府帮扶的群体，解决他们的生活问题，相当于做了政府应该做的工作，减少政府开支，所以应该减少其税收。

（二）环保补贴

在市场经济制度比较完善的美国，环境保护技术或产品与普通商品一样，需要购买和使用。因此，中小企业进行环境保护或者资源节约是需要付出一定成本的，这一点得到政府的充分理解。亚利桑那州政府通过双向补贴或者通过税费减免间接补贴环保产品（技术）的采用者和生产者。例如，州内所有超市和餐厅使用的可回收循环利用的产品包装纸，政府会给予超市和包装纸生产者补贴，鼓励其负责任的经营行为。补贴的资金来源除政府财政外，还包括对违规、不负责企业的处罚。

（三）标准监督

美国地方政府对中小企业社会责任建设的奖励或处罚是建立在公平、公认的标准评价机制之上的。中小企业社会责任建设的监督来源于两个方面：一是美国食品药品监督管理局在每个州的分支机构，二是中小企业的自我评价和行业协会的监督。美国食品药品监督管理局所管理的项目众多，除对中小企业所经营的产品进行监督之外，还针对其生产环境、水源质量、安全措施等可能对消费者造成潜在威胁的项目进行检测。另外，地方行业协会也会对入会企业加强监督，因为行业协会的运营来自入会企业的捐款，行业协会帮助入会企业提升影响力，双方是相互支持的关系。

（四）价格机制

亚利桑那州属于热带沙漠气候，炎热且干燥，水资源紧张，加之绿化难度较大，州政府对企业用水实施严格的价格管理机制。企业用水价格进行市场化管理，鼓励中小企业节约用水。另外，政府在垃圾处理方面实行市场定价，对没有分类的垃圾和分类后的垃圾实行差异化定价，鼓励中小企业进行垃圾分类。

（五）教育培训

亚利桑那州政府与亚利桑那州立大学开展合作，政府和学校通过环境保护和环保创新项目与当地企业协作，进行环境保护试验。同时组织校内专家针对环境保护理念和技术开展讲座。政府官员在选举和施政时在社会建设方面强调环境保护和绿色发展方式，对于工程进度和工程建设方式都特别强调减少对环境的污染和对周边居民的潜在影响。有趣的是，政府并不强调个人的生活方式，而是强调企业的社会责任，鼓励为公众提供负责任消费的机会。

二、亚利桑那州企业社会责任建设案例

亚利桑那州政府在推进中小企业社会责任建设中，对于不同类型的企业社会责任执行不同的角色战略。其中，政府执法者角色的特点之一是建立评价标签与黑名单制度和无理由退货制度；政府管治者角色的特点之一是与企业协商协作完善企业日托所制度，鼓励员工兼顾家庭与工作；政府规制者角色的特点之一是在社会范围内建立责任消费机制，形成企业绿色发展责任建设环境；政府组织者角色的特点之一是鼓励非政府组织与企业合作，促进中小企业社会责任理念建设的同时为企业带来竞争优势。

（一）经营环境评价标签制度

亚利桑那州政府与食品药品监督管理局对中小企业的生产经营环境进行定期评估，将标准分为 A、B、C、D 四个等级，A 代表优秀，B 代表达标，C 表示警告，D 代表不合格。政府要求中小企业将此标签放在显著位置，供顾客进行参考。评级每星期进行一次，一个月内两次警告将面临停业处罚。公众对该评级都比较看重，作为消费的重要参考指标，所以环境评级较高的企业相应的产品价格要高一些。另外，环境标签制度还与黑名单制度相连，对于长期整改不力的中小企业，政府会在税务部门发布企业黑名单，税收杠杆通过经济施压调节中小企业的企业社会责任行为。相对于经营环境评价标签制度，美国的公诉制度充分保障了公众的合法权益，对于损害公众生命健康权益的企业，公诉机构将提出强制诉讼，公诉机构的律师以诉讼成果收取相应比例费用，不会给消费者带来经济负担。

（二）无理由退货制度

对于中小企业的诚信建设，亚利桑那州政府规定消费者的无理由退货期为一到两个月（不同产品存在区别）。在一个月内，只要消费者保留购物收据，没有人为损坏商品，就可以"无理由"退货。政府规定，商家原则上不得追问退货理由。并且，服务类商品在售出之后，要追加一个月的"责任期"，在此期间，商家要负责该服务带来的相应结果；并且规定，如

果网络购物消费者付款后在规定期限内没有收到货物,即使是物流原因,也由商品出售者承担全责。无理由退货制度,触发了中小企业一系列的诚信行为,包括保障商品质量、确保商品描述符合实际、满足消费者知情权、完善售后服务等,无理由退货制度也在美国企业之间形成竞争,成为企业履行责任的标准。

(三) 日托所制度

中小企业对内部员工的企业社会责任建设是企业素质的最好体现,通过履行对内部员工的社会责任,让更多的人参与企业社会责任建设,最终形成中小企业社会责任建设的良性循环。亚利桑那州政府在推进此类型的社会责任建设中与企业沟通协商,确立了内部员工企业社会责任建设的主要内容和重点是保证员工工作与家庭兼顾。在此基础上政府与企业员工代表定期座谈,了解员工诉求,最终确立了日托所制度。日托所是企业为员工建立的托儿所,加强员工与学龄前儿童的沟通和照顾,一般建立在中小企业内部,由专门人员帮助员工照顾小孩儿,目的是免去员工在上班时对子女照顾的担忧,使员工更好地完成工作。日托所的建设是一项耗费资金的过程,有些中小企业由于节约资金,或者不能凑够一定数量的儿童(15个)而无法为自己的员工建立日托所,此时,需要政府出面管理和协助建设日托所。亚利桑那州政府通过将特定范围内的中小企业组成联合体,共同出资建立日托所。同时政府对日托所所用场地提供税收减免,对参与日托所建设和使用的中小企业进行以资抵税政策。政府还会通过官方渠道对中小企业日托所进行宣传,招募专业志愿者充当日托所工作人员,减少费用支出。通过这种方式最终形成良性循环,企业履行了对内部员工的企业社会责任,政府提升了自身形象。

(四) 豆芽农民超市

政府推动企业社会责任消费运动,通过宣传鼓励更多的消费者倾向于购买负责任企业的产品,为负责任的企业创造竞争优势,从而推进中小企业的绿色发展社会责任建设。政府规制者角色战略的核心是帮助履责企业创建竞争优势,让这些企业获得应得的发展机会。在美国,政府一般无权干涉消费者的个人选择权,也无法迫使消费者进行环境保护、资源节约的活动,政府唯一能做的就是给企业提供社会责任消费、绿色生活的机会。亚利桑那州政府在所有的公交线路上都设置了自行车停放位置,包括公交车和地铁,以此为环境保护意识较强的公民提供便利。另外,政府为执行绿色发展战略的企业提供支持和宣传,帮助企业发展,豆芽农民超市

(Sprouts Farmer's Market）就是一个很好的例子。

与开市客（Costco）这样的大型综合超市不同，豆芽农民超市是主要经营新鲜优质有机蔬菜，倡导健康、绿色生活的小型超市，总部位于菲尼克斯。豆芽农民超市以绿色发展和履行企业社会责任为经营理念，实行农民联合管理。超市内所出售的食品经过精挑细选，保证食品的健康和环保。所售饮料、肉制品和每棵蔬菜都有豆芽农民超市的专用标签，上面标示生产商的个人信息和联系方式，每个产品都经过检验和贴码，保证质量和信誉。所以，豆芽农民超市出售的产品质量高于美国食品评价机构推荐的食品的质量，产品价格会高出一般大型超市的50%，甚至一倍。那么，像豆芽农民超市这种以绿色环保、公众健康为核心，价格又高的超市如何获得发展是一个难题。亚利桑那州政府通过金融信贷政策为豆芽农民超市提供高质量融资，增加企业现金流，同时政府加强与农民协会的合作，对供应豆芽农民超市的产品进行税收减免和退税。政府对豆芽农民超市履行企业的绿色发展社会责任给予了充分肯定，在当地成为履行企业社会责任、保证公众饮食健康的典范，由此，成就了豆芽农民超市的业界形象——绿色、新鲜、有机、健康。在政府和企业的努力下，豆芽农民超市得到了当地民众的认可，企业日益发展壮大，并且以豆芽（Sprouts）为品牌生产高质量营养品，将履行企业的绿色发展社会责任上升为独特的竞争优势，实现蓝海战略的升级。

（五）穷人商店

穷人商店也称为慈善商店（Charity Store），是一种社会企业。他们出售以市民捐赠为主的商品，商店的销售和服务人员一般由志愿者组成，志愿者的工作包括接受、清洗、包装、上架捐赠品。由于出售物品系免费获得，商店的运营成本低，除去房租和极少的运营成本外，商品以极低的价格出售，具体商品定价参考标准为当地税后基本月工资（1 650～1 800美元）的固定比例。穷人商店的商品绝大部分为二手商品，还有一些属于企业捐赠，品类包含服装、餐具、家电、图书等，某些商店在固定的时期和假日出售食品。在这种运营模式下，穷人商店在支付完必要的运营费用后，将剩余所得全部用于既定的慈善项目。费用包括固定装置购买和贬值（服装架、书架、柜台等）、运营成本（维修费、市政服务费、水电费、电话费、有限的广告费）和房屋租赁或抵押。

在美国，有些穷人商店并非一定是穷人购物的地方，亚利桑那州梅萨（Mesa）的穷人商店里面所销售的二手书籍和衣服深受低收入阶层的喜爱，其他产品的售价并不比大型超市低。在当地，去穷人商店购物更多地被当作一种善举，变相地向社会捐款。在美国，去慈善商店购物代表的是节俭、环保的生活理念。例如，较为激进的环保主义者可能更喜欢买二手货，他们认为这实现了有限自然资源的循环利用。当地的环保小组会号召成员减少不必要的新品消费来增加穷人商店二手商品的流通率。商品通常在当地社区募得，这种通过穷人商店重复使用二手商品的模式也在一定程度上减少了垃圾处理负担。

穷人商店的一种典型组织形式是由企业、社区和社会组织（包括宗教组织）联合组建，便于企业履行社会责任。亚利桑那州的每个慈善商店都会售卖一些全新的产品，如床垫、自行车、生活用品等。这是因为当地企业以较低的价格向商店提供了商品，甚至是向特定社区的商店捐赠了一批商品以履行企业社会责任。当地企业还会通过向特定商店提供绿色产品、环保产品、人道产品、动物保护型产品，以彰显企业独特的社会责任主张，例如，乐施会商店会销售公平贸易食品和劳工保护企业的工艺品。慈善商店获得货源的渠道还包括当地企业生产的过剩商品，企业通过捐赠可以从税务层面注销此类商品，并且能够为企业带来良好的社会声誉，可以实现企业社会责任行为的双赢。

总的来说，亚利桑那州政府推进中小企业社会责任建设角色战略的落脚点在于建立以结果为导向的、以利益良性循环为主的政策机制。政府、企业、社会组织和社区之间充分信任并展开沟通，首先了解中小企业希望以什么样的形式来呈现其对社会责任的承诺。以此为出发点，政府考虑如何实现这一目标，即思考与中小企业、社会的合作方式。其次在合作方式确定之后，要落实实现这一目标所需的人力、财力、物力资源，做出总体预算。最后，确定资源整合方案，通过多元化途径找到资金支持，执行方案，并对结果进行评估，探索如何降低中小企业在此过程中的成本。

第五节 华为技术有限公司企业社会责任治理

创立于1987年的华为技术有限公司（以下简称华为），是全球领先的信息与通信（ICT）基础设施和智能终端提供商，总部位于广东省深圳市龙岗区。华为的产品主要涉及通信网络中的交换网络、传输网络、无线和有线固定接入网络，以及数据通信网络及无线终端产品，为世界各地通信运营商及专业网络拥有者提供硬件设备、软件、服务和解决方案。

30 多年来，华为抓住我国改革开放和信息与通信行业高速发展带来的历史机遇，坚持以客户为中心，以奋斗者为本，基于客户需求持续创新，赢得了客户的尊重和信赖，从一家立足于中国深圳经济特区，初始资本只有 21 000 元人民币的民营企业，稳健成长为年销售规模超过千亿人民币的世界 500 强企业，2022 年，华为的总收入为 6 423 亿元，净利润达到 3 556 亿元。华为在 170 多个标准组织和开源组织中担任核心职位，截至 2022 年年底，华为在全球共持有有效授权专利超过 12 万件。作为全球最大的电信设备供应商之一，华为一直以聚焦客户关注的挑战和压力，提供有竞争力的通信解决方案和服务，持续为客户创造最大价值为使命，为客户创造长期的价值和潜在的增长，在社会的信息化过程中，充分挖掘信息与通信技术的潜力，为经济社会的发展提供重要支撑。

2022 年 8 月 3 日，《财富》公布世界 500 强排行榜，华为排在第 96 位。2022 年《中国民营企业 500 强榜单》，华为名列第 5 位。由中国社会科学院经济学部企业社会责任研究中心课题组发布的《中国民营企业 100 强社会责任发展指数（2022）》，华为位居榜首，社会责任发展指数达到五星级水平。

一、华为高层管理者选拔

华为之所以表现优秀，并形成强大的团队战斗力，其高管的选拔和培养方法起到了决定性的作用。华为建立了一套标准化的干部选拔标准。在华为不同的业务部门、不同的管理层级，在进行干部选拔的时候，采用的是同一套标准，这套干部选拔的标准，包括以下四个核心内容。

（1）核心价值观是基础。对于一个公司的员工队伍来讲，越是高层的人员，越需要对于公司核心价值观的认同、践行和传承。因此，华为在进行高管选拔时，注重在价值观方面真正高度契合的人，也就是华为所说的同心人。华为的核心价值观主要是三个内容：以客户为中心，以奋斗者为本，长期坚持、艰苦奋斗。公司会通过关键事件来对价值观进行判断。

（2）品德与作风是底线。在选拔干部的时候，要看品德，不能唯才是举。不符合品德要求的干部是要一票否决的，在这方面的考核也是通过关键事件来进行考核。比如说在评价一名干部他是否具有艰苦奋斗的工作作风方面，会从以下方面来进行评价：是不是用人"五湖四海"，不拉帮结派？是不是实事求是敢讲真话，不捂盖子？是不是能够耐得住寂寞，受得了委屈?

(3) 绩效是必要条件和分水岭。正所谓华为的"赛马文化",即所有的人加入华为之后,他过去所有的学历、工作经历都是一笔抹消,每一个人都是站在相同的起跑线上。只有绩效前25%的人可以被继续提拔。同时,被华为认可的绩效有三条标准:第一条是最终对客户产生贡献才是真正的绩效;第二条是关键行为过程要以结果为导向;第三条是素质能力不等于绩效。不承认"茶壶里的饺子",只有真正表现出绩效的结果才是公司所认可的绩效。

(4) 能力是关键成功要素。华为有一个共同的能力标准,就是对于干部领导力的要求。华为从1996年就开始跟合益咨询公司(Hay Group)进行合作,2005年华为再度和合益咨询公司合作,开发了华为领导力模型。领导力模型包括三个方面的内容,有三大核心模块。第一块是建立客户能力,第二块是建立华为的能力,第三块是建立个人能力。其中包括九个关键素质,这九个关键素质后来被衍生为华为在干部选拔的时候进行的评价,叫作"干部九条"。经过实践之后,"干部九条"逐渐演化成"干部四力",即决断力、理解力、执行力和人际连接力,特别是对于高级干部要求具有比较强的决断力和人际连接力。

二、华为的社会责任管理

(一) 完善责任管理制度体系

华为基于ISO 26000等国际标准建立了企业可持续发展(CSD)管理体系,从战略、政策、组织和流程等方面开展可持续发展建设,并持续优化该管理体系,致力于为公司业务的开展提供便利、高效的平台。

为了推进可持续发展工作,使可持续发展战略在企业全球范围内从上至下获得执行,华为各职能部门的20余名高层主管组成了企业可持续发展委员会。

自2013年基于ISO 26000建立企业可持续发展管理体系以来,华为制定和发布了政策、流程、基线等一系列管理方法和工具。至今,华为继续夯实可持续发展管理体系,从而确保管理体系在业务领域得到落实和执行。华为可持续发展战略与华为战略一脉相承,体现了华为在促进经济、环境和社会的长期和谐健康发展的承诺。华为可持续发展战略承接部门分为消除数字鸿沟、保障网络安全与稳定、推进绿色环保和实现共同发展四个部分。可持续发展已经成为华为业务战略制定的优先考虑要素之一,并落实到公司的运营过程中,有助于公司成为一家负责任的企业公民。

(二) 有效的责任管理制度实施

首先,加强责任管理沟通。华为每年年初都会召开可持续发展战略研讨会,基于内外部环境的发展和变化来审视和梳理可持续发展战略,确保公司战略始终是领先且具有前瞻性,以更加明晰的方向指导可持续发展工作。领先的战略固然重要,然而关键还要看战略的执行情况。为了保证可持续发展战略的落地,公司每年都会进行战略解码,将战略细分到可执行的重点工作和目标,并由相应的部门承接,使战略的执行可以被监控和度量。2014年,华为持续聚焦可持续发展战略,全面推动企业自身和价值链履行社会责任,积极面对可持续发展风险和机遇,促进价值链的和谐健康发展。

其次,履行责任管理推进。利益相关方参与是华为管理可持续发展工作的重中之重。公司建立了利益相关方参与流程,将这项工作加以固化,以落实到公司运营中去,发挥更大的价值。通过开展利益相关方沟通,不仅可以展现华为的可持续发展态度、努力和绩效,更重要的是企业高管愿意倾听来自各方的声音,并将之运用到日常管理中,驱动持续改进。良好的利益相关方沟通有助于公司更加系统地识别和管理可持续发展风险,最大限度地提高可持续发展能力,实现公司的战略目标。

同时,华为积极携手合作伙伴和客户等利益相关方,共同推动行业可持续发展。作为联合国宽带委员会、《联合国全球契约》、全球电子可持续性倡议组织、商务社会责任国际协会和欧洲企业社会责任协会等全球及区域组织成员,华为不断地与业界交流分享最佳实践,探索合作领域并推动标准发展。

最后,优化责任管理反馈。为了牵引可持续发展工作方向,华为制定了可持续发展中长期目标。根据公司发展规划及利益相关方要求,华为每年会对可持续发展目标进行审视,确保目标持续领先。同时,公司充分运用企业可持续发展管理流程系统策划、实施、监控和改进可持续发展工作。2014年,企业可持续发展管理流程已经在各业务部门得到了运用和实践,2015年基于流程实际运行效果开展流程优化,使之更加匹配业务,为业务增值。此外,公司还开发了企业可持续发展管理体系成熟度评估工具,从战略、风险管理、指标管理、组织、紧急事件管理等11个维度开展成熟度评估,全面了解各业务模块的成熟等级,找出改进点,推动业务持续改进。

2016—2019年,华为企业可持续发展管理体系执行情况大致可以用表8-8来描述。

表 8-8 华为企业可持续发展管理体系

年份	2016	2017	2018	2019
战略执行	• 启动消除数字鸿沟旗舰项目 • 开展温室气体减排宣传，制定中长期减排目标 • 基于风险识别结果，完成中高风险供应商审核计划，并推动改善	• 持续落实消除数字鸿沟旗舰项目，完成阶段目标 • 持续实施节能减排项目 • 供应商CSD联合改进项目，辅导重点供应商建立CSD体系	• 在计划范围内强化推广消除数字鸿沟旗舰项目 • 不断引进新技术、新工艺 • 供应商CSD联合改进项目，辅导其建立CSD体系，关注供应商能力建设与效率提升	• 不断扩展和优化消除数字鸿沟旗舰项目 • 落实温室气体减排目标 • 推动供应链CSD协同管理，与客户合作，持续关注整个产业链可持续发展
管理体系	• 开展CSD管理体系成熟度评估 • 开展CSD管理流程化，巩固CSD风险管理机制 • CSD培训及能力建设	• 根据客户需求，开展CSD管理体系全球运营 • CSD管理体系优化	• CSD风险管理工具应用与创新 • CSD管理体系优化	• CSD风险管理工具的全球推广，建立全流程管控机制 • 完成在海外重点区域推行CSD管理体系建设

三、华为企业社会责任的履行

华为积极致力于社会经济的可持续发展，构造一个人人共享的可连接世界。

（一）市场责任

身处信息与通信行业，华为通过提供基础设施、设备、解决方案及专业知识帮助人们接入互联网，消除数字鸿沟，致力于让那些仍未联网的人们能够接入互联网，帮助各地培养信息与通信人才和新技术应用能力，并提供解决方案为用户创造价值，丰富人们的生活。华为的产品和解决方案服务于 170 多个国家和地区，连接全球 30 多亿人口，目前仍积极为偏远地区的人们提供最基本的语音通信，将他们与信息社会连接起来，并由此增加他们改善生计的机会。

同时，华为借力互联网提升教育质量。在南苏丹，华为携手运营商扎因电信和联合国教科文组织，帮助当地学校接入互联网，连接到丰富多彩的信息社会。2014 年，在三方的共同努力下，一期项目覆盖的四所学校顺利接入通信网络，3 000 多名学生首次接入互联网。为了保证学生可以畅游网络，学习更多的知识技能，学校的每台电脑每月可免费获得 1GB 的数据流量。此外，华为还对学校职工进行电脑知识培训，翻新电脑实验室，维修电脑，并为每所学校提供电脑和桌椅等，确保学生能够无忧使用网络。在华为的技术支持下，学生们能够参与联合国教科文组织的"联合学校网络项目"，实现与邻国学生之间开展跨区域学习、互动和交流。

华为携手联合国教科文组织等合作伙伴，一起通过创新的信息与通信技术，努力使每个人都有机会接受高质量的教育，促进联合国可持续发展目标优质教育的实现。华为希望发挥技术力量，通过增加网络覆盖与连接，提升优质教育资源可获取性；赋能数字技能以提高教学质量，促进职业发展；支持科技课程开发来提高偏远地区师生的科技素养。截至2022年年底，华为TECH4ALL教育项目已在全球600多所学校落地，逾22万名师生及待业青年从中受益。华为"未来种子2.0"计划已覆盖全球150多个国家，受益人数超过243万。华为还将持续为非洲做出贡献，包括在非洲国家陆续开展"未来种子2.0"项目，为非洲持续培养信息与通信人才，为他们创造更多的就业机会，促进非洲经济发展。

（二）用工责任

华为一贯重视员工福利保障，为员工创建健康安全的工作环境，并推行物质激励与非物质激励并行的员工激励政策，使奋斗者得到及时、合理的回报。在企业持续成长的同时，关注员工的职业发展，为多样化的员工提供多种价值实现通道，帮助员工实现个人价值。华为将关爱员工作为企业的重要责任，融入公司运营的方方面面，包括提供有竞争力的薪酬，提供多样化的培训，提供相对舒适的环境，购买社会保险和商业保险，营造尊重、信任、快乐的工作氛围等，让员工能够快乐工作、快乐生活。

华为从员工的国籍、性别、年龄、种族、宗教信仰等方面，全方位地制定并实施多元化目标。由于华为所处的信息与通信行业特点，而且大多数员工来自工科院校，在很大程度上影响了女性员工所占的比例。为了应对这些挑战，华为严格遵守各地相关法律法规及国际公约，保障男女员工就业公平，严格禁止就业歧视。近三年来，华为女性员工的比例基本保持稳定。此外，华为非常注重女性管理者的选拔，并实施了女性管理者培养计划，在同等条件下优先选用女性员工，帮助其职业发展。作为一家国际化公司，华为一直以积极的态度招聘国际员工，推动海外员工本地化进程。员工的本地化有利于公司深入了解各地迥然不同的文化，促进当地人口的就业，为当地经济的发展提供帮助。早在2014年，华为在海外聘用的员工总数超过3.5万人，海外员工本地化率达到75%，中高层管理者本地化率达到 18.7%。

华为注重员工的个人发展,鼓励员工根据自身能力和个人兴趣,自由成长,并为员工提供管理与技术晋升双通道。公司全部员工都接受了绩效考核与职业发展评估。优秀的员工会依据公司的规定和需要得到及时晋升,助力员工实现个人职业梦想。华为为员工提供了充分且平等的培训和晋升机会,帮助员工成长和实现自身价值。每天都有众多的培训课程在华为大学、各地培训中心、各部门培训教室开展,这些培训包括通用的知识技能及专业能力培训。

华为为员工提供及时、合理回报。华为推行具有市场竞争力的薪酬制度,让人人都能分享到公司成长的收益。华为人力资源管理部与合益咨询公司、美世咨询公司(Mercer)、怡安翰威特咨询公司(Aon Hewitt)等顾问公司长期合作,定期开展薪酬数据调查,并根据调查结果和公司业绩、员工个人绩效对员工薪酬进行及时调整,员工的薪酬标准不因性别而有任何的差异。华为员工的奖金采取获取分享制,并与公司经营状况、员工所在部门的业绩及其个人的绩效贡献密切相关。根据薪酬政策,每年对奖金方案进行审查和修改。华为通过长期激励机制与全球员工一起分享公司的经营收益和成长。长期激励机制将公司的长远发展和员工的个人贡献有机地结合在一起,形成了长远的共同奋斗、分享机制。华为建立了完善的员工保障体系,为全球员工构筑起全覆盖的"安全伞"。除各地法律规定的各类保险外,华为还为全球员工提供人身意外伤害险、重大疾病险、寿险、医疗险及商务旅行险等商业保险,并设置了特殊情况下的公司医疗救助计划。

华为员工始终坚持以客户为中心,把企业核心价值观、经营责任与社会责任有机地结合在一起,融入企业日常运营,实现长期健康发展。华为坚信只有与产业链上下游各方的协同合作,一起构建资源共享、价值共创、风险共担、利益共享的商业生态体系,才能打造独特的综合竞争优势,构建和谐共赢的产业链。

(三)环境责任

作为全球领先的信息与通信解决方案供应商,华为始终践行"绿色管道、绿色运营、绿色伙伴、绿色世界"的战略理念,通过创新不断提升产品的资源使用效率、公司运营效率,降低自身的碳足迹和负面环境影响。此外,在环保方面持续创新和投入,开展高效节能的产品,并致力于通过绿色信息与通信技术帮助各行各业乃至全社会降低碳排放。

华为一直坚持将绿色环保要求融入产品的开发、生产、交付、运维等端到端过程中,并在产品研发方面持续投入和创新,确保所有产品都能够符合甚至超过相关法律法规和客户要求。领先的绿色信息与通信技术使华为在提高产品能效、开发利用新能源方面持续创新,开发了多种节能产品和解决方案,帮助客户提高能效,降低碳排放。同时,华为积极在绿色技术创新方面与业界及各高校合作,并主导能效标准和相关技术规范的制定,推进业界绿色信息与通信技术创新和发展,提升节能减排竞争力和影响力。2014年12月TU-T正式批准G.fast宽带标准,华为积极推动该技术的标准化和产品化,贡献了省电工作模式、多线对串扰抵消等多项G.fast核心技术。华为与行业各方协同,推进无线产品能效标准制定和完善,在ETSI、CCSA的基站、控制器、无线网络能效评估方法研究等标准项目中作为主要贡献者提供了多项提案,确保测试标准的准确性和可行性,促进移动网络能效提升。

环境友好的新型环保材料可以从源头上间接地减少对资源的消耗和对环境的破坏,在末端可以减少废弃物和处理废弃物所需的能耗,并拓宽材料的使用方式和领域,将负面环境影响降到最低。华为积极探索使用环境友好的新型环保材料,最大限度地减小对环境的影响。

华为的节能减排措施及成效大致可以总结如图8-1所示。

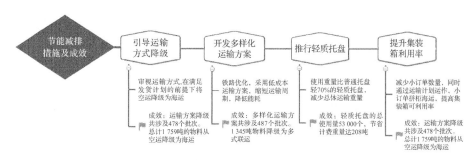

图8-1 节能减排措施及成效

1. 生物基塑料的应用

华为从2013年开始在手机产品中使用生物基塑料。生物基塑料在环保方面具有传统塑料无法比拟的优势,其原料都是从植物中获取的,不需要消耗生产传统塑料使用的不可再生资源——石油,因此可以在很大程度上减少对环境的污染和破坏。2014年,生物基塑料已经应用到华为的更多产品上,共有G730、P7、Mate7、荣耀6 Plus四款手机产品使用了生物基塑料,其中使用的生物基塑料中蓖麻油含量大于10%。使用更环保的大豆油墨印刷。大豆油墨是指含有一定比率的大豆油的印刷油墨，由于其低挥发性有机物（VOCs）的环保性能及优良的印刷效果，能减少对石油资源的依赖，且比传统油墨对人体健康危害要小很多。大豆油墨印刷品脱油墨容易，易于包装材料的回收利用。从2014年1月起，大豆油墨已在华为终端产品包装中普遍使用。

2. 绿色包装

华为在包装材料的选择、制造、使用和废弃等生命周期的各个环节都严格遵守环保要求，使用对生态环境和人类健康无害，能重复使用和再生，符合可持续发展要求的包装。华为通过开展绿色包装实践不仅能减少包装材料的使用，节约资源，而且有助于减少二氧化碳的排放。华为制定了"6R1D"绿色包装策略，即以适度包装（Right Packaging）为核心的合理设计（Right）、减量化（Reduce）、可反复周转（Returnable）、重复使用（Reuse）、材料循环再生（Recycle）、能量回收利用（Recovery）和可降解处置（Degradable）。2014年，华为累计发货247 193件绿色包装，节省木材44 164立方米，减少二氧化碳排放19 130吨。

绿色物流不仅可以降低运营成本，更重要的是可以减少能源消耗和降低对环境的污染，是华为端到端的绿色环保战略中的重要一环。运输过程中的燃油消耗和尾气排放，是物流活动造成环境污染的主要原因。华为在基于数据分析的基础上，开展绿色物流实践。通过对运输线路进行合理布局与规划，缩短运输路线，提高装载率等措施，实现节能减排的目标。

3. 减少自身能源消耗

华为所倡导的全连接世界，是一个万物互连的可持续发展的世界。通过信息与通信技术帮助社会降低能源消耗的同时，也注重减少自身的经营活动对环境的直接影响，这也是可持续发展的重要指标。华为通过导入能源管理体系、推进清洁能源的使用、开展技术和管理节能等手段，持续减少自身能源消耗和二氧化碳排放。2014年，华为继续深化能源管理工作，全年能源消耗为14.8万吨标准煤。由于公司业务的增长及运营所在地总建筑面积的增加对能耗带来了挑战，但通过管理节能和技术节能，单位销售收入能耗下降了0.25%，2014年华为在中国实现节电4 300万千瓦·时，相当于减少约4万吨的二氧化碳排放。华为重点开展能源管理系统建设，推进技术节能及实验室设备节能，降低运营过程中的能耗。

4. 温室气体管理

华为将温室气体管理作为企业运营活动的一部分，基于ISO 14064国际标准来识别温室气体排放,并采取有效的节能减排行动。基于温室气体的量化和分析,华为设定了未来五年内单位销售收入减排10%的目标。持续监测和改进温室气体管理绩效,并通过建立能源管理体系、开展节能项目、引入清洁能源等方式,降低自身碳足迹。

5. 提高资源利用效率

华为非常重视水资源保护,并制定了节水目标,加强用水管理,通过调整用水结构,改进用水方式等,提高水的利用率,避免水资源的浪费。例如,加快污水回用设施的建设,通过雨水收集设施、污水资源化和中水设施等进行水资源的回收利用;对设备冷却水、冷凝水循环及回收使用;对供水管网、用水设施、设备和器具等加强维护和管理,降低渗漏率。华为运营活动用水主要涉及绿化、食堂用水、空调系统用水。在运营过程中推行清洁生产技术,降低水消耗,实施节水措施,如雨水收集利用、循环使用冷却水,购买中水用于园区清洁绿化等。2014年华为总用水量为548万立方米,比2013年增加了53万立方米。用水量增加的主要原因是华为业务的增长及运营建筑面积的增加,相应地增加了用水需求。换算成单位面积耗水量,较2013年略有降低。2014年,华为在新建项目中建造雨水收集系统,建设中水设施;合理利用中水等,提高水资源效率。例如,在北京园区利用中水进行清洁绿化,减少自来水用量7万立方米。华为的废水排放主要是生活污水,各基地生活污水均排入市政污水厂处理,每年经过第三方监测,符合国家和地方标准。

6. 助力绿色世界建设

华为研究发现,随着移动互联网高速发展,运营商能耗增长的速度远超收入增长速度,能耗收入比持续上升,影响到运营商利润。因此,向能耗要收益存在广阔的空间。通过研究,华为将通信网络能源效率分解为通信设备和基础设施能效,从而使节能措施有的放矢;同时,提出了能效TOP N管理方法论,通过量化的科学管理手段,最大化网络能源效率,帮助运营商营利。通过华为领先的电源管理方案及优化的温控方式,运营商的电源能耗及温控能耗节省空间可以达到40%~80%。

(四) 公益责任

作为一家国际化公司,华为在全球170多个国家和地区运营,是负责任的企业公民和可信赖的合作伙伴。公司以促进所在地的发展为己任,通过为当地社区提供培训教育机会,支持社区基础设施建设,助力社区环境改善,为社区开展慈善捐赠等方式,支持和促进社区发展。公司运用通信技术的巨大潜力，通过实施旨在消除数字鸿沟的公益项目，改善全球各地的信息接入，培养信息与通信人才。

华为通过发展"未来种子"等公益项目，普及通信技术和知识，帮助当地培养人才，实现信息与通信知识传递，增强人们实现数字化社会的能力。同时，公司通过为贫困国家和地区提供有力支持和帮助，鼓励他们以积极向上的心态，克服面临的困难，勇攀人生高峰。

华为积极推动信息与通信技术在政府、公共、交通、能源等领域的应用，远程医疗、在线教育、高清会议等技术的应用和普及，大大提高了资源使用效率，降低了资源消耗，推进社会可持续发展进程。华为在克拉玛依建设的远程医疗平台覆盖该市的 4 家医院，近 100 个科室，以及 11 个社区卫生服务中心和乡镇卫生所。该平台外部连接北京、上海、武汉等多个大城市的多家协作医院，既可以将新疆本地的医疗资源往下级医院覆盖，也可以灵活引入新疆之外的多家医院，将远程会诊直接做到一对一的科室级会诊，使内外医疗资源得到最优化利用。远程医疗平台的建设有效地解决了医疗资源分布不均的问题，提高了突发情况下的医疗救援效率，减少了患者外出就医成本，扩大了本地医疗辐射范围，解决了人们看病远、看病难的问题，为新疆人民带来了便捷的医疗服务。

四、评述

近年来，华为通过建立高绩效标杆进行企业高管的全球选拔和培训，以及积极构建高管胜任力模型，体现了公司对于高管社会责任意识的高度重视。而这种高起点、高要求也给企业的社会责任管理和履行创造了一系列的里程碑事件，不仅使企业社会责任指数排名领先，也大幅提升了企业的产品品牌和雇主品牌。

自 2008 年发布第一份企业社会责任报告以来，华为就一直致力于研究和倡导科学的企业社会责任理念，在企业社会责任管理体系中不断创新，积极营造综合价值最大化的创新氛围。但这一切绝非偶然，而是源于其高管团队卓越的胜任力。通过案例可以看出，华为非常注重高层管理者胜任力的选拔及培训，保证高效管理团队的形成，从而为企业责任管理制度及制度实施提供有效保障，使公司的企业社会责任的履行得到很大提升，并为维护国际一流社会责任践行者角色而不懈努力。

第六节　物流企业社会责任建设

越来越多的物流企业响应社会呼唤，开始关注企业社会责任。许多企业的思想和行为也发生了变化：它们的责任不再止于企业门口，企业开始越来越重视其所经营的仓库和运输网络；开始重视对员工权益的保障和发展；开始关注企业与生态的和谐发展；开始关心与社区关系的构建；等等。这些改变不仅仅因为来自消费者组织和非政府组织的压力，也因为企业本身的价值观正在发生变化——现代物流企业已经开始从一个政治和社会因素转变为一个政治和社会参与者。

一、物流企业社会责任建设的必要性

物流行业保证了社会生产和生活的供给，是支撑国民经济社会发展的基础性行业之一。物流企业在为客户提供更好、更高效、可持续的物流解决方案的同时，应当协调和处理好与社会、环境、员工等方面的关系，实现企业经济效益和社会效益的平衡发展，达到企业与社会的互利共赢。但现实中，有些物流企业在追求经济效益最大化的同时忽略了社会责任的履行。一些物流企业在生产运营时只关注基本业务的完成，忽略了对社会环境造成的不良影响，有些物流企业甚至不遵守职业操守和规范，通过不正当竞争的方式来扩大市场份额，损害了客户利益，还对社会造成了不良影响。虽然有些物流企业有意履行社会责任，如开展公益活动，但缺乏系统的规划指导。

造成物流企业履行社会责任问题的原因如下：一方面是企业自身，如对社会责任缺乏认识、过度追求利润最大化、忽视社会责任受益人的合法权益等；另一方面是外部原因，如物流行业发展环境不完善、社会公众对物流企业社会责任的关注度不够、物流行业标准不明确等。因此，履行企业社会责任，无论是个体还是组织，其行为都是受主观意愿和外在环境综合作用的结果。企业能否积极主动履行社会责任一方面取决于企业承担社会责任是否与企业经营目标一致，另一方面在于外界环境对企业行为引导和约束的程度。现代企业逐渐认识到，企业目标应是多元的，即除追求利润最大化、促进自身发展之外，企业还应当保障和促进社会公益事业，全力回馈社会。另外，不断变化的世界和良好的社会氛围又为企业的发展提

供了所需的有效资源,促进了企业的健康前行和可持续发展。

二、物流企业社会责任内容分析

目前,对于物流企业社会责任的内容尚没有统一的界定,相关研究仍处于起步阶段。随着物流在社会发展中扮演的角色越来越重要,物流企业社会责任的内涵也越来越丰富。根据建设和谐社会的目标,对物流企业社会责任的分析应充分重视自身运营对利益相关方的影响,通过与消费者、员工、股东与投资者、政府与监管机构、价值链伙伴及社区与环境等利益相关方保持常态化、多元化的沟通,了解相关方的期望和诉求,不断完善自身社会责任治理水平与沟通机制。

在一定的理论基础上,以《社会责任指南》(GB/T 36000—2015)为规范,参考其在社会责任各项工作开展中的基本思想和约束条款,参照《社会责任指南》(ISO 26000:2010)的执行策略,通过对标分析和利益相关方的深入调研,结合经济社会发展的规律,将物流企业社会责任的具体内容分解为共同成长、优质服务、提质增效、共同富裕和绿色安全五个方面共17个小项,具体如表8-9所示。物流企业社会责任的范畴需要通过与利益相关方保持良好关系并进行持续沟通动态调整,这也是物流企业识别重要的社会责任议题、提升可持续发展工作和开展相关信息披露的重要依据。

表8-9 物流企业社会责任内容

维度	议题	内容
共同成长	公司治理	将合规经营作为公司发展的重要基础;法律监管、反腐倡廉、信息安全、审计合规;社会责任制度的制定和执行情况
	群团组织和文化建设	群团组织与企业文化建设及工作开展情况
	人力资源与人才发展	创造就业;雇用与劳工准则;薪酬体系、福利补贴、员工休假制度、工会;员工沟通渠道;快递员与司机安全保障;员工培训体系
	供应商管理	供应商准入与合规管理;严格的采购流程;环境与社会筛选与审核制度;绿色采购管理

续表

维度	议题	内容
优质服务	高质量服务赋能行业整体发展	通过环境、质量、职业健康安全、信息安全管理体系认证和隐私信息、企业知识产权等多个管理体系认证及商品售后服务评价认证；参与行业标准制定；发布行业相关研究报告
	消费者权益	客户关系管理体系建设，消费者投诉处理效果、消费者满意度调查等情况；持续优化服务质量，保护客户隐私，促进创新
	一体化供应链助力高效公共治理	响应灾害期间疫苗运输和物资运输需求，为应对极端天气提供高效的应急保障，利用物流服务能力专长响应社会需求
提质增效	构建协同高效的全场景端到端物流网络	通过协同高效的一体化物流网络，为客户提供从策略咨询、仓网规划、仓储管理、商品包装运输、智能配送等全场景、端到端、绿色低碳的一站式解决方案，高效响应用户全场景的物流服务需求
	多行业洞见，定制化服务	基于用户地域分布、需求及购买频率等商业认知，并从产品特性和消费周期等行业洞见出发，借助自身先进科技能力，帮助企业客户最小化库存水平，提升履约准度，提升运营资金效率，通过更高效、完善、定制化的物流解决方案，促进行业降本增效
	开发领先的物流科技，赋能一体化供应链	开发行业领先的物流软硬件，技术创新致力于提质增效，系统化管理促进高效决策
共同富裕	参与乡村振兴等国家建设战略	积极响应乡村振兴战略，以实际行动服务"三农"；物流基础设施下沉实现"快递下乡"；一体化供应链布局助推"农产品上行"
	公益捐赠	开展公益设施建设、慈善捐助，参与扶贫济困、感恩回馈社会等活动
	助力中小企业发展	助力中小企业发展；行业互动情况；参与行业标准编制情况
	产教融合促进高质量人才培养	积极参与国家职业等级标准制定和认证工作；从业务岗位真实需求出发，参与校企合作深化产教融合，全面支持院校人才培养和高质量就业
绿色安全	节能减排	绿色运输；绿色仓储；温室气体的核查与披露
	资源循环高效利用	绿色包装；循环包装，包装减量；减少废弃物，科技赋能
	打造绿色供应链生态	参与推动行业绿色转型进程；生态协同共创环境和社会价值

三、物流企业社会责任建设的实施机制

(一) 将社会责任意识融入企业经营理念和行为准则

企业的社会责任决策和行为在根本上取决于企业树立的社会责任经营理念。首先,物流企业履行企业社会责任要明确企业社会责任的内容和标准。部分物流企业对于社会责任的认识不足,认为企业社会责任等同于慈善事业,公益捐助就是企业社会责任。其结果就是导致企业的社会责任行为产生偏差。其次,要加强物流企业管理者的法律意识、道德意识和公益意识。有些物流企业的经营者只追求利润最大化,从而引来一系列社会问题,如环境污染严重、员工安全问题、劳资矛盾突出等,这就要求物流企业提高社会责任的认知,不断完善内控合规管理,最终将为企业合规与健康发展护航。最后,企业要有意识、策略性、战略性地承担股东利益之外的社会责任,以赢得好的社会环境和竞争优势。如有些企业主动承担社会和环境责任,因为这样策略性承担社会责任能赢得消费者的认可和政府的肯定,有利于提升自己的公众形象,获得更好的竞争优势。因此,很多企业深知其不仅是经济组织,还是社会组织,对企业社会公民的身份发自内心地认同,自觉地把承担社会责任上升到企业战略高度,在经营过程中,把自身的经济效益与社会效益统一起来,统筹兼顾。

将社会责任意识融入企业行为准则,主要包含以下四个方面。

(1) 制定对员工的行为准则。物流企业在为员工提供工作机会的同时,本着尊重员工的生命和健康,应尽力为他们提供安全和健康的工作环境,加强自身的软硬件设施建设。引进自动化物流设备,来实现合理有效地利用空间,从而提高效率;采用先进的管理信息系统软件,优化运输路径,以提高竞争力来赢取更多的机会,创造出更多的价值,做好劳动保护,防止伤害职工的身心健康,减少职业病的发病率;为员工提供平等的就业机会、升迁机遇和接受培训、教育的机会,以促进员工能力的提高;组建代表员工利益的工会组织,在工资、工作时间、劳动环境等涉及员工利益的问题上,实现企业与工会组织的集体协商,以平衡劳资利益,减少劳资冲突,稳定劳资关系。

(2) 制定对消费者的行为准则。向消费者提供安全、高质量、价格公道的服务;提高物流服务的可靠性等,保障消费者的知情权和自由选择权;保障个人用户及商家客户信息安全,如快递企业使用隐私面单技术,只在必要范围以内获取及使用信息数据,维护信息资产安全和物流信息数据的

机密性、完整性、可用性。

（3）制定对商业伙伴的行为准则。选择信誉良好的商业伙伴，并保持对他们的监督；建立良好的供应合作关系，与商业伙伴形成利益共赢、风险共担的良好、稳定的合作关系。

（4）制定对社区的行为准则。积极参与社区建设，为社区的教育、医疗、就业等贡献力量，为营造稳定的社区环境打下基础。

（二）建立健全企业社会责任导向的企业治理结构

把企业社会责任管理与企业治理结构结合起来，相对于传统的以股东利益为重的企业治理结构，企业社会责任导向的企业治理结构基于利益相关者、企业公民等理念，让投资者、员工、消费者、客户等利益相关者参与到企业治理结构中来，充分体现他们的意志，满足他们的合理要求。为此，企业应建立相应的组织或机构以承担企业社会责任管理职能，负责企业社会责任决策、内部标准的建立，进行企业社会责任活动的内部评估，制定必要的惩戒制度，撰写和发布企业社会责任报告等。

对于物流企业来说，管理者可以以多元的方式参与对社会责任工作的监督和决策。如董事会深入参与监督社会责任战略与报告的相关工作。基于业务影响力，结合全球可持续发展趋势，并兼顾企业内外部多元利益相关方的期待，物流企业可以评估和厘定对企业发展重要或显著的经济、环境、社会及治理议题，并将重要性评估结果作为企业风险与机遇识别和社会责任战略制定的关键依据。同时，管理者还可以审视企业重要社会责任议题的识别结果，通过构建并持续完善社会责任治理结构，提升企业的社会责任治理水平，建立社会责任管理指标体系和绩效评价机制，并通过定期的信息收集、反馈与跟踪，确保社会责任各项指标在公司各个部门和业务单元的贯彻落实，企业社会责任成为共建、共享的价值观与企业文化。

（三）完善企业社会责任信息沟通

企业与利益相关者透明而流畅的沟通是决定企业社会责任实施效果和保证其良性循环的重要条件。现实中，尽管许多物流企业积极履行社会责任，自我感觉成效显著，然而，利益相关者往往对此并不买账，其对企业履行社会责任的感知与企业自身行为产生巨大的落差，从而令许多企业的社会责任效果大打折扣。究其原因，往往是企业社会责任沟通不畅所致。企业社会责任涉及方方面面的相关利益者，其利益千差万别，且呈动态性，在信息不对称的情况下，企业要实现理想的社会责任效果，必须善于与利益相关者进行有效、细致地沟通，及时了解他们的不同诉求，并体现和贯彻在企业的战略目标、战略实施中。另外，企业也应及时把自身的社会责任行为、实施绩效以合适的形式，比如企业社会责任报告等传达出去，让利益相关者知晓、了解企业的努力，满足利益相关者的知情权，得到他们的认可和支持，以便深化和推进企业更有效地实施社会责任。

（1）建立沟通机制。成熟的物流企业往往具有良好的沟通机制和沟通平台，其社会责任行为不仅被社会广泛认可，获得美誉度的同时也获得了持续的竞争力。物流企业要完善社会责任沟通机制就必须根据沟通对象从内容、方式和组织等方面入手。一般来讲，物流企业与主要的利益相关者对社会责任议题沟通形式如表8-10所示。

表8-10 物流企业与利益相关者社会责任议题沟通形式

利益相关者	社会责任议题沟通形式
政府与监管机构	答复监管机构的问询，日常汇报沟通，提出政策建议，不定期的行业论坛和会议，实地调研考察，签署合作协议，建立战略合作
企业员工	培训活动和申诉机制，线上线下员工调研活动，员工投诉邮箱，全员邮件、员工论坛、职工代表大会
客户与消费者	7×24小时客服热线，日常媒体传播，用户调研，持续的线上线下沟通，社会化沟通媒体
股东与投资者	企业年报、季报与公告，路演、电话、见面会议及公司拜访，社会责任相关议题日常汇报与沟通
价值链伙伴	日常采购、培训与评估，不定期的行业论坛，供应商大会
社区与环境	长期的公益项目，日常媒体传播，社会化媒体沟通，志愿者活动，公益行业论坛和活动

（2）积极发布社会责任报告，创新沟通形式。企业社会责任报告是企业社会责任沟通的重要工具。它通常涉及披露公司的经济、环境、社会责任治理情况，是以适当的形式向各种利益相关者展示、解释和表达其社会责任履行相关信息的一种方式。在众多沟通方式中，企业社会责任报告正日益成为企业披露其在环境保护、节能、劳动条件等与财务绩效没有直接关系的经营活动方面行为的工具，不仅涉及经济数据，而且还涉及环境和社会领域的资料，已经成为企业社会责任沟通的工具。企业社会责任报告是自愿的综合性报告，这些报告讲述了公司在环境、可持续性方面的政策，或者是直接关注于履行公司在社会责任概念下所接受的承诺。

越来越多的物流企业通过发布社会责任报告等形式传递社会责任信息，公布企业环境、社会责任、公司治理的情况，向社会介绍在经济低碳化转型背景下企业的战略方向、转型成效，应对气候变化相关议题的目标等。

企业通过适当的沟通工具告知客户企业社会责任活动是非常重要的。除了社会责任报告，企业还可以创新其他形式展示自身在环境、可持续性方面的政策，或者直接关注企业社会责任的义务领域。这种与公众进行沟通的方式有利于展示良好的声誉、威望和管理意识等。企业社会责任报告是一种有价值的方式，管理者可以借此向投资者传达企业的可信度和未来发展前景的相关信息，避免企业与利益相关者之间的信息不对称，进而提高企业透明度。同时，企业社会责任报告也是一种加强利益相关者参与的方式，可以加强利益相关者对决策的参与，并对企业进行监督。

附录　中国中小企业社会责任指南

中小企业合作发展促进中心
（中小企业全国理事会）

二〇一三年十二月

前　言

  中小企业是推动经济和社会发展的重要力量，也是繁荣经济、增加就业、改善民生、推动创新的重要基础。我国中小企业占全国企业总数的99%以上，创造了约60%的经济总量、50%的财政税收，提供了近80%的城镇就业岗位，研发了60%以上的发明专利、75%以上的企业技术创新和80%以上的新产品。作为一个整体，中小企业对于经济、社会和环境的影响超过任何大型企业。中小企业切实履行社会责任，构建与利益相关方的和谐互动关系，既是提升企业品牌形象、内生竞争力和成长潜力的有效途径，也是我国加快转变经济发展方式、构建和谐社会，推进生态文明建设的稳固基石，对实现全面建成小康社会宏伟目标，实现中华民族伟大复兴的中国梦具有重要意义。

  为使我国中小企业全面、科学、系统地理解社会责任，充分、有效、合理地开展社会责任管理实践活动，中小企业合作发展促进中心、中小企业全国理事会特组织制定本指南。本指南以科学发展观为指导，遵循理论和实际操作相结合的原则，立足于中小企业现实状况和发展规律，并以提升中小企业社会责任意识和能力水平为基本出发点和落脚点。在内容上，本指南以我国法律法规，批准、签署或加入的国际公约为基准，参考和借鉴了《ISO 26000 社会责任指南》《中国工业企业及工业协会社会责任指南》《CSC9000T 中国纺织服装企业社会责任管理体系》等国际、国内社会责任标准体系，明确了中小企业应予遵行的社会责任行为准则，使之既顺应社会责任国际趋势，又符合我国中小企业的发展规律和现实需要。在方法上，本指南希望广大中小企业通过持续改进社会责任管理，从而有效提升其在尊重人权、关爱员工、保护环境、维护市场秩序、促进社区发展等领域的绩效，使这些积极因素转化为企业参与市场竞争的核心元素，提升自身和本地区、本行业的竞争力。

本指南在工业和信息化部相关司局的指导下，在中国工业经济联合会协调下，由中小企业合作发展促进中心、中小企业全国理事会组织相关专家起草。在起草制定过程中，中国纺织工业联合会、中国社会科学院工业经济研究所、国际劳工组织北京局等机构的领导和专家给予了大力支持。本指南由中小企业合作发展促进中心、中小企业全国理事会负责解释，并将随着中小企业社会责任理论和实践的发展适时进行修订。

目 录

一、适用说明
二、术语和定义
三、中小企业履责战略
四、中小企业社会责任
　　1. 责任管理
　　2. 员工责任
　　3. 环境责任
　　4. 市场责任
　　5. 社区责任
附件1：中小企业社会责任基础自我评估表
附件2：中小企业划型标准规定（2011）

一、适用说明

1. 适用主体：本指南适用于在我国依法设立的、根据《中小企业划型标准规定》（2011）（附件2）所划定的中型、小型和微型企业，而无论其所属行业、地区、所有制或法律组织形式。

2. 适用事项：本指南可供中小企业确立企业的社会责任履责战略和行为准则，建立、实施和改善社会责任管理，以及评价和通报社会责任绩效。

3. 与法律法规的关系：本指南不增加或改变中小企业的法律义务，也不赋予中小企业任何额外的法律权益;同时,中小企业可在满足法律法规要求的基础上,根据自身发展需要和本指南的原则,适用高于法律法规的社会责任要求。

4. 自愿性与开放性:本指南由中小企业根据自身需要自愿选择并加以应用,同时,本指南既可以单独适用,也可以与其他社会责任标准、准则或倡议同时适用。

二、术语和定义

1. 社会责任

通过透明和合乎道德的行为,组织为其决策和活动给社会和环境带来的影响承担的责任;这些透明和合乎道德的行为有助于可持续发展,包括健康和社会福祉,考虑利益相关方的期望,符合法律法规和国际行为规范,并将其融入整个组织,践行于各种管理之中。(ISO 26000)

2. 利益相关方

在企业的决策或活动中有利益的个人或团体,包括员工、客户、消费者、供应商、政府机构、社会团体、各下属与分支机构、合作伙伴、投资人以及竞争者等。(ISO 26000、CSC9000T)

3. 社会责任影响

可能发生的、全部或部分地由企业的组织、活动、产品或服务给利益相关方或者环境造成的任何有害或有利的变化。(ISO 26000、CSC9000T)

4. 环境

企业运行所处的自然环境,包括空气、水、土地、自然资源、植物、动物、人和太空及其相互关系。(ISO 26000)

5. 不正当竞争行为

企业等经营者违反竞争规范,损害其他经营者的合法权益,扰乱社会经济秩序的行为。(《中华人民共和国反不正当竞争法》)

6. 价值链

以产品和服务形式提供或获取价值的活动或参与方的序列。(ISO 26000)

7. 可持续消费

使用服务以及相关产品以满足人类的基本需求,提高生活质量,同时使自然资源和有毒材料的使用量最少,使服务或产品的生命周期中所产生的废物和污染物最少,从而不危及后代的需求。(联合国环境规划署)

三、中小企业履责战略

1. 独特优势

与大型企业相比,中小企业具有以下各种有助履行社会责任的独特优势:

1)中小企业的组织结构和决策程序比较简单、直接,能够更迅速地根据利益相关方的期望做出决策,并能更灵活地调整其经营策略和经营行为;

2)中小企业长于学习,勤于创新,能更容易地接受新事物并通过创新回应新挑战,而且某些中小企业的产生和发展就是回应社会挑战的结果;

3)中小企业的员工关系更为密切,较容易形成得到全体或多数员工支持的企业决策,以及营造获得普遍认同的企业文化;

4)中小企业的利益相关方关系相对简单、明晰,其社会责任影响范围相对有限,能够更容易地集中资源处理优先事项。

2. 条件限制

与大型企业相比,中小企业认识和履行社会责任经常受到以下条件的限制:

1)更为有限的财务、时间和人力资源,尤其缺乏稳定的高素质人力资源;

2)在价值链中的位势较低,对利益相关方的影响力有限;

3)更难获得外部资源,包括政策、资金和信息资源;

4)中小企业发展变化更快且更缺乏确定性。

3. 履责战略

上述独特优势和条件限制决定了中小企业履行社会责任的战略思路:

1)树立责任竞争力理念:中小企业应认识到许多社会责任实践并不必然产生高昂成本,反而可能帮助企业节省开支,增强生产力、盈利能力和竞争力;

2)坚持业务相关性原则:中小企业应立足于对自身主要社会影响的识别和控制,并应将有限的企业资源优先用于与企业核心业务相关的社会责任议题;

3)采取管理整合化措施:中小企业应注重发展出针对性的社会责任管理方案和措施,同时注意将其融入既有的管理体系和机制,做到管理最简化;

4)致力共同倡议和集体行动:中小企业应积极倡导和参与中小企业间

的社会责任共同倡议和集体行动,包括通过全国性、地区性和/或行业性的中小企业公共服务平台进行学习和交流,以及开展利益相关方沟通和参与。

四、中小企业社会责任

1. 责任管理

社会责任是现代企业管理的必要内涵,中小企业可通过强化企业文化、管理制度以及利益相关方沟通和参与制度,确保将社会责任理念和要求融入企业的管理系统,并通过不断改善企业管理持续改进社会责任绩效。同时,中小企业应致力于在管理、科技和商业模式等领域的自主创新和协作创新,以创新保障企业可持续的发展,并在发展中实现可持续的创新。

1.1 责任意识

1.1.1 中小企业最高管理者或决策者意识到社会责任和可持续发展对企业自身和利益相关方的重要性。

1.1.2 中小企业最高管理者或决策者承诺并支持将企业社会责任理念和议题融入企业管理。

1.1.3 中小企业最高管理者或决策者指定高级管理者负责协调和推进企业的社会责任工作。

1.1.4 参照本指南等文件确定企业的社会责任方针和/或行为准则。

1.2 责任能力

1.2.1 所有为企业工作的人员均理解社会责任的重要性和企业社会责任方针和/或行为准则的要求。

1.2.2 确保所有为企业工作的人员都具有与其职能相称的能力,必要时通过培训、调整人力资源等方式满足能力要求。

1.2.3 所有为企业工作的人员都能够有效识别工作中实际存在或潜在的社会责任影响并主动加以应对。

1.2.4 利用外部渠道和资源对为其工作的人员进行意识提升和能力建设,以减少内部管理投入。

1.3 持续改进

1.3.1 充分识别和评价与企业的业务、产品和服务密切相关的社会责任影响。

1.3.2 根据影响识别的结果制定直接、可行的应对或改进方案。

1.3.3 将确定的应对或改进方案融入有关部门和层次的职能、目标和工作流程。

1.3.4 适时评价应对或改进方案的合规性、有效性和经济可行性，并采取必要的改进措施。

1.3.5 将社会责任管理充分与企业现行管理体系相结合，做到管理最简化和效用最优化。

1.4 发展创新

1.4.1 以保障企业发展为基本目标，制定创新战略和研发管理体系。

1.4.2 确保必要的研发投入，促进企业管理、科学技术和商业模式等方面的创新。

1.4.3 与大学、科研机构或重要客户等开展联合研发，或在条件允许的情况下建立自有的技术或创新中心，提高自主创新与协作创新能力。

1.4.4 建立普及性与竞争性相结合的人才培养机制，强化员工岗位技能培训和技术人才培养。

1.4.5 建立和完善任用、考核与待遇相结合的创新激励体系，确保创新成果向生产力转化。

1.4.6 利用知识产权保护、标准化和公共服务等体系和平台保护和推广创新成果，促进企业发展的可持续性。

1.4.7 充分利用信息技术和信息资源，促进两化融合，优化业务模式和管理系统。

1.4.8 持续关注环境和社会发展等领域的新挑战、新需求及其商业机遇，并利用自身创新能力为其提供技术、产品和服务方面的解决方案。

1.5 信息沟通

1.5.1 根据业务、产品和服务的社会责任影响，有效地识别核心利益相关方。

1.5.2 建立利益相关方沟通和参与机制，及时、充分地回应利益相关方有关社会责任问题的质询。

1.5.3 在发生违反社会责任方针、准则或要求的情况下有效、迅捷地进行补救和纠正，包括改进管理制度。

1.5.4 建立定期和不定期的社会责任信息披露机制，对利益相关方关切的社会责任问题作出公开回应。

1.5.5 根据实际情况采取会谈、网站和社会责任报告等方式开展信息披露，其中，定期的社会责任报告是最为规范、全面和普遍的信息披露方式。

2. 员工责任

对于中小企业而言，员工作为人力资源是企业的核心资产，因此员工权益和发展是中小企业的首要责任，企业应在确保员工合法权益的基础上提升员工的忠诚度、专业技能、工作效率以及参与管理的主动性，促进员工与企业协同发展。

2.1 员工权益

2.1.1 防止因民族、种族、性别、宗教信仰、残疾等原因使员工在招用、培训、薪酬、福利、劳动条件、解聘和退休等方面受到歧视。

2.1.2 按照法律法规要求，在平等自愿、协商一致的基础上订立劳动合同或服务协议，并全面、诚信地履行合同或协议义务，以确保规范化、长期化的人力资源。

2.1.3 保证向员工提供不低于法律法规要求的工资和法定福利。

2.1.4 建立灵活、激励性的分配机制，以促进员工待遇与企业竞争力的同步提升。

2.1.5 遵守法律、法规有关工作时间和休息休假的要求。

2.1.6 采取措施提高生产效率，利用弹性工作制度等方法减少加班时间。

2.1.7 有效评估并采取必要措施防治工作场所的健康和安全风险，包括精神卫生和心理健康风险，为员工提供健康、安全，且有利于促进效率和创新的工作环境。

2.1.8 采取措施保证不招用未满16周岁或依法不可就业的未成年人，并建立和保持救济已被招用的此类未成年人的措施。

2.1.9 确保不以暴力、威胁、非法限制人身自由、扣减应得工资、减免法定福利等手段强迫或强制员工劳动或者遵从管理制度。

2.1.10 在工作场所预防和制止体罚、骚扰或虐待行为，包括性骚扰。

2.2 协同发展

2.2.1 鼓励企业文化的多元化和包容性，以提升员工的创造力和归属感。

2.2.2 建立和加强灵活、有效的沟通机制、协商机制和申诉机制，及时收集和处理员工的意见和建议。

2.2.3 及时、充分地与工会或员工代表进行平等协商，改善管理制度。

2.2.4 提供资源对员工进行技能培训或职业教育，不断提高员工业务素质和技能水平，促进员工与企业的同步成长。

2.2.5 丰富文化活动，鼓励员工发展个人兴趣。

2.2.6 关心员工家庭和生活压力，协助员工实现工作与生活的平衡。

3. 环境责任

虽然单个中小企业的环境影响可能比较有限，但是中小企业整体则会对环境产生根本性影响，因此，中小企业应从细微处着手，在经营活动、产品和服务的所有环节采取措施减少对环境的负面影响。

3.1 环境管理

3.1.1 识别出自身经营活动中的污染源并评价其对环境的影响。

3.1.2 根据法律法规和适用的标准要求对污染物的排放进行管理。

3.1.3 环境影响较大的中小企业可建立、实施、保持并改进环境管理体系，确立和评审环境目标、指标和实施结果，并可建立和实施环境保护责任制度。

3.1.4 在经济可行的情况下，通过改善工艺流程、技术、设备和管理体系等方法，逐步减少污染物排放，提高排放标准。

3.1.5 激励员工积极参与发掘改进企业环境绩效和环境管理的实用技术和低费方案，包括改进电器、办公耗材的使用以及废弃物的回收等。

3.1.6 积极与客户等利益相关方协商，采取措施降低彼此关系中负面的环境影响。

3.2 节能减排

3.2.1 致力于在经营活动中提高资源使用效率，最大程度地减少资源使用。

3.2.2 研究和利用无污染、无危害的替代技术和替代材料，增加对可再生、可循环资源的应用。

3.2.3 创新和改进产品设计和服务模式，包括产品包装、服务的能源消耗等，以实现整个产品生命周期和服务过程中的资源减量化使用和综合利用。

3.2.4 制定减排目标与行动方案，在工作安排、物流和交通等环节减少直接和间接的温室气体排放。

4. 市场责任

虽然中小企业之间竞争激烈，但实际上，有利成长的客户和消费者关系、促进合作的市场环境，鼓励竞争的公共政策是中小企业经营和发展的最佳条件，为此，中小企业应树立公平诚信的经营理念，通过与供应链上下游伙伴的合作关系以及与消费者之间的责任互动构建负责、共赢的价值链。

4.1 公平诚信

4.1.1 将公平诚信树立为企业治理和生产经营的核心理念，并建立机制，确保以此理念指导企业和为其工作的人员公平地参与市场活动。

4.1.2 积极参与促进公平、诚信的市场环境的行业性、地区性企业组织，通过各类组织倡导有利竞争的公共政策。

4.1.3 反对影响和限制公平交易的不正当竞争行为。

4.1.4 不捏造和散布影响市场竞争的虚假信息，不在享有局部市场优势的情况下操纵市场。

4.1.5 即使提供具有竞争优势的价格，也不降低产品和服务的标准，尤其是健康、安全标准。

4.1.6 建立与采购、销售、招投标等业务环节的诚信准则和内外部监督和审计制度，预防和惩治在商业关系和利益相关方关系中的商业贿赂和其他腐败行为。

4.1.7 在生产和经营的所有环节中尊重和保护他人所有的包括软件、广告文案等著作权，以及商标和专利等知识产权。

4.1.8 合理利用并严格保护客户信息和相关业务资料，避免不当披露，尤其是恶意的披露。

4.2 责任合作

4.2.1 充分了解合作关系中潜在的社会责任影响，并根据影响的性质和大小决定建立、维持、改变或终止合作关系。

4.2.2 在采购决策和营销实践中兼顾社会责任，包括选购环境友好及负责任的产品，以及向合作伙伴提供和推荐负责任的产品和服务。

4.2.3 利用多方对话、信息共享、共同行动等合作方法提高供应链各方的社会责任意识和能力。

4.3 消费关系

4.3.1 在产品和服务的设计、生产、销售过程中识别并严格遵守适用的健康和安全标准。

4.3.2 向消费者提供安全、健康的产品和服务，包括提供必要的安全使用指引、健康警示和安全标识。

4.3.3 在产品上或服务场所中向消费者提供完整、正确、清晰和便于比较的信息，包括产品和服务的性能与价格信息，以及消费者的权利和义务，协助其作出理性的消费选择。

4.3.4 尊重消费者的自由选择,避免强迫消费和不公平的消费条件。

4.3.5 不进行虚假、误导性或有损社会公德的广告和商业推广等活动。

4.3.6 了解消费者对产品和服务的意见和建议,提供适当的产品安装、保养、维修、技术支持和退换(包括召回)等售后服务。

4.3.7 建立有效的申诉途径,及时、公平地调查和处理消费者的赔偿请求。

4.3.8 对收集和使用的消费者信息,特别是可识辨身份的信息的必要性和范围进行严格限制,同时建立严格的制度保护已经获得的消费者个人信息。

4.3.9 向消费者推广或推荐对社会和环境负面影响更小的产品或服务。

4.3.10 利用产品和信息系统向消费者提供有关产品和服务的可持续性信息,并使消费者了解与产品和服务相关的可持续消费实践。

5. 社区责任

中小企业所在社区不仅是其赖以成长与发展的社会环境,而且能够为中小企业提供直接的商业机遇,因此,中小企业应结合自身优势和员工专长,策略性地运用内外部资源开展社区参与活动,以实现自身与当地社区的协同发展。

5.1 社区参与

5.1.1 与当地社区和各利益相关方之间建立公开、透明、基于对话和协商的沟通与参与机制。

5.1.2 持续、动态地评价企业的运营和决策对所在社区和各利益相关方权利的影响,并将必要的预防和补救措施纳入企业管理和经营决策。

5.1.3 在开展对社区影响较大的项目或经营活动时,及时、充分地征询和了解各利益相关方的意见和期望。

5.2 社区发展

5.2.1 根据企业的发展规划,扩大在当地的投资,吸收周边社区人员就业。

5.2.2 优先在当地进行采购和为当地提供产品和服务。

5.2.3 鼓励和组织员工开展志愿行动等融入当地社区的项目和活动。

5.2.4 利用业务能力和技术优势帮扶当地的妇女、儿童、残疾人等弱势群体。

5.2.5 在资源允许的条件下,利用自身业务能力和技术优势参与助困减灾、保护生态环境、促进社会发展的公益项目和社会活动。

附件1：中小企业社会责任基础自我评估表

使用说明

1. 本自我评估表的作用是帮助企业根据《中国中小企业社会责任指南》的要求，评估自身在社会责任方面的符合程度，以了解自身的社会责任绩效水平。

2. 自我评估结果可作为识别企业社会责任主要风险和挑战，确定近期社会责任工作的目标、改善方案和优先事项的基础参考。

3. 本自我评估表由三部分构成，分别列明自我评估企业的基础信息、自我评估的结果统计和依据《中国中小企业社会责任指南》的要求设定的120个自我评估问题（或指标）。

4. 企业在使用本自我评估表时，请根据自身实际情况如实选择"是"与"否"，或者在问题后的空格内填写相应答案。

5. 在每一部分问题的后面也设有统计表，请在空格内统计出相应部分中答案为"是"和"否"的问题的数目，最后请在"自我评估结果统计表"部分统计评估结果。回答为"是"的问题总计超过100个，可以认为企业具有良好的社会责任基础，可以朝着更高水准加以改善；回答为"是"的问题低于70个，说明企业的社会责任基础较差，需要全方面的改善行动。

自我评估基础信息

评估负责人：	评估参与人：
评估开始日期：	评估用时：_____天
企业名称：	
企业地址：	
企业最近两年营业收入：	
主要产品和工艺：	
企业人员总数：	管理人员总数：

自我评估结果统计

序号	要求	回答为"是"的问题数目	回答为"否"的问题数目
1	责任管理		
2	员工责任		
3	环境责任		
4	市场责任		
5	社区责任		

| 回答为"是"和"否"的问题总数 | | |

中国中小企业社会责任绩效自我评估问题与指标

1 责任管理

问题：	是	否
1.1 企业最高管理者或决策者是否意识到社会责任对企业的重要意义？	☐	☐
1.2 企业是否承诺和支持对企业社会责任影响的辨识和控制？	☐	☐
1.3 是否指定了高级管理者协调企业的社会责任工作？	☐	☐
如果是，请注明其姓名与职位：		
1.4 是否制定和公布了社会责任方针和/或行为准则？	☐	☐
1.5 是否建立了必要的程序或制度来识别与企业业务、产品和服务密切相关的社会责任影响？	☐	☐
1.6 是否就识别出的社会责任影响制定了针对性的可行的应对方案？	☐	☐
1.7 是否将识别出的社会责任影响及应对方案融入了各个有关部门和层次的职能与工作目标？	☐	☐
1.8 社会责任管理是否与现有管理体系（如 ISO 14000 等体系）相结合？	☐	☐
1.9 管理人员是否都了解与自己职责相联系的有关社会责任的要求？	☐	☐
1.10 是否向所有员工充分宣传了与其工作相关的社会责任方面的权利、职责和义务？	☐	☐
1.11 是否有充分规划和严格实施的面向员工的培训计划？	☐	☐
1.12 员工的培训计划和内容中是否有针对性的社会责任相关的内容？	☐	☐
1.13 企业是否充分了解创新对于企业的生存和成长的重要意义？	☐	☐
1.14 是否制定了创新战略和研发体系，并以保障企业发展为基本目标？	☐	☐
1.15 是否为促进在企业管理、科学技术和商业模式等方面的创新保证了必要的研发投入？	☐	☐
1.16 是否与大学、科研机构或重要客户等联合建立研发机构，或建立了企业自有的技术或创新中心？	☐	☐
1.17 是否建立了普及性与竞争性相结合的人才培养机制，并强化员工岗位技能培训和技术人才培养？	☐	☐
1.18 是否针对科研人员建立了任用、考核与待遇相结合的创新激励体系？	☐	☐
1.19 是否建立了机制促进创新成果向生产力的转化？	☐	☐
1.20 是否通过利用知识产权法律体系保护创新成果？	☐	☐

续表

问题：	是	否
1.21 是否利用标准化体系保护和推广创新成果？	☐	☐
1.22 是否利用各种公共服务平台推广创新成果？	☐	☐
1.23 是否关注环境和社会发展等领域的新挑战和新需求，以刺激在技术、产品和服务方面的解决方案的创新？	☐	☐
1.24 与同类型企业相比，企业在管理和商业模式方面是否有创新领域？	☐	☐
1.25 最近一年是否获得过新的专利注册？	☐	☐
1.26 企业是否充分地识别出了外部的核心利益相关方？	☐	☐
如果是，请列举企业的核心利益相关方：		
1.27 是否根据不同的利益相关方建立了不同的沟通和参与机制？	☐	☐
1.28 是否建立了回应利益相关方质询的机制？	☐	☐
1.29 是否有调查社会责任问题、纠正和预防不符合社会责任要求的安排？	☐	☐
1.30 是否曾发布企业社会责任报告（或可持续发展报告）？	☐	☐
1.31 是否建立了其他定期和不定期的社会责任信息公开披露机制（如网站上的社会责任专栏、企业开放日、相关方会谈和包含社会责任内容的宣传册等）？	☐	☐
1.32 是否有对紧急情况和社会责任危机的应急准备和响应安排？	☐	☐
1.33 是否定期对企业社会责任管理体系进行内部评审？	☐	☐
1.34 企业高层管理者是否定期对企业社会责任管理体系进行管理评审？	☐	☐
回答为"是"和"否"的问题数目		

2　员工责任

问题：	是	否
2.1 企业是否保证员工不会基于民族、种族、性别、宗教信仰、残疾等原因而在招用、培训、薪酬、福利、劳动条件、解聘和退休等方面受到歧视？	☐	☐
2.2 在同等岗位，付出同等劳动，取得相同业绩的员工，无论其他条件，能否获得同等报酬？	☐	☐
2.3 是否与所有员工根据法律，在平等自愿、协商一致的基础上订立了劳动合同或服务协议？	☐	☐
2.4 劳动合同或服务协议是否包含了国家法律要求的所有条款？	☐	☐
2.5 是否收集了所有员工的个人基本资料？	☐	☐

续表

问题:	是	否
2.6 企业是否保证不会仅以结婚、怀孕、产期、哺乳等原因辞退女性员工？	□	□
2.7 是否向员工提供不低于法律法规要求的工资和法定福利（包括社保）？	□	□
2.8 员工每月是否能够及时获得其所有薪酬和薪酬构成的说明？	□	□
2.9 分配机制是否具有激励性，以使得员工待遇与企业竞争力同步提升？	□	□
2.10 员工的工作时间（不含加班时间）是否符合法律规定？	□	□
如果是，员工每周正常工作多少小时？ 小时数：		
2.11 员工的加班时间是否符合法律规定？	□	□
如果是，员工每月最少的加班小时数是多少？ 小时数：		
2.12 是否采取了提高生产效率，减少加班时间的措施？	□	□
2.13 员工加班是否能够按国家法律规定得到额外的加班报酬？	□	□
2.14 是否评估并采取必要措施评估并防治工作场所的健康和安全风险？	□	□
2.15 所有员工是否都了解各自工作所承担的职业健康与安全的风险以及相关的预防措施？	□	□
2.16 是否定期对员工进行传染病、艾滋病和其他流行性疾病的宣传和预防培训？	□	□
2.17 生产、生活场所是否配备了充足、可用的消防设施？	□	□
2.18 是否每年至少进行两次消防演练？	□	□
2.19 是否存在有效的预防和控制危险化学品、用电、机械、食品等安全危害的制度和措施？	□	□
2.20 是否未招用未满16周岁或依法不可就业的未成年人？	□	□
2.21 是否建立了救济已被招用的此类未成年人（童工）的措施？	□	□
2.22 在招用员工时，确保不向员工收取财物（如押金）或者扣押其身份证件或其他证件？		
2.23 是否确保不以暴力、威胁、非法限制人身自由、扣减应得工资、减免法定福利等手段强迫或强制员工劳动或者遵从管理制度？	□	□
2.24 是否建立了工作场所预防和制止体罚、骚扰或虐待行为，包括性骚扰的制度和措施？	□	□
2.25 是否鼓励企业文化的多元化和包容性？	□	□
2.26 是否建立了灵活、有效的沟通机制、协商机制和申诉机制，以便及时收集和处理员工的意见和建议？	□	□

续表

问题:	是	否
2.27 是否建立了与工会或员工代表进行平等协商的制度?	☐	☐
2.28 是否向员工提供提高业务素质和技能水平的技能培训或职业教育?	☐	☐
2.29 是否开展企业文化活动,鼓励员工发展个人兴趣?	☐	☐
2.30 是否建立了制度和措施关心员工家庭和生活压力?	☐	☐
回答为"是"和"否"的问题数目		

3　环境责任

问题:	是	否
3.1 是否识别出了企业经营活动中的污染源并评价了其对环境的影响?	☐	☐
3.2 根据法律法规和适用的标准要求对污染物的排放进行管理?	☐	☐
3.3 是否对所有员工进行环境保护和节能减排的知识和技能培训和宣传?	☐	☐
3.4 是否通过改善工艺流程、技术、设备和管理体系等方法,逐步减少污染物排放量,提高排放标准?	☐	☐
3.5 是否鼓励员工积极参与发掘改进企业环境绩效和环境管理的实用技术和低费方案?	☐	☐
3.6 是否建立和实施了环境管理体系(如ISO 14000)?	☐	☐
3.7 是否确立和评审(季度、年度的)环境目标、指标和实施结果?	☐	☐
3.8 是否积极与客户等利益相关方协商降低彼此关系中负面的环境影响(如减少旅行,利用信息系统等)?	☐	☐
3.9 是否利用各种方法在经营活动中提高资源使用效率,最大程度地减少资源(如水、电和气等)的使用?	☐	☐
3.10 是否对工作和生活中产生的废弃物进行再利用和资源化(如回收)?	☐	☐
3.11 是否在利用或尝试利用无污染、无危害的替代技术和替代材料?	☐	☐
3.12 是否在产品设计和服务模式等方面进行创新和改进(如产品包装、服务能耗等),以实现资源减量和综合利用?	☐	☐
3.13 是否制定了减排目标与行动方案,在工作安排、物流和交通等环节减少直接和间接的温室气体排放?	☐	☐
3.14 企业的新、改、扩建项目是否进行了环境影响评价,并确保建设项目中的防治污染措施的"三同时"?	☐	☐
3.15 企业的工业增加值以及单位产出能耗量是否在降低中?	☐	☐
3.16 最近一年没有因为环境责任受到法律制裁、投诉或公众抗议?	☐	☐

回答为"是"和"否"的问题数目		

4 市场责任

问题：	是	否
4.1 公平、诚信是否为企业治理和生产经营的核心理念？	☐	☐
4.2 是否建立了制度（培训、沟通和奖惩等），以确保为企业工作的人员以公平、诚信的理念参与市场竞争？	☐	☐
4.3 是否参与了促进公平、诚信的市场环境的行业性或地区性企业组织？	☐	☐
4.4 是否支持和倡导竞争性的公共政策，以及统一、开放、竞争、有序的市场体系？	☐	☐
4.5 反对并不参与进行市场垄断和其他限制公平交易的不正当竞争行为？	☐	☐
4.6 反对并不捏造和散布影响市场竞争的虚假信息，或在享有局部市场优势的情况下操纵市场？	☐	☐
4.7 即使提供具有竞争优势的价格，也不会降低产品和服务的标准，尤其是健康、安全标准？	☐	☐
4.8 是否建立了与采购、销售、招投标等业务环节的诚信准则和内外部监督和审计制度？	☐	☐
4.9 是否在企业政策和制度上预防和惩治商业关系和利益相关方关系中的商业贿赂和其他腐败行为？	☐	☐
4.10 是否在生产和经营的所有环节中尊重和保护他人所有的包括软件、广告文案等著作权，以及商标和专利等知识产权？	☐	☐
4.11 是否建立了制度严格保护客户信息和相关业务资料，以避免造成影响竞争关系的不当披露？	☐	☐
4.12 在经营理念上致力于建立持续、稳定和低风险的供应链合作关系？	☐	☐
4.13 是否建立制度，充分了解并评价合作关系中潜在的社会责任影响，并根据影响的性质和大小决定建立、维持、改变或终止合作关系？	☐	☐
4.14 是否在其采购决策和营销实践中兼顾社会责任（如选购环境友好及负责任的产品，向合作伙伴提供和推荐负责任的产品和服务等）？	☐	☐
4.15 是否与上下游合作伙伴建立有效的社会责任议题沟通机制，利用对话、信息共享、共同行动等方式提高供应链各方的社会责任意识和能力？	☐	☐
4.16 最近一年没有因为供应链关系中的公平、诚信问题而招致法律制裁？	☐	☐

问题：	是	否
4.17 是否在产品和服务的设计、生产、销售过程中识别和遵守适用的健康和安全标准，包括提供必要的安全使用指引、健康警示和安全标识？	☐	☐
4.18 是否在产品上或服务场所中向消费者提供完整、正确、清晰和便于比较的信息（包括产品和服务的性能与价格信息，以及消费者的权利和义务）？	☐	☐
4.19 是否采取措施提高消费者对企业的认可度和忠实度？	☐	☐
4.20 是否反对并预防强迫消费和不公平的消费条件（如霸王条款）？	☐	☐
4.21 反对并不进行虚假、误导性或有损社会公德的广告和商业推广活动？	☐	☐
4.22 是否建立了渠道以充分了解消费者对产品和服务的意见和建议？	☐	☐
4.23 是否提供适当的产品安装、保养、维修、技术支持和退换（包括召回）等售后服务？	☐	☐
4.24 是否向消费者提供有效的申诉途径，并及时、公平地调查和处理消费者的赔偿请求？	☐	☐
4.25 是否对收集和使用的消费者信息，特别是可识辨身份的信息的必要性和范围进行了严格的限制？	☐	☐
4.26 是否有制度严格保护已经获得的消费者个人信息？	☐	☐
4.27 是否向消费者推广或推荐对社会和环境负面影响更小的产品或服务（如公平贸易产品、生态或环境友好的服务等）？	☐	☐
4.28 是否利用产品和信息系统向消费者提供有关产品和服务的可持续性信息，及时、充分地说明产品对环境和社会的影响？	☐	☐
4.29 是否采取措施使消费者了解与产品和服务相关的可持续消费方法？	☐	☐
4.30 最近一年没有因为消费者关系问题受到法律制裁或公众抗议？	☐	☐
回答为"是"和"否"的问题数目		

5 社区责任

问题：	是	否
5.1 是否与当地社区和各利益相关方之间建立公开、透明、基于对话和协商的沟通与参与机制？	☐	☐
5.2 这些机制是否能够帮助企业及时、充分地征询和了解到各利益相关方的意见和期望？	☐	☐

续表

问题:	是	否
5.3 是否持续地评价企业的运营和决策对所在社区和各利益相关方的影响？	□	□
5.4 是否将必要的有关上述影响的预防和补救措施纳入管理和经营决策？	□	□
5.5 根据企业的发展规划，是否将持续扩大在当地的投资？	□	□
5.6 企业是否在政策上倾向于并在实际上主要雇用当地人员？	□	□
5.7 是否优先在当地进行采购和为当地提供产品和服务？	□	□
5.8 是否鼓励和组织员工开展志愿活动等融入当地社区的活动？	□	□
5.9 是否利用企业的业务能力和技术优势帮扶当地的妇女、儿童、残疾人等弱势群体？	□	□
5.10 是否力所能及地参与助困减灾、保护生态环境等公益活动？	□	□
回答为"是"和"否"的问题数目		

附件2：中小企业划型标准规定（2011）

一、根据《中华人民共和国中小企业促进法》和《国务院关于进一步促进中小企业发展的若干意见》（国发〔2009〕36号），制定本规定。

二、中小企业划分为中型、小型、微型三种类型，具体标准根据企业从业人员、营业收入、资产总额等指标，结合行业特点制定。

三、本规定适用的行业包括：农、林、牧、渔业，工业（包括采矿业，制造业，电力、热力、燃气及水生产和供应业），建筑业，批发业，零售业，交通运输业（不含铁路运输业），仓储业，邮政业，住宿业，餐饮业，信息传输业（包括电信、互联网和相关服务），软件和信息技术服务业，房地产开发经营，物业管理，租赁和商务服务业，其他未列明行业（包括科学研究和技术服务业，水利、环境和公共设施管理业，居民服务、修理和其他服务业，社会工作，文化、体育和娱乐业等）。

四、各行业划型标准为：

（一）农、林、牧、渔业。营业收入20 000万元以下的为中小微型企业。其中，营业收入500万元及以上的为中型企业，营业收入50万元及以上的为小型企业，营业收入50万元以下的为微型企业。

（二）工业。从业人员1 000人以下或营业收入40 000万元以下的为中小微型企业。其中，从业人员300人及以上，且营业收入2 000万元及以上的为中型企业；从业人员20人及以上，且营业收入300万元及以上的为小型企业；从业人员20人以下或营业收入300万元以下的为微型企业。

（三）建筑业。营业收入 80 000 万元以下或资产总额 80 000 万元以下的为中小微型企业。其中，营业收入 6 000 万元及以上，且资产总额 5 000 万元及以上的为中型企业；营业收入 300 万元及以上，且资产总额 300 万元及以上的为小型企业；营业收入 300 万元以下或资产总额 300 万元以下的为微型企业。

（四）批发业。从业人员 200 人以下或营业收入 40 000 万元以下的为中小微型企业。其中，从业人员 20 人及以上，且营业收入 5 000 万元及以上的为中型企业；从业人员 5 人及以上，且营业收入 1 000 万元及以上的为小型企业；从业人员 5 人以下或营业收入 1 000 万元以下的为微型企业。

（五）零售业。从业人员 300 人以下或营业收入 20 000 万元以下的为中小微型企业。其中，从业人员 50 人及以上，且营业收入 500 万元及以上的为中型企业；从业人员 10 人及以上，且营业收入 100 万元及以上的为小型企业；从业人员 10 人以下或营业收入 100 万元以下的为微型企业。

（六）交通运输业。从业人员 1 000 人以下或营业收入 30 000 万元以下的为中小微型企业。其中，从业人员 300 人及以上，且营业收入 3 000 万元及以上的为中型企业；从业人员 20 人及以上，且营业收入 200 万元及以上的为小型企业；从业人员 20 人以下或营业收入 200 万元以下的为微型企业。

（七）仓储业。从业人员 200 人以下或营业收入 30 000 万元以下的为中小微型企业。其中，从业人员 100 人及以上，且营业收入 1 000 万元及以上的为中型企业；从业人员 20 人及以上，且营业收入 100 万元及以上的为小型企业；从业人员 20 人以下或营业收入 100 万元以下的为微型企业。

（八）邮政业。从业人员 1 000 人以下或营业收入 30 000 万元以下的为中小微型企业。其中，从业人员 300 人及以上，且营业收入 2 000 万元及以上的为中型企业；从业人员 20 人及以上，且营业收入 100 万元及以上的为小型企业；从业人员 20 人以下或营业收入 100 万元以下的为微型企业。

（九）住宿业。从业人员 300 人以下或营业收入 10 000 万元以下的为中小微型企业。其中，从业人员 100 人及以上，且营业收入 2 000 万元及以上的为中型企业；从业人员 10 人及以上，且营业收入 100 万元及以上的为小型企业；从业人员 10 人以下或营业收入 100 万元以下的为微型企业。

（十）餐饮业。从业人员 300 人以下或营业收入 10 000 万元以下的为中小微型企业。其中，从业人员 100 人及以上，且营业收入 2 000 万元及以上的为中型企业；从业人员 10 人及以上，且营业收入 100 万元及以上的为小型企业；从业人员 10 人以下或营业收入 100 万元以下的为微型企业。

（十一）信息传输业。从业人员 2 000 人以下或营业收入 100 000 万元以下的为中小微型企业。其中，从业人员 100 人及以上，且营业收入 1 000 万元及以上的为中型企业；从业人员 10 人及以上，且营业收入 100 万元及以上的为小型企业；从业人员 10 人以下或营业收入 100 万元以下的为微型企业。

（十二）软件和信息技术服务业。从业人员 300 人以下或营业收入 10 000 万元以下的为中小微型企业。其中，从业人员 100 人及以上，且营业收入 1 000 万元及以上的为中型企业；从业人员 10 人及以上，且营业收入 50 万元及以上的为小型企业；从业人员 10 人以下或营业收入 50 万元以下的为微型企业。

（十三）房地产开发经营。营业收入 200 000 万元以下或资产总额 10 000 万元以下的为中小微型企业。其中，营业收入 1 000 万元及以上，且资产总额 5 000 万元及以上的为中型企业；营业收入 100 万元及以上，且资产总额 2 000 万元及以上的为小型企业；营业收入 100 万元以下或资产总额 2 000 万元以下的为微型企业。

（十四）物业管理。从业人员 1 000 人以下或营业收入 5 000 万元以下的为中小微型企业。其中，从业人员 300 人及以上，且营业收入 1 000 万元及以上的为中型企业；从业人员 100 人及以上，且营业收入 500 万元及以上的为小型企业；从业人员 100 人以下或营业收入 500 万元以下的为微型企业。

（十五）租赁和商务服务业。从业人员 300 人以下或资产总额 120 000 万元以下的为中小微型企业。其中，从业人员 100 人及以上，且资产总额 8 000 万元及以上的为中型企业；从业人员 10 人及以上，且资产总额 100 万元及以上的为小型企业；从业人员 10 人以下或资产总额 100 万元以下的为微型企业。

（十六）其他未列明行业。从业人员 300 人以下的为中小微型企业。其中，从业人员 100 人及以上的为中型企业；从业人员 10 人及以上的为小型企业；从业人员 10 人以下的为微型企业。

五、企业类型的划分以统计部门的统计数据为依据。

六、本规定适用于在中华人民共和国境内依法设立的各类所有制和各种组织形式的企业。个体工商户和本规定以外的行业，参照本规定进行划型。

七、本规定的中型企业标准上限即为大型企业标准的下限，国家统计部门据此制定大中小微型企业的统计分类。国务院有关部门据此进行相关数据分析，不得制定与本规定不一致的企业划型标准。

八、本规定由工业和信息化部、国家统计局会同有关部门根据《国民经济行业分类》修订情况和企业发展变化情况适时修订。

九、本规定由工业和信息化部、国家统计局会同有关部门负责解释。

十、本规定自发布之日起执行，原国家经贸委、原国家计委、财政部和国家统计局 2003 年颁布的《中小企业标准暂行规定》同时废止。

参 考 文 献

Allport, G. W., Bernon, P. E. and Lindzey, G. A Study of Values[M]. Boston: Houghton Mifflin, 1960.

Amason, A. C. and Sapienza, H. J. The effects of top management team size and interaction norms on cognitive and affective conflict [J]. Journal of Management, 1997,23(4):495 – 516.

Barney, J. B. Organizational culture: Can it be a source of sustained competitive advantage? [J]. Academy of Management Review, 1986,11(3):656 – 665.

Baucus, M. S. and Near, J. P. Can illegal corporate behavior be predicted? An event history analysis[J]. Academy of Management Journal, 1991,34(1):9 – 36.

BeHe, Jr., A. A. For whom are corporate managers are trustees: A note[J]. Harvard Law Review, 1932,45(8):1165 – 1172.

Bhattacharya, C. B. and Sen, S. Consumer-company identification: A framework for understanding consumers' relationships with companies [J]. Journal of Marketing, 2003,67(2):76 – 88.

Bowen, Howard R. Social Responsibilities of the Businessman [M]. New York: Harper and Row, 1953.

Bowman, E. H. and Haire, M. A strategic posture toward corporate social responsibility [J]. California Management Review, 1975,18(2):49 – 58.

Burke, L. and Logsdon, J. M. How corporate social responsibility pays off[J]. Long Range Planning, 1996(4):495 – 502.

Carpenter, M. A., Pollock, T. G. and Leary, M. M. Testing a model of reasoned risk-taking: Governance, the experience of principals and agents, and global strategy in high-technology IPO firms [J]. Strategic Management Journal, 2003,24(9):803 – 820.

Carroll, A. B. A three-dimensional conceptual model of corporate performance [J]. Academy of Management Review, 1979,4(4):497 – 505.

Carroll, A. B. Corporate social responsibility: Evolution of a definitional construct [J]. Business and Society, 1999,38(3):268 – 295.

Carroll, A. B. Corporate social responsibility: Will industry respond to cutbacks in social program funding? [J]. Vital Speeches of the Day, 1983,49(19): 604 – 608.

Carroll, A. B. The pyramid of corporate social responsibility: Toward the moral management of organizational stakeholders[J]. Business Horizons, 1991,34 (4):39 – 48.

Chandler, Alfred D. Strategy and Structure: Chapters in the History of the American Industrial Enterprise[M]. Cambridge, Mass.: MIT Press, 1962.

Charkham, Jonathan P. Corporate governance: Lessons from abroad [J]. European Business Journal, 1992,4(2):8 – 17.

Dutton, Jane E. and Duncan, Robert B. The creation of momentum for change through the process of strategic issue diagnosis [J]. Strategic Management Journal, 1987,8(3):279 – 298.

Eccles, Robert and Serafeim, George. The performance frontier: Innovating for a sustainable strategy [J]. Harvard Business Review, 2013,91(5):50 – 56, 58,60,150.

Fama, Eugene F. and Jensen, Michael C. Separation of ownership and control [J]. The Journal of Law and Economics, 1983,26(2):301 – 325.

Fama, Eugene F. Agency problem and the theory of the firm [J]. Journal of Political Economy, 1980,88(2):288 – 307.

Freeman, R. Edward. Strategic Management: A Stakeholder Approach [M]. Boston: Pitman, 1984.

Freeman, R. Edward. The politics of stakeholder theory: Some future directions [J]. Business Ethics Quarterly, 1994,4(4):409 – 421.

Freeman, R. Edward and Evan, William M. Corporate governance: A stakeholder interpretation[J]. Journal of Behavioral Economics, 1990,19(4):337 – 359.

Freeman, R. Edward and Phillips, Robert A. Stakeholder theory: A libertarian defense[J]. Business Ethics Quarterly, 2020,12 (3):331 – 349.

Friedman, Milton. Capitalism and Freedom [M]. Chicago and London: The

University of Chicago Press,1962.

Friedman, Milton. The social responsibility of business is to increase its profits [J]. The New York Times Magazine, 1970(9):32 - 33.

Gardberg, N. A. and Fombrun, C. J. The global reputation quotient project: A comparatively analysis[J]. Corporate Reputation Review, 2002,5(1):1 - 7.

Garriga, Elisabet and Mele, Domenec. Corporate social responsibility theories: Mapping the territory [J]. Journal of Business Ethics, 2004 (53):51 - 71.

Heal, Geoffrey. Corporate social responsibility: An economic and financial framework [J]. The Geneva Papers on Risk and Insurance: Issues and Practice, 2005,30(3):387 - 409.

Heald, Morrell. The Social Responsibilities of Business Company and Community,1900 - 1960 [M]. New Brunswick: Transaction Books,1988.

Henderson, Joan C. Corporate social responsibility and tourism: Hotel Companies in Phuket, Thailand, after the Indian Ocean tsunami [J]. International Journal of Hospitality Management, 2007,26(1):228 - 239.

Hendry, John. Missing the target: Normative stakeholder theory and the corporate governance debate[J]. Business Ethics Quarterly, 2001,11 (1):159 - 176.

International Standard Organization (ISO). Guidance on Social Responsibility (ISO 26000) [S]. 2010.

Johnson, Richard A. and Greening, Daniel W. The effects of corporate governance and institutional ownership types on corporate social performance [J]. Academy of Management Journal, 1999,42(5):564 - 576.

Kasznik, Ron and Lev, Baruch. To warn or not to warn: Management disclosures in the face of an earnings surprise [J]. The Accounting Review, 1995,70 (1):113 - 134.

McGuire, Joseph W. Business and Society[M]. New York: McGraw-Hill,1963.

Mcwilliams, A. and Siegel, D. Research notes and communications corporate social responsibility and financial performance: Correlation or misspecification [J]. Strategic Management Journal, 2000,21(5):603 - 609.

McWilliams, A., Siegel, D. S. and Wright, P. M. Corporate social responsibility: Strategic implication [J]. Journal of Management Studies, 2006,43(1):1 - 18.

Merton, Robert C. A simple model of capital market equilibrium with incomplete information [J]. The Journal of Finance, 1987,42 (3):483 – 510.

Miller, D. and Droge, C. Psychological and traditional determinants of structure [J]. Administrative Science Quarterly, 1986,31(4):539 – 560.

Milliken, Frances J. Perceiving and interpreting environmental change: An examination of college administrators' interpretation of changing demographics [J]. Academy of Management Journal, 1990,33 (1):42 – 63.

Mitchell, Ronald K., Agle, Bradley R. and Wood, Donna J. Toward a theory of stakeholder identification and salience: Defining the principle of who and what really counts [J]. Academy of Management Review, 1997, 22 (4): 853 – 886.

Morskowitz, M. R. Choosing socially responsible stocks[J]. Business and Society Review, 1972,1(1):71 – 75.

Moura-Leite, Rosamaria C. and Padgett, Robert C. Historical background of corporate social responsibility [J]. Social Responsibility Journal, 2011, 7 (4),528 – 539.

Peloza, John and Hassay, Derek N. Intra-organizational volunteerism: Good soldiers, good deeds and good politics [J]. Journal of Business Ethics, 2006 (64):357 – 379.

Porter, Michael E. Competitive Advantage: Creating and Sustaining Superior Performance[M]. New York:Free Press, 1985.

Porter, Michael E. and Kramer, Mark R. The big idea: Creating shared value: How to reinvent capitalism – and unleash a wave of innovation and growth [J]. Harvard Business Review, 2011,89(1 – 2):62 – 77.

Porter, Michael E. and Kramer, Mark R. The competitive advantage of corporate philanthropy[J]. Harvard Business Review, 2002,80(12):56 – 68,133.

Rhodes, R. A. W. The new governance: Governing without government[J]. Political Studies, 1996(44):652 – 667.

Sheldon, Oliver. The Philosophy of Management [M]. London: Sir Isaac Pitman and Sons Ltd., 1924.

Siegel, Donald S. Green management matters only if it yields more green: An economic/strategic perspective [J]. Academy of Management Perspectives, 2009,23(3):5 – 16.

Steiner, George A. and Steiner, John F. Business, Government and Society: A

Managerial Perspective[M]. New York:McGraw Hill,1997.

Toms, J. S. Firm resources, quality signals and the determinants of corporate environmental reputation: Some UK evidence [J]. The British Accounting Review,2002,34(3):257-282.

Welford, Richard, Chan, Clifford and Man, Michelle. Priorities for corporate social responsibility: A survey of businesses and their stakeholders[J]. Corporate Social Responsibility and Environmental Management, 2007, 15(1):52-62.

Wood, D. J. Corporate social performance revisited [J]. Academy of Management Review,1991,16(4):691-718.

Wood, Donna J. and Jones, Raymond E. Stakeholder mismatching: A theoretical problem in empirical research on corporate social performance[J]. The International Journal of Organizational Analysis,1995,3(3): 229-267.

Wood, Donna J. and Logsdon, Jeanne M. Business citizenship: From individuals to organizations[J]. Business Ethics Quarterly, Ruffin Series, 2002(3):59-94.

Xenikou, A. and Furnham, A. A correlational and factor analytic study of four questionnaire measures of organizational culture [J]. Human Relations, 1996,49(4):349-371.

卞娜. 公司治理视角下的企业社会责任研究[M]. 北京:中国财政经济出版社,2020.

蔡月祥. 企业社会责任评价模型及标准研究[J]. 生态经济,2011(12):126-129,132.

陈范红. 全球化时代的企业社会责任[J]. 消费导刊,2009(18):72-73.

陈佳贵,黄群慧,彭华岗,等. 中国企业社会责任研究报告(2009)[M]. 北京:社会科学文献出版社,2009.

陈佳贵,黄群慧,彭华岗,等. 中国企业社会责任研究报告(2012)[M]. 北京:社会科学文献出版社,2012.

邓家姝,李月. 基于生态文明理念下的企业社会责任会计探讨[J]. 财会研究,2015(4):67-70.

丁婷. 构建公司社会责任制度的法律途径探析[J]. 人民论坛,2013(8):100-101.

杜治员. 企业社会责任法律化问题研究[D]. 太原:山西财经大学,2012.

方慧. 中国承接服务业国际转移的经济效应研究[M]. 北京:中国人民大学出版社,2015.

冯臻. 影响企业社会责任行为的路径:基于高层管理者的研究[D]. 上海:复旦大学,2010.

高勇强,陈亚静,张云均."红领巾"还是"绿领巾":民营企业慈善捐赠动机研究[J]. 管理世界,2012(8):106-114,146.

古剑. 企业社会责任法律问题研究[D]. 武汉:中南民族大学,2012.

郭永丰. 论在和谐的社会背景下我国公司对消费者的社会责任[J]. 法制与社会,2009(23):231-232.

胡承德. 企业社会责任会计研究[M]. 长沙:湖南大学出版社,2009.

胡亚敏,李建强,苗连琦. 企业社会责任如何作用于企业价值:基于消费者认知角度的考量[J]. 宏观经济研究,2016(12):132-144.

胡子昂. 完善我国绿色税收制度的对策探讨[J]. 中国乡镇企业会计,2013(5):57-58.

黄伟. 中国企业社会责任研究:内在动机、外部压力与制度建设[D]. 上海:复旦大学,2014.

姜志华. 企业社会责任实现机制研究:基于高阶管理理论的视角[M]. 杭州:浙江大学出版社,2014.

黎友焕. 中国企业社会责任研究[M]. 广州:中山大学出版社,2015.

黎友焕,刘延平. ISO 26000在中国[M]. 广州:中山大学出版社,2012.

李昌兵,杨宇,何亚辉. 基于企业社会责任的闭环供应链超网络均衡模型[J]. 企业管理,2017(5):172-177.

李国平,韦晓茜. 企业社会责任内涵、度量与经济后果:基于国外企业社会责任理论的研究综述[J]. 会计研究,2014(8):33-40,96.

李连华. 企业文化的内部控制效率分析[J]. 财经论丛,2012,167(5):71-77.

李涛,朱顺和,许文彬. 企业社会责任与风险承担:基于政府监管的视角[J]. 企业经济,2017,36(3):124-129.

李伟阳. ISO 26000的哲学与一个新的时代[J]. WTO经济导刊,2015(1):56-60.

李伟阳,肖红军. 企业社会责任的逻辑[J]. 中国工业经济,2011(10):

87-97.

李卫斌.企业社会责任履行机制的构建与实施[J].江西社会科学,2012,32(5):214-217.

李小波,王君晖.我国企业社会责任审计探析[J].中州学刊,2013(4):91-93.

李彦龙.企业社会责任的基本内涵、理论基础和责任边界[J].学术交流,2011(2):64-69.

李扬,黄群慧,钟宏武,等.中国企业社会责任研究报告(2015)[M].北京:社会科学文献出版社,2015.

李正.企业社会责任与企业价值的相关性研究:来自沪市上市公司的经验证据[J].中国工业经济,2006,215(2):77-83.

李扬,黄群慧,钟宏武,等.中国企业社会责任研究报告(2016)[M].北京:社会科学文献出版社,2016.

刘淑华.企业社会责任绩效评价及推进机制[M].北京:中国经济出版社,2015.

刘淑华,孙志梅,李呈.国有企业社会责任评价指标体系研究[J].财会通讯,2011(18):126-128.

龙立荣,赵慧娟.个人-组织价值观匹配研究:绩效和社会责任的优势效应[J].管理学报,2009,6(6):767-775.

楼建波,甘培忠.企业社会责任专论[M].北京:北京大学出版社,2009.

卢洪友,唐飞,许文立.税收政策能增强企业的环境责任吗?:来自我国上市公司的证据[J].财贸经济,2017,28(1):85-91.

罗霞,王崇锋,郭少华.可持续发展视角下我国绿色税收政策研究[J].国际商务财会,2013(4):59-63.

彭华岗.中国企业社会责任信息披露理论与实证研究[D].长春:吉林大学,2009.

乔虹.企业社会责任报告择时披露研究[J].财经问题研究,2007(4):75-81.

唐更华,史永隽.企业公民理论视角下的企业社会责任观[J].广东行政学院学报,2009,21(6):88-91.

单忠东.中国企业社会责任调查报告(2006)[M].北京:经济科学出版社,2007.

王波.高管影响力、贫困经历与企业社会责任[D].成都:西南交通大学,2018.

王风华.中国企业社会责任信息披露的困境与出路[J].新会计,2014(7):8-9.

王海兵.企业社会责任内部控制研究[M].成都:西南财经大学出版社,2020.

王海兵,刘莎.企业战略性社会责任内部控制框架构建研究[J].当代经济管理,2015,37(4):31-37.

王清刚,李琼.企业社会责任价值创造机理与实证检验:基于供应链视角[J].宏观经济研究,2015(1):116-127.

王书柏,马力.共同体视角下民营企业履行社会责任的机制研究[J].重庆社会科学,2021(6):117-123.

王喜.我国政府在推进中小企业社会责任建设中的角色与政策[M].北京:经济管理出版社,2020.

王竹泉,隋敏.控制结构+企业文化:内部控制要素新二元论[J].会计研究,2010(3):28-35.

吴木洋.构建与完善我国绿色税收体系的对策建议[J].邢台学院学报,2014,29(1):79-80,88.

谢春玲,季泽军.供给侧改革视角下的企业社会责任研究:理论与实践[M].北京:中国社会科学出版社,2017.

谢汪华.企业社会责任内部控制文化构建研究:以HY集团为例[D].重庆:重庆理工大学,2015.

辛杰.企业文化对企业社会责任的影响:领导风格与高管团队行为整合的作用[J].上海财经大学学报,2014,16(6):30-39.

熊明华.SA 8000与ISO 26000社会责任标准之比较分析[J].对外经贸实务,2012(11):50-52.

薛天山.民营企业社会责任现状、影响因素与推进机制[M].北京:中国社会科学出版社,2020.

闫敬.国有企业社会责任实现机制研究[D].天津:天津商业大学,2007.

杨春方.中国企业社会责任影响因素实证研究[J].经济学家,2009(1):66-76.

杨春芳.企业社会责任驱动机制研究:理论、实证与对策[M].广州:中山大学出版社,2015.

杨海燕.我国企业社会责任报告验证现状研究[J].开发研究,2015(1):109-112.

杨继生,阳建辉.企业失责行为与居民的选择性反应:来自上市企业的证据[J].经济学,2017,16(1):275-296.

殷格非,陈锋.关于构建中国特色企业社会责任法律体系的思考[J].WTO经济导刊,2015(3):30-32.

殷格非,李伟阳.企业社会责任报告编制指导[M].北京:中国人民大学出版社,2010.

袁秦英.企业承担社会责任的内部推动力[J].中外企业家,2016(33):171.

袁仁书.中国企业社会责任驱动研究[D].厦门:厦门大学,2018.

张坤.企业社会责任实现机制研究[D].长沙:中南大学,2013.

张颖.我国企业社会责任问题研究[D].北京:对外经济贸易大学,2012.

章辉美,张坤.企业社会责任理论的演化与发展趋势[J].学习与探索,2012(11):54-58.

郑海东.企业社会责任行为表现:测量维度、影响因素及绩效关系[M].北京:高等教育出版社,2012.

周祖城.论企业伦理责任在企业社会责任中的核心地位[J].管理学报,2014,11(11):1663-1670.

朱文忠.ISO 26000与中国CSR制度化建设研究:基于制度压力理论视角[J].现代经济探讨,2012(8):47-51.